Stefanie Peters

Haut und Haarkleid beim Hund

W0173554

Haut und Haarkleid beim Hund

Pflegerische und kosmetische Aspekte

Herausgegeben von
Stefanie Peters

Bearbeitet von

M. Kietzmann · H.-J. Koch · J. Leibetseder · D. H. Lloyd ·
Christine Löwenstein · Chiara Noli · Stefanie Peters

70 Abbildungen, 12 Tabellen

Ferdinand Enke Verlag Stuttgart 1997

Anschrift der Herausgeberin
Dr. med. vet. **Stefanie Peters**
Tierärztliche Klinik
Am Schönenwald
D-55765 Birkenfeld

Die Deutsche Bibliothek – CIP-Einheitsaufnahme
Haut und Haar beim Hund : pflegerische und kosmetische Aspekte ;
12 Tabellen / hrsg. von Stefanie Peters. Bearb. von M. Kietzmann ...
– Stuttgart : Enke, 1997
  ISBN 3-432-29411-5

Wichtiger Hinweis
Wie jede Wissenschaft ist die Medizin ständigen Entwicklungen unterworfen. Forschung und klinische Erfahrung erweitern unsere Kenntnisse, insbesondere was
Behandlung und medikamentöse Therapie anbelangt. Sowie in diesem Werk eine
Dosierung oder eine Applikation erwähnt wird, darf der Leser zwar darauf ver-
trauen, daß Autoren, Herausgeber und Verlag große Sorgfalt darauf verwandt
haben, daß diese Angabe dem **Wissensstand bei Fertigstellung** des Werkes entspricht.
Für Angaben über Dosierungsanweisungen und Applikationsformen kann vom Verlag jedoch keine Gewähr übernommen werden. **Jeder Benutzer ist angehalten,** durch
sorgfältige Prüfung der Beipackzettel der verwendeten Präparate und gegebenenfalls
nach Konsultation eines Spezialisten, festzustellen, ob die dort gegebene Empfehlung
für Dosierungen oder die Beachtung von Kontraindikationen gegenüber der Angabe
in diesem Buch abweicht. Eine solche Prüfung ist besonders wichtig bei selten verwendeten Präparaten oder solchen, die neu auf den Markt gebracht worden sind.
Vor der Anwendung bei Tieren, die der Lebensmittelgewinnung dienen, ist auf die in
den einzelnen deutschsprachigen Ländern unterschiedlichen Zulassungen und An-
wendungsbeschränkungen zu achten. **Jede Dosierung oder Applikation erfolgt auf
eigene Gefahr des Benutzers.** Autoren und Verlag appellieren an jeden Benutzer, ihm
etwa auffallende Ungenauigkeiten dem Verlag mitzuteilen.
Geschützte Warennamen (Warenzeichen®) werden **nicht immer** besonders kenntlich
gemacht. Aus dem Fehlen eines solchen Hinweises kann also nicht geschlossen werden, daß es sich um einen freien Warennamen handelt.

© 1997 Ferdinand Enke Verlag, P.O.Box 30 03 66, D-70443 Stuttgart
  Printed in Germany

Einbandgestaltung: G. Weitbrecht, D-70825 Münchingen
Schrift: 9/10 Sabon
Satz: Mitterweger Werksatz GmbH, D-68723 Plankstadt
Druck: Gulde Druck, D-72070 Tübingen
Einband: Großbuchbinderei C. Maier, D-70771 Leinfelden-Echterdingen

Autorenverzeichnis

Prof. Dr. med. vet. **Manfred Kietzmann**
Institut für Pharmakologie, Pharmazie und Toxikologie
Veterinärmedizinische Fakultät der Universität Leipzig
Zwickauer Straße 55
D-04103 Leipzig

Dr. med. vet. **Hans-Joachim Koch**
Tierärztliche Klinik
Am Schönenwald
D-55765 Birkenfeld

Prof. Dr. med. vet. **Josef Leibetseder**
Institut für Tierernährung
Veterinärmedizinische Universität Wien
Josef-Baumann-Gasse 1
A-1210 Wien

David H. Lloyd, Ph. D., B. Vet. Med., F.R.C.V.S., Dip ECVD
Dermatology Unit
Department of Small Animal Medicine and Surgery
Royal Veterinary College, University of London
North Mymms
Hertfordshire, AL 97 TA, U.K.

Dr. med. vet. **Christine Löwenstein**
Tierklinik
Untere Langgasse 22
D-67346 Speyer

Dr. med. vet. **Chiara Noli**
Specialista in malattie dei piccoli animali
Viale dei Mille 32
I-20129 Milano

Dr. med. vet. **Stefanie Peters**
Tierärztliche Klinik
Am Schönenwald
D-55765 Birkenfeld

Vorwort

Das vorliegende Buch wurde gleichermaßen für Tierärzte und Studenten der Tiermedizin wie für interessierte Hundebesitzer und -züchter geschrieben. Es versucht, ebenso verständlich wie fachlich ergiebig zu sein. Der Gedanke dazu und die Vorarbeiten zu diesem Buch stammen von dem Veterinärdermatologen Dr. Hans Joachim Koch, mit dem ich seit vielen Jahren in seiner Tierärztlichen Klinik in Birkenfeld zusammenarbeite.

In der täglichen Praxis wird immer wieder von Besitzern von Hunden mit Haut- und Fellproblemen gefragt: „Wo kann man mehr darüber erfahren?" und „Welches Buch können Sie uns empfehlen?" Bislang war es schwer, eine befriedigende Antwort darauf zu geben: Die meisten der entsprechenden Fachbücher sind in englischer Sprache verfaßt und für Nicht-Mediziner kaum verständlich, die wenigen für Hundebesitzer geeigneten Werke nicht mehr aktuell, teilweise schon mehr als 40 Jahre alt. Mit diesem Werk gelang es dem Ferdinand Enke Verlag, im deutschsprachigen Raum eine wesentliche Lücke zu schließen.

Die jeweiligen Kapitel wurden von namhaften Autoren aus Deutschland, Österreich, England und Italien bearbeitet. Viele Vorbesprechungen und Übersetzungsarbeiten waren erforderlich, bis alle Beiträge koordiniert und in deutscher Sprache fertiggestellt waren. Ich möchte an dieser Stelle allen Autoren für ihre Mitarbeit und Herrn Dr. Dr. Roland Itterheim für seine Hilfsbereitschaft herzlich danken. Dank gebührt auch dem Ferdinand Enke Verlag Stuttgart für die gefällige Ausstattung und die rasche Drucklegung. Mein Dank gilt weiterhin meinem Vater für die kritische Durchsicht des Manuskriptes.

Mit den anderen Autoren bin ich zuversichtlich, daß dieses Buch eine interessierte Leserschaft finden wird.

Birkenfeld, im August 1997   Stefanie Peters

Inhaltsverzeichnis

1 Struktur und Funktion von Haut und Haarkleid

(Chiara Noli)

Die Haut und die Haare, die bei unseren Haustieren ein dichtes Fell bilden, stellen das größte Organ des Körpers dar, umschließen ihn völlig und schützen ihn vor äußeren Einflüssen. Außerdem sind sie ein Spiegelbild der Gesundheit des Tieres und der Pflege durch den Besitzer.

1.1 Funktionen der Haut und Haare

Haut und Haare haben eine Vielzahl von **Funktionen**:

- Schutz vor mechanischen Einflüssen, Wasser, UV-Licht und Mikroorganismen
- Thermoregulation
- Homöostase und Speicherung von Wasser, Salzen, Fetten, Eiweiß usw.
- Produktion von Hormonen, Vitaminen und Sekreten, besonders Schweiß und Talg
- Sinneswahrnehmung
- Immunabwehr bzw. -regulation
- Identifikation und Tarnung des Individuums, Instrument für Verhaltensinteraktionen usw.
- Systemische Blutdruckregulation

● Schutzfunktion

Mechanische Einflüsse: Das dichte Fell ist bei unseren Haustieren der wichtigste Schutzfaktor gegen Traumata. Kollagenfasern verleihen der Haut einen wesentlichen Widerstand gegen Zug, elastische Fasern erlauben ihre Rückkehr zur ursprünglichen Position.

Wasser: Die Haare und die Haut sind durch eine Fettschicht geschützt. Die dichte Anordnung der Deckhaare und deren Wuchsrichtung weitgehend von der Rückenlinie nach unten ermöglichen ein Abgleiten von Wasser, so daß Unterfell und Haut trocken bleiben. Eine weitere Barriere bildet die Epidermis, die für Wasser und Elektrolyte fast undurchdringlich ist.

UV-Strahlen: An den behaarten Hautflächen bildet das Fell eine weitgehend undurchlässige Barriere gegen UV-Licht. An dünn- oder unbehaarten Stellen, z.B. am Nasenspiegel, befindet sich normalerweise das die Haut vor Licht schützende Pigment Melanin in größeren Mengen. Die Augen sind zudem durch lange Wimpern vor starkem Sonnenlicht, mechanischer Einwirkung und Witterungseinflüssen geschützt (besonders bei Schlittenhunden).

Mikroorganismen: Die Hornschicht der Epidermis bildet eine feste physikalische Barriere gegen Mikroorganismen und Parasiten, und die Emulsion aus Talg und Schweiß, die sich auf ihrer Oberfläche befindet, besitzt antibakterielle, antivirale und antimykotische Eigenschaften.

Das dichte Fasergeflecht und die Matrixmakromoleküle der Dermis bilden ein weiteres Hindernis für die Penetration der Mikroorganismen. Das Immunsystem der Haut (s. Abschnitt 1.5) bildet die erste wirksame Abwehr gegen Mikroorganismen, falls diese trotz aller physikalischen und chemischen Hindernisse in die Haut eingedrungen sind.

● **Thermoregulation**

Das **subkutane Fett** und das **dichte Fell** schützen das Tier vor Kälte. Durch Kontraktion der Haarmuskeln (Musculi arrectores pilorum) können die Tiere die Haare aufrichten und somit das zwischen den Haaren befindliche isolierende Luftkissen beträchtlich vergrößern.

Blutkreislauf: Die Haut besitzt ein viel dichteres Blutgefäßsystem, als zu ihrer Ernährung nötig ist. Durch Gefäßerweiterung (Vasodilatation) wird eine größere Wärmeabstrahlung, durch Gefäßverengung (Vasokonstriktion) und Schließen der arteriovenösen Shunts (Verbindungen zwischen Arterien und Venen) eine Verringerung der Wärmeabgabe erreicht.

Schweiß: Erhöhte Schweißproduktion und -abgabe tragen zur Körperabkühlung bei. Hunde und Katzen können nur wenig schwitzen und haben andere Kühlungsmechanismen: Der Hund hechelt und erreicht so eine große Wasserverdunstung über die Atemwege; die Katze produziert eine erhöhte Menge wäßrigen Speichels, den sie auf das Fell verteilt. Die Verdunstung von Wasser bzw. Speichel bewirkt somit eine allgemeine Körperabkühlung.

● **Homöostase und Speicherungsfunktion**

In der Dermis binden die Matrixmakromoleküle (Moleküle der Grundsubstanz) große Mengen **Wasser,** in dem sich auch mehrere **Elektrolyte** befinden. In der Subkutis (Unterhaut) befinden sich **Fettdepots,** die Schutz vor Kälte bieten und eine Energiereserve darstellen.

● **Metabolische Funktion**

Die Haut produziert **keratinisierte Anhangsgebilde** wie Haare und Krallen, ihre Drüsen bilden **Talg, Schweiß** bzw. **Ohrschmalz** und **Analbeutelsekret.**

Während man bisher davon ausging, daß Vitamin D_3 durch den Einfluß von UV-Licht in der Epidermis bei Hund und Katze ebenso wie beim Menschen gebildet wird, weiß man seit kurzem, daß dies nicht der Fall ist. Hunde und Katzen sind nicht in der Lage, Vitamin D_3 in der Haut zu produzieren. Sie müssen es mit der Nahrung aufnehmen.

In der Haut findet auch die periphere Aromatisierung der androgenen **Hormone** statt, die zur Produktion von Östrogenen führt. Schließlich wird in der Haut auch das Pigment **Melanin** produziert.

● Sinneswahrnehmung

Schmerz, Juckreiz, Kälte, Wärme, Berührung, Druck usw. werden über die Haut wahrgenommen. Freie Nervenendigungen ragen bis in die Epidermis, und in der Dermis finden sich kutane Endorgane wie Vater-Pacini-Lamellenkörperchen, Merkelsche Tastzellen, Meissnersche Körperchen und tylotriche Polster. Außerdem dienen spezialisierte Tasthaare wie die Sinushaare und die tylotrichen Haare als langsam bzw. schnell adaptierende Mechanorezeptoren.

● Immunabwehr bzw. -regulation

Das **Immunsystem der Haut** wacht über die Haut, um das Eindringen von schädlichen Umweltpartikeln zu verhindern. Dabei steht es in enger Verbindung mit dem allgemeinen Immunsystem. Es kann als „peripherer Arm" der Körperabwehr betrachtet werden.

● Identifikation und Tarnung des Individuums

Identifikation und **Tarnung, insbesondere durch Pigmentation,** sind wichtig, z.B. wurden manche Schäferhundrassen wahrscheinlich auf weiße Farbe gezüchtet (Maremmano, Pyrenäer), um sie nicht mit Wölfen zu verwechseln und sie versehentlich zu erschießen; weiße Schlittenhunde, damit sie im Schnee von Wölfen nicht erkannt werden.

Das **Sträuben der Haare** auf dem Rücken – ein Effekt, der durch die Kontraktion der Haarmuskeln hervorgerufen wird – verleiht dem Tier gegenüber Angreifern ein imponierendes Aussehen.

Sekrete spezialisierter Drüsen, z.B. der Zirkumanaldrüsen, Drüsen des Analbeutels und der Zirkumoraldrüsen der Katzen, dienen der territorialen Markierung und gegenseitigen Identifikation. Außerdem sind die von den Schweißdrüsen produzierten Pheromone wesentliche Komponenten für das sexuelle Verhalten.

● Systemische Blutdruckregulierung

Die Haut speichert eine große Menge peripheren Blutes. Durch Vasodilatation bzw. -konstriktion der peripheren Blutgefäße kann der zentrale Blutdruck wesentlich beeinflußt werden.

1.2 Struktur der Haut

1.2.1 Epidermis

Die Epidermis ist ein mehrschichtiges, verhornendes Plattenepithel, welches den gesamten Körper bedeckt und an den Körperöffnungen mit den Schleimhäuten mukokutane Übergänge bildet. Ihre Dicke weist regionale Unterschiede auf und beträgt 0,1 bis 0,5 mm. An haararmen oder haarlosen Stellen ist die Epidermis im allgemeinen etwas dicker. Die Epidermis besitzt keine Blutgefäße und wird über oberflächliche Hautkapillaren durch Diffusion und aktiven Transport von Nährstoffen durch die Basalmembran versorgt.

An der Epidermis unterscheidet man vier Schichten: Basal-, Stachelzell-, Körner- und Hornschicht (Abb. 1.1). Ihre Zellen sind überwiegend Keratinozyten (85 %), weiterhin finden sich Melanozyten (5 %), Langerhans- und Merkelzellen (3–8 %) und wenige Lymphozyten.

Die **Keratinozyten** befinden sich ebenso wie die Stammzellen des Knochenmarks und des Darmepithels in ständiger Erneuerung. Sie migrieren von den mitotisch aktiven basalen Schichten über die anderen Schichten, bis sie als Schuppen an der Oberfläche abschilfern. Während dieser Wanderung ändert sich ihre Form von zylindrisch (in der Tiefe) zu flach (auf der Oberfläche). Dabei laufen sie durch alle Stadien des Keratinisierungsprozesses: Proliferation, Differenzierung und Desquamation (Abb. 1.2).

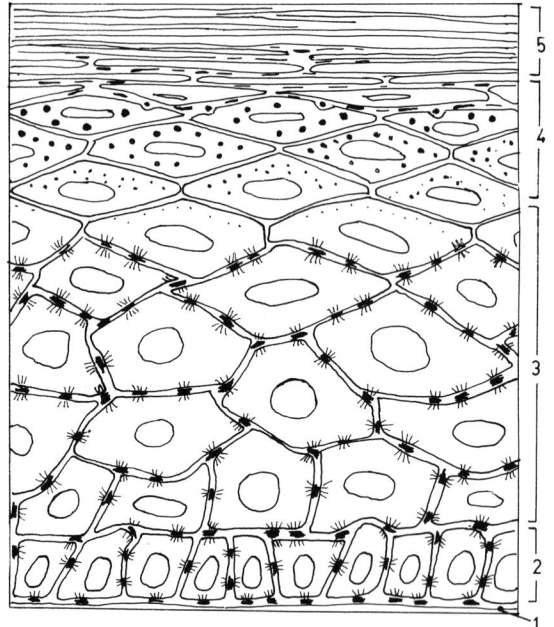

Abb. 1.1: Aufbau der Epidermis: 1 Basalmembran, 2 Basalschicht, 3 Stachelzellschicht, 4 Körnerschicht, 5 Hornschicht

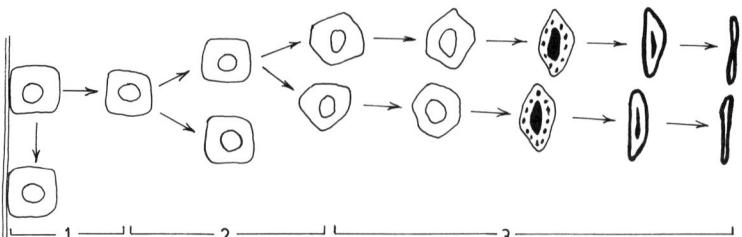

Abb. 1.2: Stadien des Keratinisierungsprozesses: Stammzellen produzieren unbegrenzt Tochterzellen. Diese werden Proliferationszellen genannt, da sie die Fähigkeit haben, sich noch zwei- oder dreimal zu teilen. Die so entstandenen Zellen differenzieren sich ohne weitere Teilungen und werden reife, verhornte Zellen, die ihre spezifische Schutzfunktion ausüben können

Stadien des Keratinisierungsprozesses

1. *Proliferation* in der Basalschicht:
   – Teilung der Stammzellen und der proliferativen Zellen
2. *Differenzierung* in der Stachelzellschicht und in der Körnerschicht:
   – anhaltende Zellproliferation
   – Produktion von Profilaggrin und dessen Umwandlung in Filaggrin
   – Produktion von „keratin intermediate filaments" und deren Aggregation in Keratinfasern mit Hilfe von Filaggrin
   – Bildung einer dichten Außenhülle aus den Proteinen Involukrin, Keratolinin und Lorikrin.
   – Entleerung des Inhaltes der Keratinosomen im interzellulären Raum und Bildung eines dichten Geflechtes mit den Hornzellen.
3. *Desquamation* in der Hornschicht.

● Basalschicht

Die Basalschicht *(Stratum basale)* ist eine einzellige Schicht zylindrischer Keratinozyten, die mit der Basalmembran durch Hemidesmosomen (s. Abb. 1.5) und Adhäsionsmoleküle (Integrine) verankert sind. Die basalen Zellen teilen sich und bilden ständig neue Tochterzellen, die nach oben geschoben werden, andere Schichten bilden und als tote Zellen abschilfern. Ein vollständiger Zyklus von der Basalzelle zur Hornzelle dauert beim Hund ungefähr 21 Tage. Man hat herausgefunden, daß sich ständig ca. 40 % der basalen Zellen im Proliferationsstadium befinden.

In der Basalschicht befinden sich auch Melanozyten und Langerhanszellen, die später beschrieben werden.

● Stachelzellschicht

Die Stachelzellschicht *(Stratum spinosum)* wird von Tochterzellen der basalen Keratinozyten gebildet und besteht aus 1 bis 3 Zellagen. An den Ballen und am Nasenspiegel (Planum nasale) kann sie bis zu 20 Zellschichten stark sein. Die Zellen der Stachelzellschicht (Akanthozyten) sind polygonal bis flach-kubisch. Sie sind über interzelluläre Brücken (Haftfortsätze, Desmosomen; s. Abb. 1.3) und Adhäsionsmoleküle (Cadherine) miteinander verbunden. Diese Brücken sehen im Lichtmikroskop wie Stacheln an der Zelloberfläche aus, daher der Name Stachelzellschicht.

Akanthozyten vermehren sich nicht mehr, sondern beginnen sich zu differenzieren. Sie produzieren Keratin, das ein sehr stabiles, festes, inertes, an Sulfidbindungen reiches Protein ist. Vorprodukt von Keratin sind die „keratin intermediate filaments", die bis zu 80 % der Zellmasse ausmachen können. Keratin intermediate filaments sind für die Zellstruktur (Zytoskelett) und für die interzelluläre Kommunikation durch Desmosomen (Tonofilamente) besonders wichtig (Abb. 1.3). Durch die Interaktion von Tausenden dieser Filamente erhält man Keratinfasern, die ca. 20–30 µm lang sind. Man hat etwa 30 verschiedene Typen von Keratinfasern mit einer relativen Molekülmasse zwischen 40 und 70 Kilodalton identifiziert. Kürzere Keratinketten befinden sich in einfachen einzelligen Epithelien, längere Ketten in Plattenzellepithelien wie der Haut. In diesem Fall sind die Keratinfasern in der Tiefe leichter als die an der Oberfläche der Epidermis. In der Stachelzellschicht finden sich auch Langerhanszellen, dendritische antigenpräsentierende Zellen, die eine wichtige Rolle in der immunologischen Reaktion der Haut spielen (s. Abschnitt 1.5). Diese Zellen stammen aus dem Knochenmark und gehören zur Gruppe der Monozyten und Histiozyten.

● Körnerschicht

Die Körnerschicht *(Stratum granulosum)* ist selten mehr als zwei Zellschichten stark und lichtmikroskopisch nicht immer zu erkennen. Ihre Zellen sind spindelförmig bis flach und besitzen einen geschrumpften Kern und mehrere basophile Keratohyalinkörnchen, daher der Name Körnerschicht. Keratohyalinkörnchen werden schon in der Stachelzellschicht produziert, aber erst in der Körnerschicht erreichen sie lichtmikroskopisch sichtbare Größe. Sie enthalten Profilaggrin, ein Eiweiß mit hoher relativer Molekülmasse. In der Körnerschicht wird Profilaggrin in Filaggrin umgewandelt. Filaggrin unterstützt die Bindungen der keratin intermediate filaments bis zur Bildung der reifen Keratinfasern und deren Geflechte. Filaggrin als Bindesubstanz wird oft mit Zement und Keratin mit der Eisenarmierung im Eisenbeton verglichen.

Einige Metaboliten des Filaggrinabbaues, wie Urocan- und Pyrrolidoncarbonsäure, sind für die Hydratation der Epidermis und auch ihren Schutz vor UV-Licht bedeutungsvoll.

● Hornschicht

Die Hornschicht *(Stratum corneum)* besteht aus mehreren Schichten (ca. 40 beim Hund) flacher, vollkeratinisierter, toter Zellen, den sog. Korneozyten oder Hornzellen. Die Hornzellen weisen keine Kerne mehr auf. Sie enthalten Keratinfasern, die durch eine große Anzahl von Disulfidbindungen ein festes Geflecht bilden.

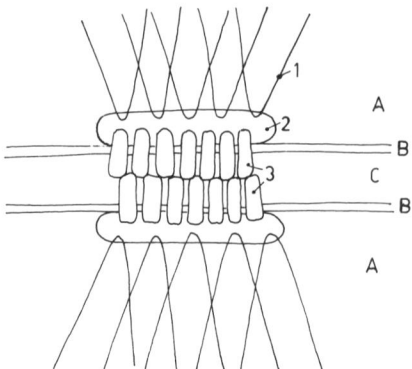

Abb. 1.3: Aufbau der Desmosomen. Desmosomen sind knopfförmige Kontaktstellen zwischen Zellen, die man in allen Epithelien findet. Sie sind auch Ansatzstelle für Tonofilamente an der Innenseite der Zellmembran. Desmosomen bestehen aus einer Haftplatte und aus einem Desmosomencore (Desmoglea), der im interzellulären Raum liegt. Die Eiweiße, die die Haftplatte bilden, heißen Desmoplakine, die Glykoproteine der Desmoglea Desmogleine. A Zelle, B Zellmembran, C Interzellularraum. 1 Tonofilamente, 2 Haftplatte, 3 Desmoglea

Korneozyten besitzen eine verdickte Zellmembran (Außenhülle oder Envelope), die aus der zytoplasmatischen Membran und einer dicken Schicht von Proteinen (Involukrin, Keratolinin und Lorikrin) zusammengesetzt ist. Lose Proteine werden schon in der Stachelzellschicht produziert, in der Körnerschicht vom calciumabhängigen Enzym Transglutaminase metabolisiert und in der Hornschicht vollständig in eine feste Eiweißschicht umgebaut. Die Außenhülle bedingt die Schutzfunktion der Hornschicht gegenüber schädlichen chemischen, physikalischen und mikrobiellen Umwelteinflüssen.

Mehrere Faktoren tragen zur Adhäsion ebenso wie zur Desquamation der Hornzellen, also insbesondere zur Barrierefunktion und zum normalen Abschilfern der Hornschicht bei. Die Faktoren stehen in einem dynamischen Gleichgewicht. Der wichtigste Faktor befindet sich in den Keratinosomen: die *lamellenförmigen Lipide*. Diese werden in den Zellen der Stachelzellschicht und der Körnerschicht produziert und in der Hornschicht in den interzellulären Raum entleert (Abb. 1.4). Hier organisieren sich diese Lipide in abwechselnden Schichten hydrophober und hydrophiler Lamellen, die ein dichtes interzelluläres Geflecht bilden. Ihre Funktion entspricht dem Kalk in einer Mauer, wobei die Hornzellen die Ziegelsteine bilden. Wichtige Bestandteile der lamellenfömigen Lipide sind die Cerantide. Sie bilden 40 – 50 % aller interzellulären Lipide und sind wesentliche Regulatoren des Wassergehaltes der Hornschicht. Andere Lipide sind freie Fettsäuren, Cholesterol und Cholesterolsulfat.

Regulationsfaktoren des Keratinisierungsprozesses

● Arachidonsäure und ihre Metaboliten
Arachidonsäure ist eine ungesättigte Fettsäure in der Zellmembran der Keratinozyten. Bei Trauma, Entzündung oder Schädigung durch UV-Licht wird sie freigesetzt und in verschiedene Eicosanoid-Entzündungsmediatoren umgewandelt (z.B. Prostaglandine, Thromboxane und Leukotriene). Eicosanoide sind u.a. auch wichtige Mediatoren für die mitotische Aktivität, d.h. die Zellproliferation, in der Epidermis.

● Calcium-Ionen
Die Konzentration der inter- und intrazellulären Calcium-Ionen ist ein wichtiger Regulationsfaktor für die epidermale Proliferation, Differenzierung und Desquamation. Der intrazelluläre Calciumspiegel nimmt in den oberflächlichen Schichten der Epidermis stark zu. Dies verursacht eine Mitosehemmung und einen Reiz zur Differenzierung und Keratinisierung.

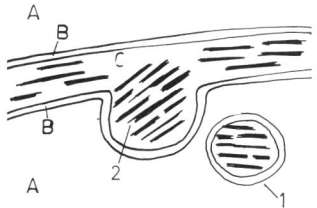

Abb. 1.4: Aufbau der Keratinosomen. Lamellenförmige Lipide sind in Keratinosomen enthalten und werden in den interzellulären Raum entleert, wo sie sich in abwechselnden Schichten hydrophober und hydrophiler Lamellen organisieren.
A Zelle, B Zellmembran, C Interzellularraum.
1 Keratinosom, 2 lamellenförmige Lipide

● **Zytokine**

Zytokine sind Polypeptide, die hormonähnliche Funktionen haben und das Verhalten anderer Zellen beeinflussen. Sie kontrollieren u.a. Entzündungsprozesse und können den epidermalen Wachstumsindex erhöhen. Zytokine, die diesen Effekt bewirken, sind u.a. die Interleukine 1, 6 und 8, der Transformationsfaktor und der Epidermale Wachstumsfaktor („transforming factor" und „epidermal growth factor").

● **Glukokortikoide**

Glukokortikoide regulieren die täglichen Schwankungen der mitotischen Aktivität in der Epidermis. Sie hemmen die Proliferation der epidermalen Zellen und die Produktion von Interleukinen, Wachstumsfaktoren und Eicosanoiden.

● **Vitamine**

Während die Vitamine A und D sowie ihre Derivate beim Menschen für die epidermale Proliferation und Differenzierung eine große Rolle spielen, ist es beim Hund und bei der Katze vor allem Vitamin A, wahrscheinlich weniger Vitamin D.

Vitamin A (Retinol) und Retinoide haben eine direkte Wirkung auf die RNA-Synthese im Zellkern und daher auf die Eiweißproduktion der Zelle. Im allgemeinen hemmen sie die epidermale Differenzierung und normalisieren den Prozeß der Keratinisierung.

1,25-Dihydroxycholecalciferol ist der aktive Metabolit des Vitamin D_3, welches in der Haut des Menschen unter Einwirkung von UV-Strahlen synthetisiert wird. Bei Hund und Katze wurde festgestellt, daß sie im Gegensatz zu Pflanzen- und Allesfressern sowie den Menschen nicht in der Lage sind, Vitamin D_3 in der Haut zu synthetisieren. Dieses Vitamin hat eine stark hemmende Wirkung auf die Zellproliferation und induziert die terminale Differenzierung. 1,25-Dihydroxycholecalciferol beeinflußt auch den Calciumspiegel der epidermalen Zellen. Es ist nicht bekannt, ob dies auch für Hund und Katze zutrifft.

1.2.2 Basalmembranzone

Die Basalmembranzone bildet die Grenze zwischen Epidermis und den darunterliegenden Geweben. Bei unseren Haustieren ist sie meistens flach, während sie beim Menschen Papillen bildet. Sie verankert die Epidermis an der Dermis, vermittelt ihr Nährstoffe und Mediatoren und wirkt als Barriere.

Die Basalmembranzone besteht aus drei Komponenten (Abb. 1.5) aus der Zellmembran der basalen Epithelzellen (1), der Basalmembran im engeren Sinne (2) und dem Sublamina-densa-Bereich (Lamina fibroreticularis), der Ankerstrukturen für die Dermis enthält (3).

1. **Die Zellmembran** der basalen Keratinozyten ist in regelmäßigen Abständen durch Hemidesmosomen an der Basalmembran verankert.

2. **Die Basalmembran im engeren Sinne** besteht aus einer Lamina lucida und einer Lamina densa, die körnig aussieht. Beide werden von einem filzähnlichen Kollagengewebe (Typ IV) in einer Matrize von Polypeptiden, Glykoproteinen und Proteoglykanen (Laminin, Enaktin, Nidogen und Heparansulfat) gebildet.

Abb. 1.5: Aufbau der Basalmembranzone.
A Basalzelle, B Dermis. 1 Tonofilamente, 2 Haftplatte, 3 Zellmembran, 4 Lamina lucida mit Ankerfaden, 5 Lamina densa, 6 Verankerungsfibrillen, 7 Kollagenfasern, 8 dermale Ankerplatte

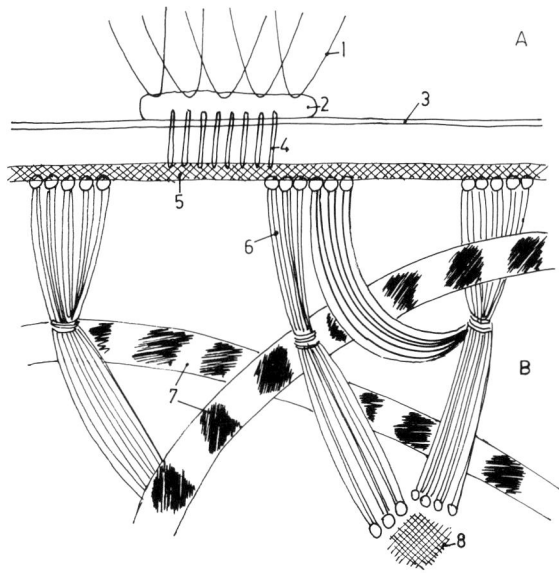

3. Der Sublamina-densa-Bereich (Lamina fibroreticularis) enthält kollagenhaltige Verankerungsfasern (Typ VII). Sie haften an der Lamina densa und schließen sich an Ankerplatten in der Dermis oder an Kollagenfasern an. Dieses Netzwerk von Fasern verbindet die Basalmembran mit der Dermis. Beim Menschen sind auch Mikrofibrillen beschrieben, die die Basalmembran mit elastischen Fasern verbinden.

1.2.3 Dermis

Die Dermis (Korium) ist der wichtigste strukturelle Bestandteil der Haut. An dicht behaarten Hautarealen ist die Dermis dick und die Epidermis dünn; an spärlich behaarten Stellen ist die Dermis dünner und die Epidermis dicker.

> Die **Dermis** enthält Fasern, Grundsubstanz und Zellen. In ihr liegen auch die Haarfollikel, Schweiß- und Talgdrüsen, Nerven, Muskeln (Mm. arrectores pilorum), Blut- und Lymphgefäße (Abb. 1.6). Die Dermis versorgt die Epidermis und die Anhangsgebilde mit Nährstoffen und spielt eine wichtige Rolle bei der Thermoregulation, Wasserspeicherung und Wahrnehmung von Reizen, die aus der Umwelt kommen (Kälte, Wärme, Schmerz, Berührung). Die Subkutis enthält große Mengen Mengen Fett, dessen wichtigste Funktionen die Energiespeicherung und die Wärmeisolierung sind.

1. Fasern: Die dermalen Fasern bestehen aus Kollagen, Elastin oder Retikulin.

Kollagenfasern überwiegen mit einem Anteil von 90 % aller dermalen Fasern und besitzen hohe Zugfestigkeit. In der oberflächlichen Dermis sind sie unregelmäßig und locker zwischen einem Netzwerk von Elastinfasern verteilt. In der tiefen Dermis ist das Kollagen dicker und dichter, und seine Faserstränge laufen parallel zur Hautoberfläche.

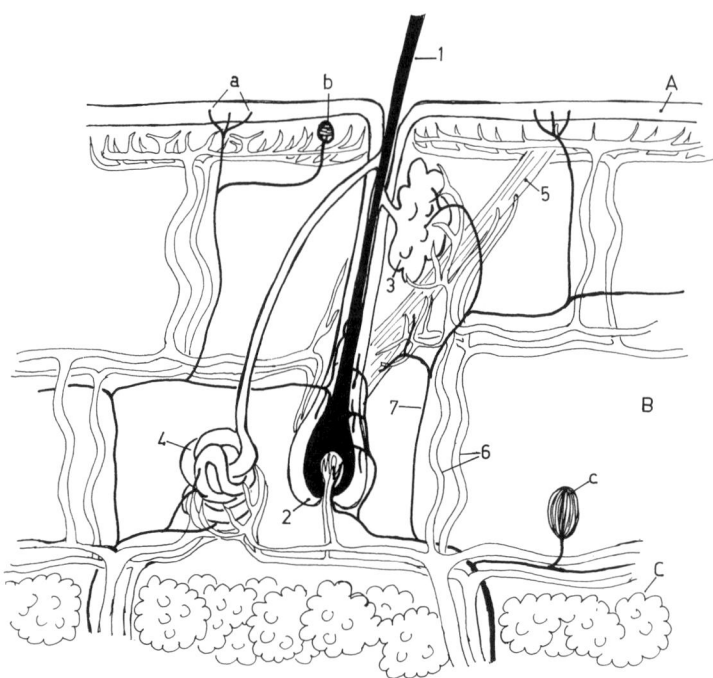

Abb. 1.6: Struktur der Dermis.
A Epidermis, B Dermis, C Subkutis. 1 Haar, 2 Haarwurzel, 3 Talgdrüse, 4 Schweiß-
drüse, 5 Haarmuskel, 6 Blutgefäße, 7 Nerven (a freie Nervenfasern, b Meissnersche
Körperchen, c Vater-Pacini-Körperchen)

Die Synthese von Kollagen ist ein komplizierter Prozeß. Erst produzieren die Fibroblasten Prokollagen, einen an Prolin und Hydroxyprolin reichen Vorgänger. Prokollagen wird durch enzymatische Aktivierung in einzelne Kollagenketten umgewandelt
(Mikrofibrillen). Diese monomeren Mikrofibrillen binden sich außerhalb der Zelle
aneinander und bilden polymere Kollagenfasern. Man hat mehrere verschiedene
Typen von Kollagenmolekülen identifiziert: In der Dermis befinden sich hauptsächlich die Typen I, III und V. Typ IV ist Bestandteil der Basalmembran und Typ VII
ihrer Verankerungsfibrillen (s. Basalmembranzone). Kollagen wird sehr schlecht
durch Proteasen abgebaut, wird aber von Kollagenasen schnell metabolisiert.

Elastische Fasern (4 % der dermalen Fasern) formen ein Netzwerk in der
ganzen Dicke der Dermis und in den Wänden der Haarfollikel und der Blut-
und Lymphgefäße. Sie werden von Fibroblasten produziert und sind für die
Elastizität der Haut verantwortlich. Dabei handelt es sich um eine polypep-
tidhaltige, gestaltlose Struktur aus Elastin, das von einem stützenden Netzwerk von glykoproteinhaltigen Mikrofibrillen umgeben ist.

Retikulinfasern sind dünne Fäden aus Kollagen Typ III. Diese Fasern kann
man lichtmikroskopisch mit Hämatoxylin-Eosin-Färbung nicht von den normalen Kollagenfasern unterscheiden, wohl aber durch Silberimprägnation. Sie
formen ein feines Netzwerk um Kollagenfasern, Zellen und Adnexe.

2. Grundsubstanz: Die Grundsubstanz ist ein gestaltloses, mukoides Gel, das von den Fibroblasten produziert wird. Es besteht aus Kohlenwasserstoffverbindungen (auch Proteoglykane, Glykosaminoglykane oder Mukopolysaccharide genannt), Glykoproteinen und Wasser. Als Proteoglykane kommen Hyaluronsäure, Dermatansulfat, Chondroitin-4- und Chondroitin-6-sulfat vor. Sie sind lange Polymere disaccharider Moleküle, die in verschiedener Weise an Sulfat- oder Eiweißmoleküle gebunden sind. Wegen ihrer Größe und polyanionischen Eigenschaften können diese Makromoleküle eine große Menge Wasser binden. Es bildet sich so ein visköses Gel, das der Haut ihre typische Konsistenz gibt. Die Moleküle der Grundsubstanz wirken auch als selektive Barriere zwischen der Subkutis und der Epidermis. Wasser, Elektrolyte und kleinere Nährstoffmoleküle können durch die Proteoglykane diffundieren. Größere Moleküle oder Mikroorganismen vermögen die Grundsubstanz nur schwer zu penetrieren. Einige Bakterien produzieren Hyaluronidase oder Kollagenase, um diese Barriere zu überwinden.

3. Zellen: In der Dermis trifft man die folgenden Zelltypen:

Fibroblasten sind Bindegewebszellen. Sie produzieren dermale Fasern und Grundsubstanz ebenso wie Kollagenase und Gelatinase, mit deren Hilfe sie diese Grundsubstanz wiederum abbauen. Fibroblasten haften durch Fibronektinmoleküle auf ihrer Oberfläche an Kollagenfasern und haben die Fähigkeit, die Fasern entlangzuwandern. Durch die Bildung von Zytokinen spielen die Fibroblasten auch bei Entzündungsprozessen und bei der epidermalen Proliferation eine wichtige Rolle.

Mastzellen finden sich in der gesamten Dermis, besonders in der Umgebung oberflächlicher Blutgefäße und Anhangsgebilde. Sie besitzen Granula, die sich für die mikroskopische Untersuchung am besten mit Toluidinblau oder Orcein-Giemsa färberisch darstellen lassen. Diese Granula enthalten Histamin und Heparin, die bei Kontakt mit Antigenen freigesetzt werden. Mastzellen besitzen Fibronektin und können sich ebenfalls die Kollagenfasern entlang bewegen. Weitere Mastzellmediatoren siehe Abschnitt 1.5.

Auch **Melanozyten, Makrophagen, Neutrophile, Eosinophile, Histiozyten, Lymphozyten und Plasmazellen** können in der normalen Dermis gelegentlich gefunden werden.

4. Blut- und Lymphgefäße, Nervenfasern: Die **Blutgefäße**, die sich in der Dermis befinden, sind in drei miteinander kommunizierenden Plexus angeordnet: Ein oberflächlicher Plexus, unter der Basalmembran, versorgt die Epidermis und die Follikelmündungen; ein mittlerer befindet sich auf Höhe der Talgdrüsen und versorgt sowohl diese als auch die Haarmuskeln und den mittleren Teil des Haarfollikels. Ein tiefer Plexus an der Grenze zur Subkutis liefert Blut für die Schweißdrüsen, die Haarpapillen und für die oberflächlichen und mittleren Gefäßplexus. Es gibt auch arteriovenöse Anastomosen (Shunts), die es ermöglichen, daß Blut von arteriellen zu venösen Gefäßen hinüberfließt, ohne das Kapillarnetz zu berühren. Shunts finden sich vor allem an den Extremitäten und dienen der Thermoregulation.

Lymphgefäße liegen in der tiefen Dermis und sorgen für eine effiziente Drainage der Haut. Sie sind besonders für die Mikrozirkulation der interstitiellen Flüssigkeit und der Nährstoffe in der Haut von Bedeutung; sie tragen zum Gleichgewicht des Wasserhaushaltes bei und entfernen die Abfallprodukte des Stoffwechsels.

Ähnliche Verteilung auf drei Niveaus wie die dermalen Blutgefäßplexus zeigen auch die **Nerven**, die in der Nähe der Blutgefäße verlaufen. Dabei umgeben sie auch Haarfollikel, Haarmuskel, Talg- und Schweißdrüsen. Freie Nervenfasern befinden sich in der Epidermis, andere Fasern formen komplexere Organstrukturen, wie Vater-Pacini-Lamellenkörperchen und Meissnersche Körperchen. Nerven haben perzeptive, motorische und trophische Funktionen.

1.2.4 Subkutis

Die Subkutis (Unterhaut, Hypodermis) ist eine Schicht von losem, fetthaltigem Kollagengewebe. Je stärker die Subkutis entwickelt ist, desto leichter ist die Haut auf ihrer Unterlage verschieblich.

Die Funktionen der Fettdepots sind:
- Speicherung von Energie- und Steroidreserven,
- Bildungsort von Östrogenen (periphere Aromatisierung der Androgene),
- Schutz gegen Kälte,
- Polsterung und Schutz vor Verletzungen, auch an den Ballen.

1.3   Hautfarbe

Die Farbe der Haut und der Haare ist von Typ, Quantität und Verteilung des Pigmentes Melanin abhängig. Es gibt zwei verschiedene Typen von Melanin: das Eumelanin und das Phäomelanin. Die braunschwarze Farbe ist durch das Pigment Eumelanin, die gelbrote durch Phäomelanin bedingt. Zahlreiche Nuancen zwischen diesen zwei Farben sind bei einer Mischung beider Pigmente möglich. Eu- und Phäomelanin werden von Melanozyten in intrazellulären Melaninkörnern (Melanosomen) produziert. Beide Pigmente stammen vom Tyrosin ab; ihre Bildung wird vom kupferhaltigen Enzym Tyrosinase katalysiert (Abb. 1.7). Phäomelanin unterscheidet sich vom Eumelalin durch seinen hohen Gehalt an Schwefel sowie die kleinere und rundere Form der Melaninkörner.

Funktionen des Melanins:
- Schutz gegen UV-Licht und gegen durch dieses freigesetzte Radikale,
- Thermoregulation durch Zunahme der Absorption von Lichtstrahlen,
- Regulation der Vitamin-D3-Synthese durch Filtration des UV-Lichtes bei Menschen, Herbivoren und Omnivoren (nicht bei Hund und Katze),
- Schutzfunktion (z.B. Tarnfunktion), besonders bei ursprünglichen Rassen.

Embryologisch stammen Melanozyten aus der Neuralleiste. Sie migrieren in den ersten Lebenstagen in die Haut, die Schleimhäute, die Augen und das zentrale Nervensystem. Die Melanozyten der Haut befinden sich zwischen den epidermalen Basalzellen, in der äußeren Wurzelscheide, in der Matrix der Haarfollikel sowie in den Epitheldrüsengängen. Sie besitzen zytoplasmatische Zellfortsätze (Dendriten), mit denen sie sich zwischen die Keratinozyten schieben und mit diesen Kontakt aufnehmen. Wenn Melanin in einem Melanosom „reif" ist, wird das Melanosom bis zur Spitze eines Dendriten transportiert, wo es seinen Inhalt an die anliegenden Keratinozyten weitergibt (Abb. 1.8). Jeder Melanozyt „bedient" durchschnittlich 36 Keratinozyten. Diese physiologische Einheit bezeichnet man als „Epidermale Melanineinheit" (Abb. 1.9). Die Produktion von Melanin und die Proliferation der Melanozyten werden wahrscheinlich lokal von Keratinozyten und Langerhanszellen reguliert. Dieser Prozeß wird durch UV-Licht, Entzündung, Hormone, Arachidonsäure und ihre Metaboliten beeinflußt.

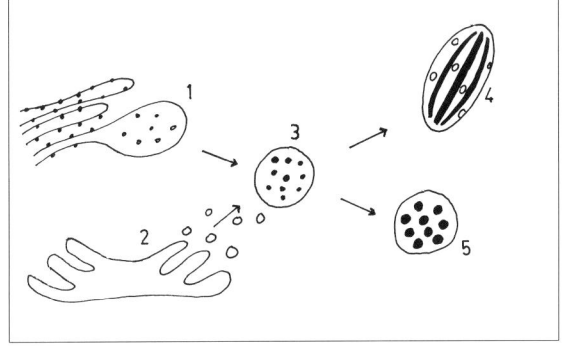

Abb. 1.7: Stufen der Melaninsynthese. Tyrosin wird vom endoplasmatischen Retikulum produziert (1) und von der vom Golgikomplex produzierten Tyrosinase (2) im Stadium-I-Melanosom (3) katalysiert. Das Stadium-I-Melanosom ist für Eu- und Phäomelanin identisch. Weitere Entwicklungsphasen führen bis zum Stadium-IV-Melanosom, das reifes Eu- (3) bzw. Phäomelanin (4) enthält

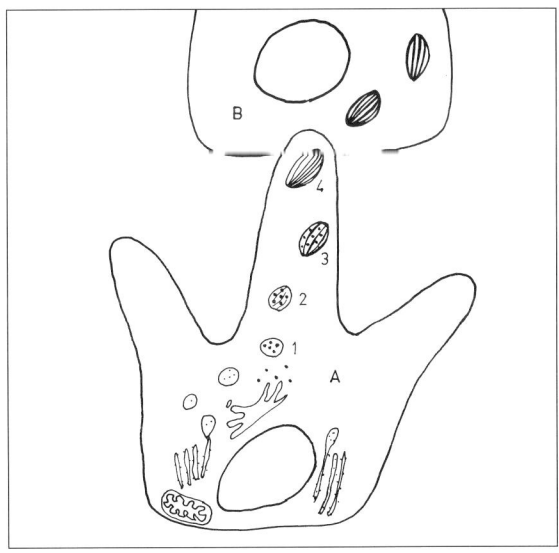

Abb. 1.8: Freisetzung des Melanins.
A Melanozyt, B Keratinozyt.
1–4 Stadium-I- bis -IV-Melanosomen

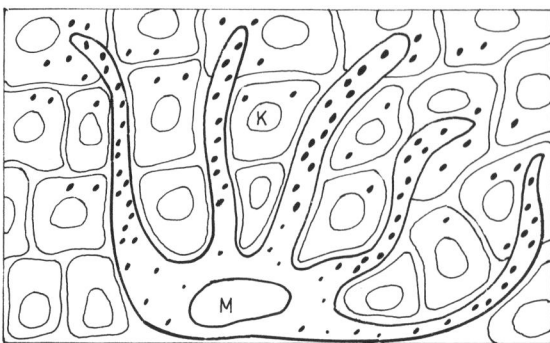

Abb. 1.9: Epidermale Melanineinheit. M Melanozyt, K Keratinozyt

Melaninbildung und Proliferation der Melanozyten werden durch folgende Faktoren beeinflußt:
– UV-Licht,
– Entzündungen (durch Zytokine, z.B. IL-1, IL-6, TNF-alpha, IFN-gamma; Eicosanoide),
– Hormone (Steroide und Schilddrüsenhormone, α-MSH[?], Melatonin[?]),
– Arachidonsäure und ihre Metaboliten (Leukotriene und Prostaglandine).
Die Rolle des hypophysären Hormons α-MSH (Melanozytenstimulierendes Hormon) und des epiphysären Hormons Melatonin in der Regulierung der Melanogenese ist für Hunde und Katzen noch nicht eindeutig geklärt.

1.4   Barrierefunktion und Mikroflora

Die Haut stellt eine Barriere nach außen gegen physikalische, chemische und mikrobielle Einflüsse sowie nach innen für den Erhalt des körpereigenen „Ökosystems" dar. Nur eine konstante Umgebung (Temperatur, Wasserhaushalt usw.) gewährleistet die normale Funktion der Gewebe und Organe. Diese Barrierefunktion ist von grundsätzlicher Bedeutung für das Überleben des Individuums.

Barrierefunktion

Das Haar ist die erste „Verteidigungsfront", die Hautoberfläche die zweite.
Die Hornschicht stellt eine physikalische Barriere dar, die mit einer Emulsion aus Sekreten der Talg- und Schweißdrüsen bedeckt ist. Diese Emulsion wirkt auch als chemische Barriere, da sie Substanzen enthält, die die Entwicklung von Bakterien, Viren und Pilzen hemmen.

Bakterien, Hefen und Schimmelpilze können auch eine normale Hautoberfläche besiedeln und in den Haarbalgtrichtern gefunden werden. Einige dieser Mikroorganismen können lange Zeit auf der Haut bleiben und sind imstande, sich dort zu vermehren. Sie werden als **Standortflora** betrachtet. Dank ihrer Produktion antibiotisch wirkender Substanzen, wodurch die Besiedlung durch pathogene Mikroorganismen gehemmt wird, ist die Stand-

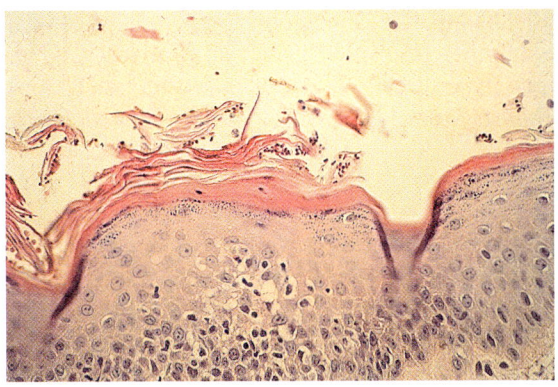

Abb. 1.10: Lichtmikroskopische Aufnahme von Malassezien (Pfeil), die auf der Hornschicht der Hautoberfläche kleben und Teil der Mikroflora sind

ortflora für das mikrobiologische Gleichgewicht der Hautoberfläche sehr wichtig. Beispiele residentieller Mikroorganismen sind grampositive Bakterien, z.B. Staphylokokken, Mikrokokken und Streptokokken, und Hefen, z.B. *Malassezia* (Abb. 1.10). Andere Bakterien können sich auf der normalen Haut nicht vermehren bzw. nicht überleben. Diese bilden die **Durchgangsflora,** zu der gramnegative Bakterien und Schimmelpilze gehören. Im Falle einer Veränderung des Mikroklimas (z.B. durch Immunsuppression, Seborrhoe) sind manche Arten schnell imstande, sich nicht nur auf der Oberfläche, sondern auch in der Tiefe der Haut zu vermehren. Diese **opportunistischen Mikroorganismen,** wie koagulase-positive Staphylokokken, können sekundäre Pyodermien verursachen.

Die wichtigsten Faktoren, die die Kolonisation der Mikroorganismen begünstigen, sind die Verfügbarkeit von Nährstoffen und der Wassergehalt der Hautoberfläche. Zu diesen Nährstoffen zählen insbesondere Proteine und Mineralien im Schweiß sowie Lipide im Talgdrüsensekret und in den Epidermiszellen. In Hautarealen, die feucht, warm und leicht fettig sind, befinden sich mehr Bakterien als in trockenen Gebieten. Im Gegensatz dazu wirken andere Faktoren hemmend auf die Entwicklung von Mikroorganismen. Dazu gehören die ständige Abschilfung (Desquamation) von Hornzellen, die Bildung von Interferon, Transferrin, Komplement und Immunglobulinen, die sich auf der Oberfläche der Hornschicht konzentrieren, und die Langerhanszellen, die das Epithel „bewachen" und ein tiefes Eindringen der Mikroorganismen in die Haut verhindern. Die normale Hautflora hängt ebenso vom Gleichgewicht dieser Faktoren ab wie von einem örtlichen Mikroklima, das je nach Körpergebiet stark variieren kann. So befinden sich auf der Haut der Ohren z.B. normalerweise mehr Hefen als auf der übrigen Haut. Anus, Vulva und das Präputium besitzen ein ideales Mikroklima für gramnegative Bakterien.

1.5 Immunsystem der Haut

Epitheliale Gewebe wie Schleimhäute oder die Haut bilden die Grenze zwischen Umwelt und Organismus. Die Haut bietet dabei nicht nur passiv Schutz vor Einflüssen von außen, sondern ist auch ein aktives Organ, das alle Möglichkeiten der immunologischen Abwehr aufweist. Dabei muß sie Schutzmechanismen gegen eine große Vielfalt von Bakterien, Viren, Parasiten (Antigene) oder mechanische, chemische und physikalische Einflüsse ebenso entwickeln und aufrechterhalten wie gegen Schädigungen von „innen", beispielsweise gegen Tumorzellen. Um dieser Aufgabe gerecht zu werden, arbeiten spezifische Zellen der Haut zusammen. Diese Zellen werden unter den Begriff „SALT" (Skin Associated Lymphoid Tissue = mit der Haut assoziiertes lymphatisches Gewebe) als Funktionssystem zusammengefaßt. Die Kooperation erfolgt in der Weise, daß die Zellen untereinander kommunizieren, Informationen austauschen und fremde Partikel, d.h. Antigene, an andere Zellen weiterreichen, sie be- und verarbeiten, ausscheiden, zerstören usw. Allerdings reagiert die Haut manchmal auch mit einer „übertriebenen" Abwehr oder Dauerabwehr gegen an sich im allgemeinen harmlose Umweltpartikel (Antigene), wie Pollen, Gräser, Hausstaub, Kunststoffe, Arzneimittel usw. Diese Antigene werden als *Allergene* bezeichnet, wenn sie zu einer allergischen Reaktion führen.

Wie kommt nun eine solche Reaktion zustande? Welche Zellen sind beteiligt, und wie verlaufen ihre Interaktionen? Am Beispiel der *„kutanen Hypersensibilität vom Spättyp"*, wie man sie bei Kontaktallergien beobachtet, soll das äußerst komplizierte Zusammenspiel des SALT-Systems in sehr vereinfachter Form dargestellt werden.

Man unterscheidet drei Phasen (Abb. 1.11):

1. Rekrutierungsphase: Eine fremde Umweltpartikel (Antigen) gelangt in die Tiefe der Haut (Dermis oder Subkutis) und wird dort als fremd erkannt. Sensibilisierte kutane Mastzellen (d) interagieren mit ihm. Dabei werden gefäßaktive Stoffe (Mediatoren) in der Umgebung von Hautblutgefäßen freigesetzt. Diese Mediatoren verursachen Vasodilatation (Gefäßerweiterung), Erhöhung der Gefäßpermeabilität (Durchlässigkeit der Gefäßwände) und Auswanderung von bestimmten weißen Blutkörperchen (Memory-T-Lymphozyten, b) vom Blutgefäßsystem in die Haut (Dermis).

2. Retentionsphase: Memory-T-Lymphozyten arbeiten in der Dermis mit Zellen zusammen, die ihnen die Antigene „mundgerecht" präsentieren. Solche Zellen weisen lange Zellfortsätze auf und werden *Langerhanszellen* bzw. dermale dendritische Zellen (a) genannt. Diese Zusammenarbeit ruft in den T-Lymphozyten eine verstärkte Produktion von Zellbotenstoffen (Lymphokinen) hervor. Dabei werden sog. T-Helferzellen, Makrophagen und Keratinozyten (c) aktiviert, wodurch die Sekretion von Zytokinen, z.B. IL-1, IL-8, TNF-alpha, stimuliert wird. Solche Zellbotenstoffe, besonders IL-8, wirken für weitere weiße Blutkörperchen (Neutrophile, Monozyten und Lymphozyten) chemotaktisch, d.h., sie stimulieren die Auswanderung dieser Zellen aus den Blutgefäßen in die Epidermis, ihren dortigen Verbleib, ihre Vermehrung und Differenzierung ebenso wie ihre immunologische Abwehrreaktion.

Nach der Migration von Langerhanszellen in die regionären Lymphknoten (f) aktivieren sie dort die T-Lymphozyten. Diese neuen aktivierten T-Zellen tragen im betroffenen Hautgebiet zur Immunreaktion bei.

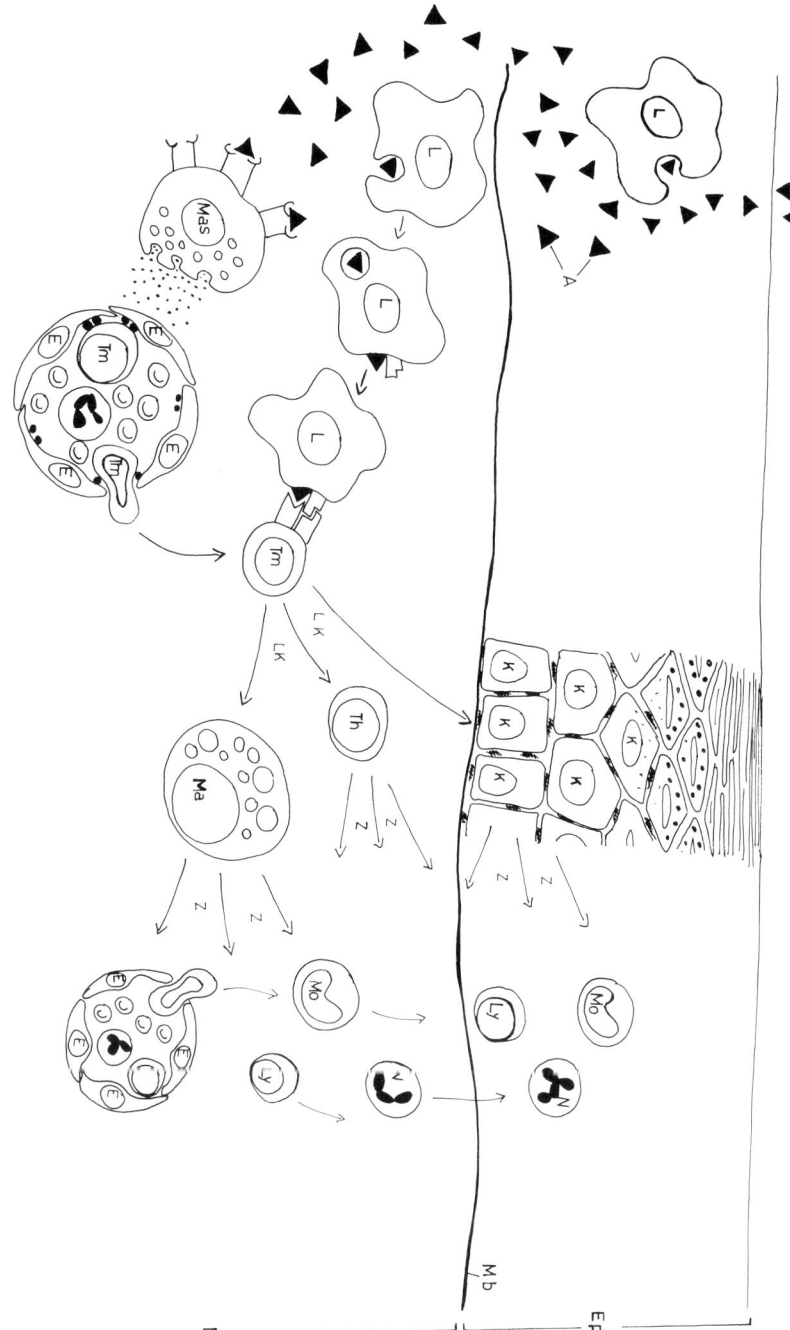

Abb. 1.11: Das Funktionssystem „SALT".
A Antigen, D Dermis, E Endothelzelle, Ep Epidermis, K Keratinozyt, L Langerhanszelle,
LK Lymphokine, Ly Lymphozyt, Ma Makrophage, Mas Mastzelle, Mb Basalmembran,
Mo Monozyt, N Neutrophiler, Th T-Helfer-Zelle, Tm T-Memory-Zelle, Z Zytokine

3. Resolutionsphase: Die Auswanderung der Lymphozyten wird gestoppt durch Inhibition von sog. Adhäsionsmolekülen, die in der Rekrutierungsphase zum Zweck der Auswanderung von Memory-T-Lymphozyten von den Endothelzellen (e) der Blutgefäßwände gebildet worden waren. Die Immunreaktion klingt damit ab.

Das SALT-System

● Antigenpräsentierende Zellen

Die wichtigsten antigenpräsentierenden Zellen sind die **Langerhanszellen**. Langerhanszellen stammen aus dem Knochenmark (von den Monozyten/Histiozyten/Phagozyten) und wandern in die Haut und Schleimhäute (z.B. Mundhöhle). Sie befinden sich in den unteren Schichten der Epidermis und „bewachen" sie, um sie vor fremden Umweltpartikeln (Antigenen) zu schützen. Dazu nehmen sie diese auf (Phagozytose), „verdauen" sie, binden sie an bestimmte Moleküle des Immunsystems (Klasse-II-MHC-Moleküle) und transportieren diesen neugebildeten Komplex zu ihrer Zelloberfläche. Hier wird er T-Lymphozyten, die dadurch aktiviert werden, präsentiert. Aktivierte T-Lymphozyten (Helfer- oder zytotoxische Zellen) spielen eine zentrale Rolle bei der Abwehr infektiöser Erreger und Tumorzellen. Langerhanszellen können auch nach Wanderung aus der Haut in die regionären Lymphknoten die dortigen T-Lymphozyten aktivieren und durch die Produktion von Zellbotenstoffen (Zytokinen) die Entzündungsreaktion verstärken.

Andere antigenpräsentierende Zellen sind die **dermalen dendritischen Zellen.** Sie befinden sich in perivaskulärer Lage (um die Blutgefäße) und sind mikroskopisch von wandernden Langerhanszellen schwer zu unterscheiden.

● „Skin-homing-T-Lymphozyten" (T-Lymphozyten der Haut)

Zur Auslösung einer Immunreaktion in der Haut muß sich eine gewisse Anzahl an Lymphozyten ständig dort befinden, um wie oben beschrieben mit den antigenpräsentierenden Zellen reagieren zu können. „Skin-homing-T-Lymphozyten" sind T-Zellen, die dank spezifischer, von den Endothelzellen der Blutgefäßwände gebildeter Adhäsionsmoleküle (Selektine und Integrine) selektiv in die Haut wandern und dort verbleiben. Immunkompetente T-Lymphozyten findet man immer in kleinen Mengen in der normalen Haut. Während eines Entzündungsprozesses nimmt ihre Zahl zu. Es gibt unterschiedliche T-Lymphozyten. Einige sind in der Lage, Bakterien, Viren und andere Fremdpartikel direkt zu vernichten, andere als Helferzellen die Immunabwehr zu unterstützen oder als Suppressorzellen zu unterdrücken. Wieder andere stimulieren die Produktion von Antikörpern.

● Keratinozyten (Hornzellen)

Auch Hornzellen spielen eine sehr aktive Rolle bei Immunprozessen in der Haut. Sie bilden als äußerste Zellschicht die Grenze des Organismus zur Umwelt und tragen zur Regulation des Beginns, der Verstärkung und des Abklingens der Entzündung bei. Sie können selbst Antigene aufnehmen, vollständig „verdauen" und an Langerhanszellen weitergeben, die sie dann ihrerseits, wie oben beschrieben, den T-Lymphozyten präsentieren.

Keratinozyten sind auch in der Lage, verschiedene Zellbotenstoffe zu produzieren (Interleukine: IL-1, IL-3, IL-6, IL-8, Tumornekrosefaktor, Koloniestimulationsfaktoren: CSF-G, CSF-M, CSF-GM usw.), die in unterschiedlicher Weise auf andere Zellen wirken und so auf die Immunabwehr Einfluß nehmen. Beispielsweise aktivieren diese Zellbotenstoffe T-Lymphozyten und andere weiße Blutkörperchen (z.B. Monozyten, neutrophile Granulozyten), beeinflussen deren Wachstum, Entwicklung und Retention in der Epidermis. Keratinozyten produzieren auch entzündungshemmende Faktoren und können so das dynamische Gleichgewicht des Entzündungsprozesses mit regulieren.

● **Endothelzellen**

Nachdem die Immunreaktion in Gang gekommen ist, reagieren die Zellen, die die Blutgefäße auskleiden (Endothelzellen), mit der Expression von Adhäsionsmolekülen (Selektine und Integrine) auf ihrer Zelloberfläche. Diese Moleküle haften an weißen Blutkörperchen (Neutrophilen, Eosinophilen, Lymphozyten und anderen Leukozyten) und tragen zu ihrer Wanderung in das Entzündungsgebiet der Haut bei.

● **Mastzellen der Haut**

Mastzellen befinden sich vor allem in der Nähe der Hautblutgefäße und besitzen kleine Granula mit entzündungsstimulierenden Substanzen (Mastzellmediatoren). Wegen ihrer besonderen Lokalisation werden sie als „Torwächter der Haut" angesehen. Bei Kontakt mit Antigenen geben sie den Inhalt ihrer Granula frei. Unter den Mediatoren sind Zellbotstoffe, die die Expression der endothelialen Adhäsionsmoleküle stimulieren (siehe oben) und dadurch für die Einwanderung von weiteren weißen Blutkörperchen in die Haut verantwortlich sind. Eine wichtige, von den Mastzellen gebildete und in ihnen gespeicherte Substanz ist Histamin, welches Gefäßerweiterung und erhöhte Durchlässigkeit der Gefäßwände verursacht. Auf Histamin sind beispielsweise die Quaddelbildungen bei Urtikaria (Nesselsucht) zurückzuführen.

1.6   Struktur der Haare

Haare findet man ausschließlich bei Säugetieren. Fast alle Angehörigen dieser Klasse besitzen ein dichtes Fell am ganzen Körper, mit Ausnahme von Nasenspiegel, Ballen, Mund und anderen Körperöffnungen.

● Haarschaft

Jedes Haar besteht aus einer flexiblen Säule von miteinander verbundenen, keratinisierten, abgestorbenen Epithelzellen.

Entsprechend der Verteilung der Epithelzellen kann man zwischen dem **Haarmark**, der **Haarrinde** und der äußeren (schuppigen) **Haarkutikula** unterscheiden.

Das Verhältnis von Haarmark zu Haarrinde bestimmt das Aussehen des Haares und dessen Funktion. Zum Beispiel sind Haare, die ein breites Mark und eine dünne Rinde besitzen, gerade und zerbrechlich; Haare mit einem dünneren Mark und einer dickeren Rinde sind stärker und biegsam.

Das **Haarmark** zeichnet sich durch solide Zellen in der Haarwurzel aus. Im Haarschaft enthält es Luft, Glykogenvakuolen und manchmal Pigmentkörnchen. Die **Haarrinde** besteht aus spindelförmigen, verhornten Zellen, die parallel zur Haarlänge liegen. Sie enthalten das Pigment, das dem Haar seine besondere Farbe gibt. Die **Haarkutikula** wird aus verhornten, kernlosen, flachen Zellen geformt, die sich dachziegelartig überlappen, wobei die Kanten haarspitzenwärts orientiert sind (Abb. 1.12).

● **Haarbalg**
Das Haar entspringt einer röhrenförmigen Tasche der Haut, dem Haarbalg (Haarfollikel; Abb. 1.13).

Der Haarfollikel gliedert sich in drei Segmente:
- **Haarbalgtrichter** (Infundibulum), von der Mündung der Talgdrüsen bis zur Hautoberfläche;
- **Haarbalghals** (Isthmus), zwischen dem Haarbalgmuskel und der Drüsenmündung;
- **Haarbalggrund,** wo sich die Haarwurzel befindet, vom Haarbalgmuskel bis zur dermalen Papille.

Am Grund des Haarfollikels befindet sich die **dermale Papille** aus Bindegewebe, die über ihre Blutgefäße Nährstoffe an die Haarwurzel liefert. Darüber, von der Basalmembran getrennt, befinden sich die epithelialen Zellen

Abb. 1.12: Elektronenmikroskopische Aufnahme von Haaren eines gesunden Hundes (Foto: G. Chalier, Brüssel)

Abb. 1.13: Aufbau eines Haares. E Epidermis, H Haar, M Haarmuskel, P Papille, S Schweißdrüse, T Talgdrüse. 1 Kutikula, 2 Haarrinde, 3 Haarmark, 4 Haarmatrix, 5 äußere Wurzelscheide, 6 innere Wurzelscheide

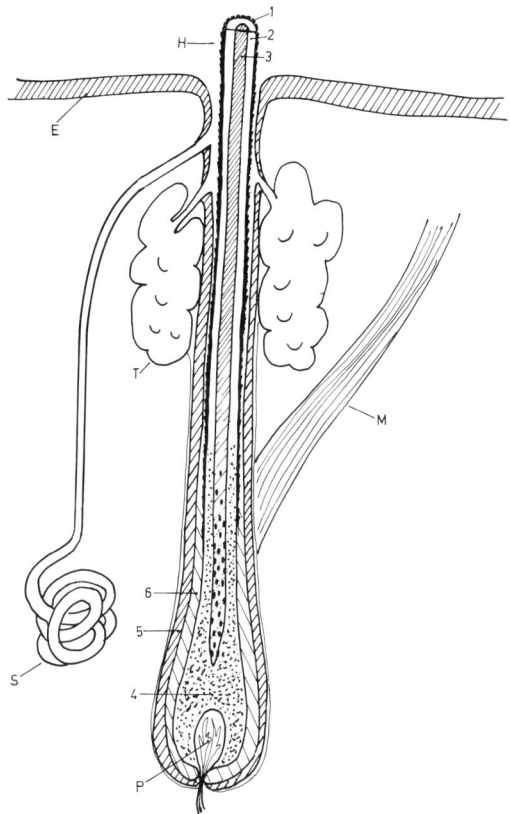

der **Haarmatrix,** die sich ständig vermehren. Von diesem Haarwachstumszentrum ausgehend, entstehen alle anderen Strukturen, die das Haar bzw. den Haarbalg bilden, u.a. die zwei epithelialen Wurzelscheiden. Die **äußere Wurzelscheide** läuft kontinuierlich von der Epidermis in die Tiefe. Die **innere Wurzelscheide,** die sich weiter unten zwischen der äußeren Wurzelscheide und dem Haarschaft befindet, besteht aus drei Schichten (Scheidenkutikula, Huxley-Schicht, Henley-Schicht) und enthält lichtmikroskopisch eosinophile Vakuolen (Trichohyalinkörnchen). Sie wirkt als epitheliale Gleitschicht für das Haar und zerfällt, bevor sie den Hals (Isthmus) erreicht.

● Haartypen

Gerade Haare entstammen mehr senkrechten, gewellte Haare spiralförmigen Haarfollikeln, die quer zur Hautoberfläche angeordnet sind. Die Kräuselungen können auch durch unterschiedliche Wachstumsgeschwindigkeiten oder verschiedene Keratinzusammensetzungen an der konkaven und an der konvexen Seite des Haares entstehen.

Trotz vielfältigen Aussehens, besonders bei den domestizierten Tieren, gehören die Haare nur zu zwei Hauptgruppen: **Deckhaare** und **Wollhaare** (Abb. 1.14 und 1.15).

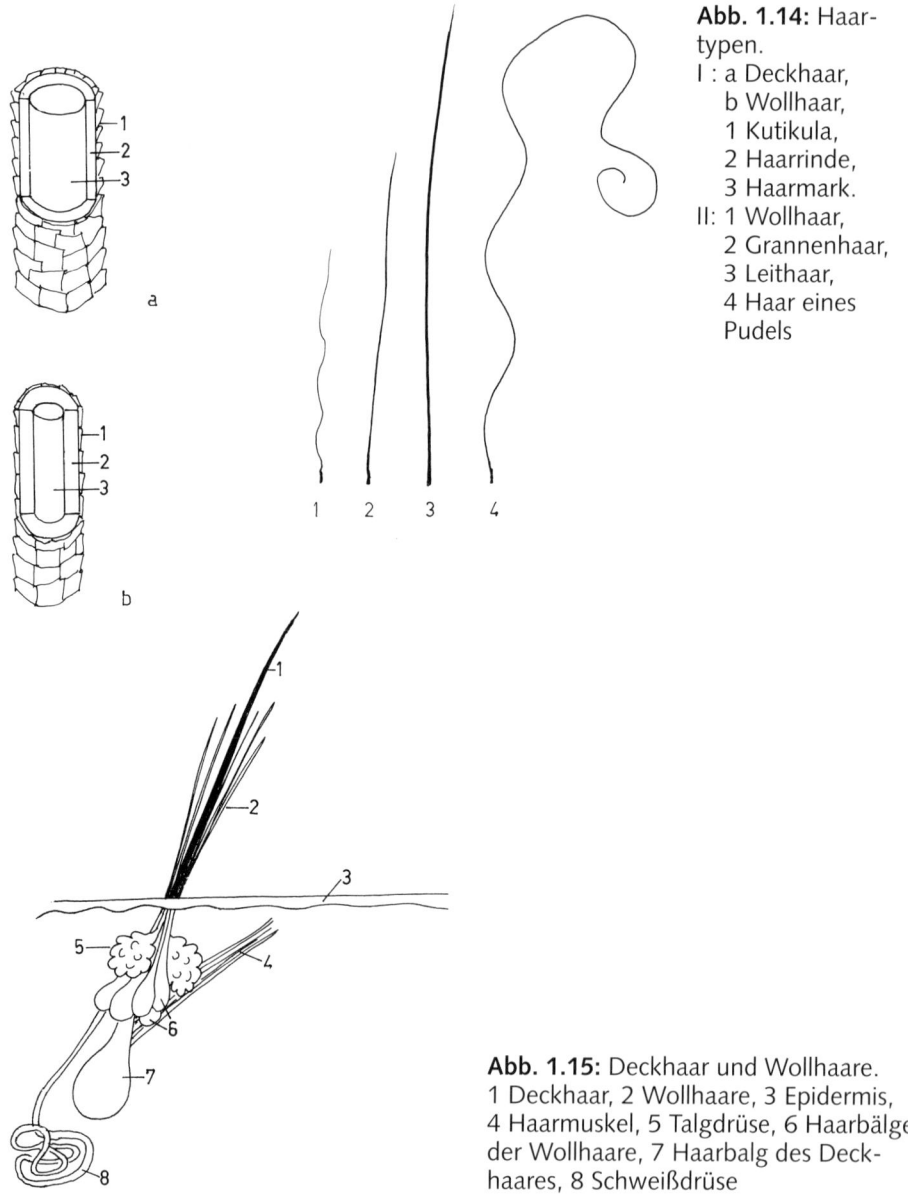

Abb. 1.14: Haar-typen.
I : a Deckhaar,
   b Wollhaar,
   1 Kutikula,
   2 Haarrinde,
   3 Haarmark.
II: 1 Wollhaar,
    2 Grannenhaar,
    3 Leithaar,
    4 Haar eines
    Pudels

Abb. 1.15: Deckhaar und Wollhaare.
1 Deckhaar, 2 Wollhaare, 3 Epidermis,
4 Haarmuskel, 5 Talgdrüse, 6 Haarbälge
der Wollhaare, 7 Haarbalg des Deckhaares, 8 Schweißdrüse

Deckhaare (Primärhaare, Leit- und Grannenhaare; s. Abb. 1.14.I) liegen bei den Wildtieren flach und regelmäßig auf der Haut und geben dem Fell sein besonderes Aussehen und seine charakteristische Farbe. Ihre ursprüngliche Funktion ist Schutz gegen das Wasser, das auf diese Weise von dem Fell abgleitet und nicht in die Tiefe des Unterfelles dringen kann. Bei den Haustieren allerdings sind mutierte Deckfelltypen selektiert worden, die nur noch wenige oder gar keine Merkmale des ursprünglich glatten Deckfelles mehr besitzen (s. Abschnitt Felltypen).

Man unterscheidet zwei Typen von Deckhaaren: die *Leithaare* und die *Grannenhaare*. Die Leithaare sind steifer und länger und weniger zahlreich als die Grannenhaare. Diese sind kürzer, zahlreicher und besitzen eine spindelförmige Verdickung vor ihrer Spitze (die Granne). Grannenhaare kommen bei seidenhaarigen Hunden (z.B. Yorkshire-Terrier) nicht vor.

Der Gesamtdurchmesser eines Deckhaares variiert zwischen 80 und 140 µm beim Hund und zwischen 40 und 80 µm bei der Katze, wobei das Haarmark den meisten Raum einnimmt (bis zu 5/6 der Haarbreite).

Wollhaare (Sekundärhaare, Flaumhaare; s. Abb. 1.14.II) formen das weiche Unterfell. Sie sind meistens dünner, stärker gewellt, kürzer und zahlreicher als die Deckhaare. Der Durchmesser der Wollhaare beträgt 20–70 µm bei Hunden und 10–20 µm bei Katzen. Ihr Haarmark ist verhältnismäßig kleiner als das der Deckhaare und die Haarkutikula dicker. Die Schuppen des Haaroberhäutchens der Katze liegen flacher auf dem Haar als die des Hundes, deswegen macht das Katzenfell einen glatteren und stärker glänzenden Eindruck als das Hundefell.

● **Haaranordnung und Haardichte**

Bei erwachsenen Hunden und Katzen sind die Haarbälge in Gruppen angeordnet. Aus einem einzelnen Haarbalgtrichter entspringen büschelförmig mehrere Haare (Abb. 1.16).

Unter den Haaren desselben Haarbündels unterscheidet man ein dickes, zentrales Leithaar, 1 bis 4 kleinere, laterale Grannenhaare und 5 bis 20 Wollhaare. Deckhaarbälge sind größer, befinden sich tiefer in der Dermis, besitzen Talg- und Schweißdrüsen und einen Haarbalgmuskel. Wollhaarbälge sind kleiner und besitzen höchstens eine Talgdrüse (Abb. 1.17).

Abb. 1.16: Elektronenmikroskopische Aufnahme von Haaren eines gesunden Hundes; mehrere Haare entspringen aus einem Haarbalgtrichter
(Foto: Istituto di Anatomia Patologica, Facoltà Medicina Veterinaria di Napoli, Italia)

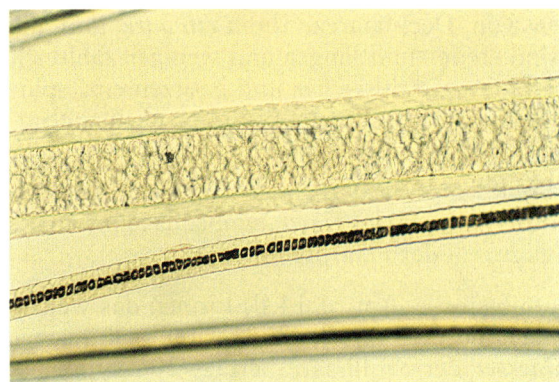

Abb. 1.17: Lichtmikroskopische Aufnahme von den Haarschäften eines Deckhaares und zweier Wollhaare

Hunde haben eine **Haardichte** von rund 1000 bis 9000 Haaren/cm^2 in Bündeln von je 2 bis 15 Haaren, bei der Katze beträgt die Haardichte 25000 Haare/cm^2 in Bündeln von je 10 bis 20 Haaren. Bei Neugeborenen und jungen Tieren ist die Zahl der Haare pro Bündel wesentlich geringer (1 zum Zeitpunkt der Geburt und 3–4 in den ersten Lebensmonaten).

Die Mehrzahl der Haare, besonders die Deckhaare, sind in einem Winkel von 30 bis 60° in der Haut inseriert, der dem Haar seine besondere **Haarrichtung** gibt. Die Richtung der Haare ist von der Richtung bei der normalen Fortbewegung des Tieres abhängig und dient dem schnellen Abfließen des Wassers von den Haaren.

Wenn alle Haare in gleicher Richtung wachsen, wird diese Anordnung **Haarstrom** genannt. An der Grenze zweier Haarfelder mit verschiedenen Richtungen können sich **Haarwirbel** oder **Haarkämme** bilden. Haarwirbel findet man z.B. auf dem Nasenrücken, an den Augen und Ohren, auf der Vorderbrust, auf dem Rücken und in der Leistengegend (Abb. 1.18). Haarkämme befinden sich z.B. seitlich am Hals, an der Vor- und Unterbrust und, nur bei Hündinnen, im Perineum.

● Haarzyklus

Bei den meisten Hunderassen wachsen die Haare nicht kontinuierlich, sondern in Haarzyklen. Dabei wird das Haarkleid meistens im Frühjahr und im Herbst gewechselt. Katzen wechseln das Haarkleid am stärksten im Frühling, können aber im Normalfall auch in geringer Menge im Sommer und im Herbst Haare verlieren. Hunde mancher Rassen zeigen keinen Haarwechsel, ihr Haar wächst ununterbrochen und muß regelmäßig geschoren bzw. getrimmt werden (z.B. Pudel, Kerryblue-Terrier und Bedlington-Terrier).

Der Haarwechsel beginnt mit der Verlangsamung des Wachstums der Haare, das wahrscheinlich von der Erhöhung der Raumtemperatur und der Verlängerung der Tageslichtdauer abhängig ist. Diese verlangsamte Haarwachstumsphase heißt **katagene Phase,** und in ihr findet eine graduelle Rückbildung (Atrophie) der Haarmatrix und der dermalen Papille statt. Die vollständige Atrophie der Haarwurzel und des Haarbalges ist in der **telogenen Phase** erreicht, wo kein Haarwachstum mehr stattfindet. In der **anagenen Phase** bilden sich eine neue Haarmatrix und eine neue Papille unterhalb des alten, toten Haares. Das neue Haar stößt das alte bis zur Hautoberfläche und nimmt seinen Platz im Haarfollikel ein (Abb. 1.19). Haare wachsen, bis sie die für die Rasse und Körperzone vorherbestimmte Länge erreicht haben, dann gehen sie in eine **Ruhephase** über, die erstaunlich lang sein kann.

Das **Haarwachstum** variiert zwischen 0,04 und 1 mm/Tag und ist höher bei Haaren, die länger werden. Faktoren wie unzureichende Ernährung, Krankheit, Corticosteroide und Östrogene können das Haarwachstum verlangsamen, während Schilddrüsenhormone eine wachstumsstimulierende Wirkung ausüben.

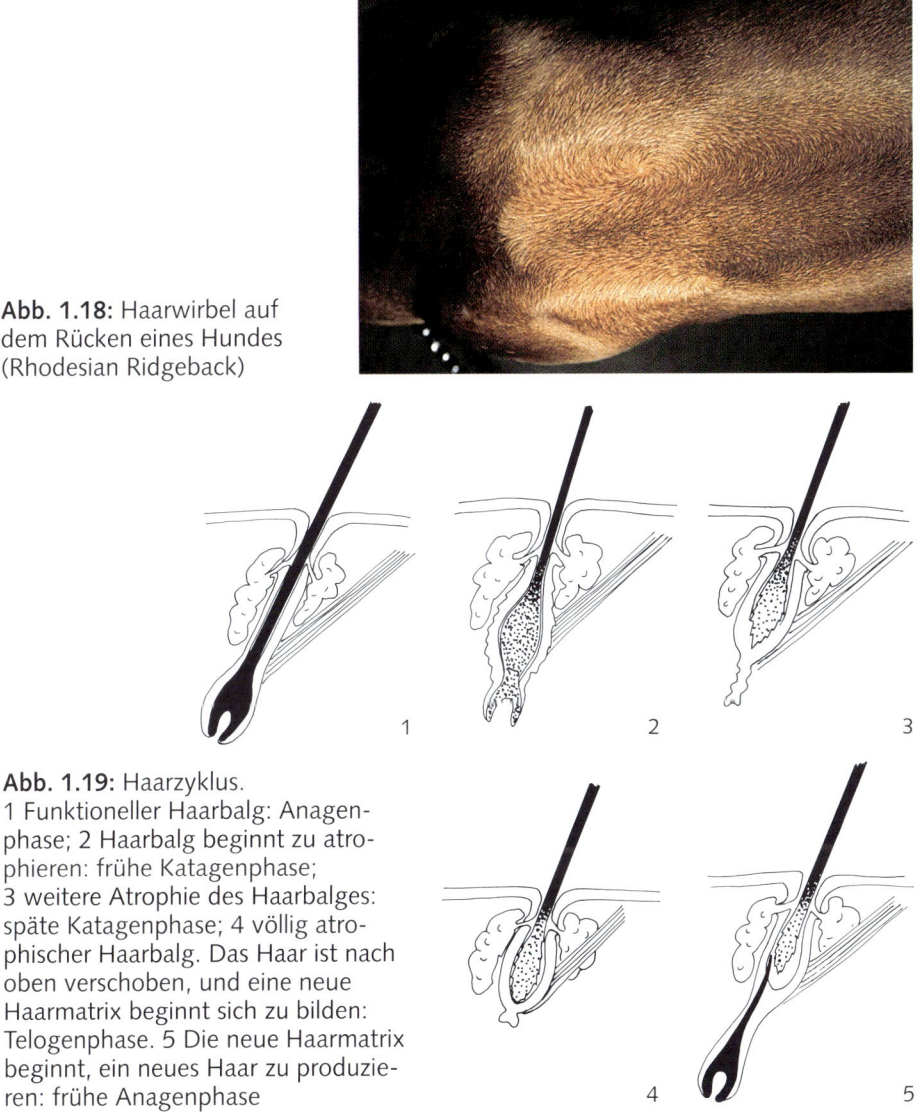

Abb. 1.18: Haarwirbel auf dem Rücken eines Hundes (Rhodesian Ridgeback)

Abb. 1.19: Haarzyklus.
1 Funktioneller Haarbalg: Anagenphase; 2 Haarbalg beginnt zu atrophieren: frühe Katagenphase;
3 weitere Atrophie des Haarbalges: späte Katagenphase; 4 völlig atrophischer Haarbalg. Das Haar ist nach oben verschoben, und eine neue Haarmatrix beginnt sich zu bilden: Telogenphase. 5 Die neue Haarmatrix beginnt, ein neues Haar zu produzieren: frühe Anagenphase

1
2
3
4
5

● Tasthaare

Bei vielen Säugetieren findet man zwei Typen spezialisierter **Tasthaare:** *Sinushaare* und *tylotriche Haare*.

Sinushaare befinden sich an Schnauze, Lippen, Kinn und Augenlidern, bei den Katzen auch auf der Unterseite des Vorderfußwurzelgelenks (ventraler Karpus). Sie sind dicker und wesentlich länger als die Deckhaare und besitzen eine sehr tiefe Wurzel, die manchmal die oberflächlichen Muskeln erreicht. Jede Haarzwiebel ist von einem venösen Blutsinus umgeben, in dessen Wänden sich zahlreiche, für mechanische Reize sensible Nervengeflechte befinden (Abb. 1.20). Die auf mechanische Reize reagierenden Rezeptoren der Sinushaare werden als langsam adaptierende Rezeptoren betrachtet. Ein Beispiel für das Sinushaar sind die langen Schnurrhaare der Katze.

Ähnliche Strukturen, aber kleiner, befinden sich um manche Deckhaare verteilt am ganzen Körper. Diese Haare heißen **tylotriche Haare** und befinden sich in Nachbarschaft besonderer Scheiben, die **tylotriche Polster** heißen. Tylotriche Polster bestehen aus einer Schicht dicker Epidermis, die über einem flachen, gut durchbluteten und innervierten Gebiet feinen Bindegewebes liegt (Abb. 1.21). Tylotrische Haare und Polster werden als schnell adaptierende Tastorgane (Mechanorezeptoren) betrachtet.

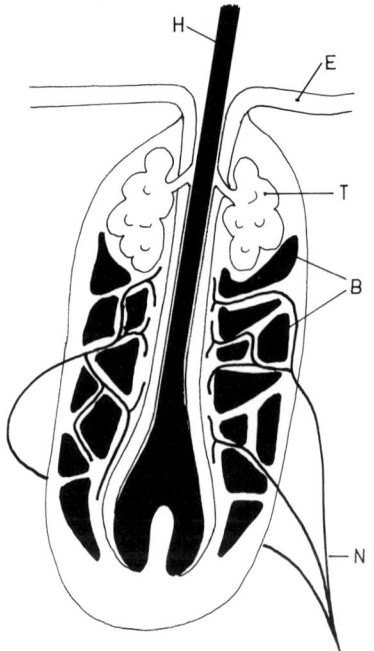

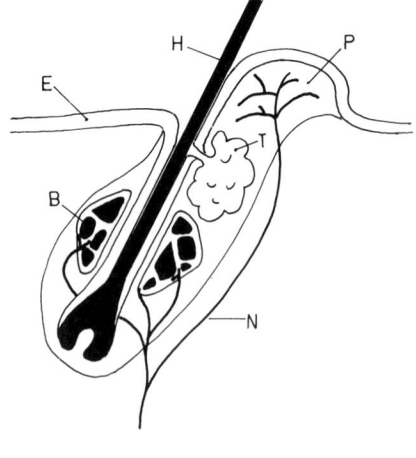

Abb. 1.20: Aufbau eines Sinushaares. B Blutsinus, E Epidermis, H Sinushaar, N Nervenfasern, T Talgdrüse

Abb. 1.21: Tylotriches Haar und Polster. B Blutsinus, E Epidermis, H tylotriches Haar, N Nervenfasern, P tylotriches Polster, T Talgdrüse

● **Haarbalgmuskeln**

Die Haarbalgmuskeln sind glatte Muskelfasern, die quer von der oberflächlichen Dermis zu den proximalen Teilen der Haarbälge der Deckhaare laufen. Sie sind auf der Halsoberseite und auf dem Rücken dicker und kräftiger. Die Muskelkontraktion wird von Adrenalin und Noradrenalin gesteuert und bewirkt die Aufrichtung der Haare auf der Hautoberfläche. Diese Reaktion ist unbewußt und geschieht bei Kälte oder bei einem Angriff. Im ersten Fall erzielt das Tier die Verdickung des wärmeisolierenden Luftkissens zwischen den Haaren und der Haut. Im zweiten Fall erhält es größere Körperkonturen, mit denen es den Angreifer abschrecken kann. Ein weiterer Effekt der Kontraktion der Haarbalgmuskeln ist das Entleeren der Talgdrüsen, die in den jeweiligen Haarfollikel münden.

1.7 Hautdrüsen

● Talgdrüsen

> Talgdrüsen produzieren ein fettiges Sekret, das die Haut und das Fell geschmeidig, wasserdicht und glänzend erhält.

Die im Talg enthaltenen Fettsäuren hemmen das bakterielle Wachstum und tragen zum Gleichgewicht der Hautflora bei (s. Abschnitt 1.4). In besonderen Fällen dienen sie zur territorialen Markierung und zum sexuellen Anlocken während der Brunst. Talgdrüsen sind alveolare (nischenartige) Strukturen, die in den Haarbalgtrichter münden. Sie befinden sich über den ganzen Körper verbreitet, mit Ausnahme von Nasenspiegel und Ballen. Talgdrüsen sind größer und zahlreicher in dünnbehaarten Zonen: an Haut-Schleimhaut-Übergängen, zwischen den Zehen, auf dem Rücken, auf dem Kinn und auf dem dorsalen Schwanz (Schwanzdrüse). Sie sind besonders zahlreich bei Spaniel, Bernhardiner und Schnauzer.

Die Sekretion der Talgdrüsen ist vom holokrinen Typ, d.h. daß sich die Zellen graduell mit Talg auffüllen, wenn sie von der Peripherie zum Zentrum

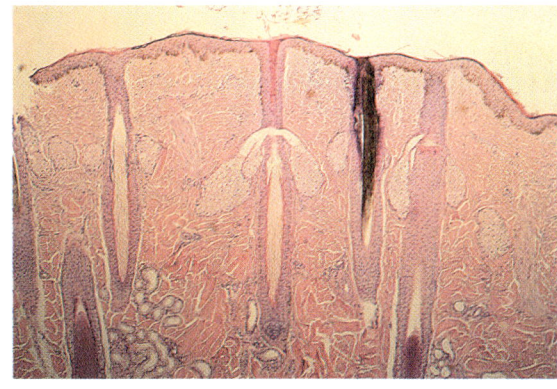

Abb. 1.22: Lichtmikroskopische Aufnahme von vier Haarfollikeln in der katagenen Phase. Deutlich sichtbar sind die Talgdrüsen und ihre Mündungen in die Follikel

der Drüse migrieren, bis sie sich im Ganzen auflösen und ihr Zellinhalt in den Haarfollikel abgegeben wird (Abb. 1.22). Viele Hormone und nichthormonale Faktoren können die Talgproduktion beeinflussen, z.B. verursachen Androgene Hypertrophie und Hyperplasie der Talgdrüsen und Östrogene ihre Atrophie.

● **Modifizierte Talgdrüsen**

Modifizierte Talgdrüsen der Hunde und Katzen sind die *Zirkumoraldrüsen*, die *dorsale Schwanzdrüse* (Violsche Drüse), die **Zirkumanaldrüsen** und der *Analbeutelkomplex.*

1. Das **Sekret der Zirkumoraldrüsen,** die nur bei der Katze um die Mundöffnung herum vorkommen, wird wahrscheinlich zur Markierung des Territoriums gebraucht.

2. Die **dorsale Schwanzdrüse** (Violsche Drüse) ist eine ovale Platte großer Talgdrüsen auf der dorsalen Seite des Schwanzes aller Fleischfresser. Bei manchen Tieren ist die Haut in diesem Gebiet dünn behaart und gelblich gefärbt, so daß die Drüse deutlich sichtbar wird (Abb. 1.23). Ihre Funktion ist bei unseren Haustieren wahrscheinlich verlorengegangen, bei wildlebenden Fleischfressern ist sie mit der Reproduktionsaktivität verbunden.

3. Die **Zirkumanaldrüsen** befinden sich im Perineum, manchmal auf dem Schwanz und Rücken aller Fleischfresser. Ihr stark riechendes Sekret erweckt das Interesse für die anale Region bei anderen Hunden.

4. Die **Analbeutel** sind kleine Hauttaschen, die das Sekret der in sie mündenden Talgdrüsen aufnehmen. Sie entleeren ihren faulig riechenden Inhalt beim Koten über ihre Mündungen beiderseits am Afterrand. Das Sekret dient der individuellen Markierung des Territoriums und der Erkennung des Individuums.

● **Schweißdrüsen**

Schweißdrüsen sind auf der ganzen Körperoberfläche verteilt, bei den Fleischfressern in kleinerer Anzahl als bei anderen Säugetieren. Ihre Vertei-

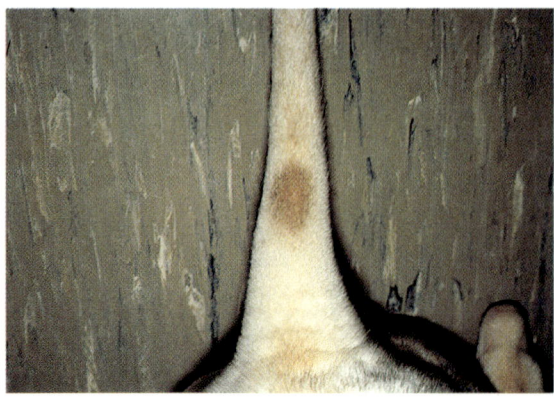

Abb. 1.23: Deutlich sichtbare dorsale Schwanzdrüse (Suprakaudalorgan)

lung ist der der Talgdrüsen ähnlich. Sie besitzen eine lange, schlauchförmige, geschlängelte Struktur, die von einer einzelnen Schicht kubischen Epithels gebildet wird und von myoepithelialen Zellen (spezialisierte Epithelzellen mit Muskelfunktion) umgeben ist.

> Man unterscheidet Schweißdrüsen vom apokrinen und vom ekkrinen Typ. *Apokrine Schweißdrüsen* scheiden ihr eiweißreiches Sekret in den Haarbalgtrichter ab, während die bei den Fleischfressern im Gegensatz zum Menschen seltenen *ekkrinen Schweißdrüsen* ihr wäßriges Produkt direkt an der Oberfläche mancher unbehaarter Hautzonen (z.B. Ballen) abgeben.

Schweißdrüsen liegen immer in der Nähe von Blutgefäßen und werden durch Adrenalin oder Noradrenalin zur Produktion des Schweißes stimuliert. Eine direkte Beeinflussung durch parasympathische Nervenfasern wird auch für die Schweißdrüsen an den Ballen der Hunde und Katzen angenommen. Die Sekretion und das Verdunsten des Schweißes dienen der Konstanthaltung der Körpertemperatur und des Elektrolythaushalts.

1.8 Besondere Hautorgane

● Nasenspiegel und Ballen

> Nasenspiegel und Ballen sind von einer dicken, unbehaarten Epidermis bedeckt und besitzen weder Haarfollikel noch Talgdrüsen.

Hier erreicht die Epidermis mit bis zu 1,5 mm ihre größte Dicke. Bei Katzen ist sie glatt, bei Hunden weist sie unregelmäßige Papillen (Erhebungen) auf. Die Unterhaut ist besonders dick und besteht vor allem aus Kollagen, elastischen Fasern und Fett. Dabei enthält die Unterhaut auch Schweißdrüsen, deren Gänge die dicke Epidermis durchqueren und direkt auf der Hautoberfläche münden.

● Krallen

> Die Krallen sind ein besonderes Hautgebilde, das auch das knöcherne Zehenendglied (distale Phalanx) mit einschließt (Abb. 1.24).

Obwohl Krallen ganz anders als die „normale Haut" aussehen, sind sie ein Hautorgan, bei dem noch eine epidermale, eine dermale und eine subkutane Schicht unterschieden werden können. Das knöcherne Zehenendglied hat eine konische Form und bildet eine stabile Basisstruktur für die Kralle. Das Periost (Knochenhaut) geht kontinuierlich in die darüberliegende Dermis über, die besonders reich an Blutgefäßen ist. Oberhalb der Dermis liegt die Kralle selbst, die in einen dorsalen Rückenwulst (Krallenplatte), eine laterale und eine mediale Wand und eine ventrale Sohle gegliedert werden kann. Das Horn der Kralle geht kontinuierlich in die kutane Epidermis über und wird

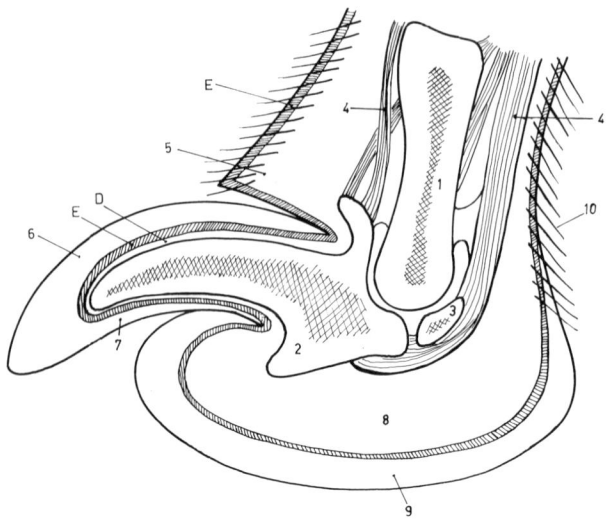

Abb. 1.24: Aufbau von Kralle und Fußballen. D Dermis, E Epidermis. 1 Phalanx media, (Knochen) 2 Phalanx distalis, (Knochen) 3 distales Sesambein, (Knochen) 4 Sehnen, 5 Hautfalte (Krallenfalz), 6 Krallenplatte, 7 Sohle, 8 Subkutis, 9 Hornschicht des Fußballens, 10 Haare

zirkulär wachsend von dieser produziert. Die größte produktive Aktivität findet im oben liegenden Kronsegment statt, wodurch die Krallen nach unten gebogen wachsen. Auf der Oberseite ist die proximale Kralle von einer haarlosen Hautfalte geschützt, die bei der Katze die ganze Kralle bis weit nach distal überziehen kann. An der Unterseite sind die Krallen von den digitalen Ballen durch einen Sulcus (Graben) gut getrennt.

Die Krallen wachsen bei einem jungen, gesunden Beagle im Durchschnitt 1,9 mm/Woche. Man rechnet, daß es nach totaler Exstirpation der Krallen ca. 6 Monate dauert, bis sie wieder ihre normale Länge erreichen. Ihre Funktion bei Hund und Katze ist vielfältig: Sie sind für Katzen zum Greifen, Kratzen, Klettern und Kämpfen nötig, während die Hunde sie mehr zum Graben, Kratzen und als Schutz brauchen.

● **Das äußere Ohr**

Das **äußere Ohr** ist ein Hautorgan. Es kann in drei Teile gegliedert werden: Ohrmuschel, senkrechter Kanal und waagerechter Kanal (Abb. 1.25).

Ohrmuschel und senkrechter Kanal werden von dem Ohrknorpel gestützt, während der waagerechte Kanal sowohl eine Knorpel- als auch eine Knochenstruktur enthält.

Der größte Ohrknorpel bestimmt die Form der **Ohrmuschel** und kann:

1. senkrecht, wie bei der Katze oder dem Deutschen Schäferhund (Stehohr),

2. in der Spitze lateral gebogen, wie beim Collie (Kippohr), oder

3. ganz gebogen und hängend, wie beim Cocker Spaniel, ausgebildet sein.

Bei manchen Rassen wurden die von Geburt eher hängenden Ohren, wie z.B. bei Boxer und Dobermann-Pinscher, aus Rassestandardgründen kupiert, um stehende Ohren zu erhalten. Die primäre Funktion der Ohrmuschel ist

Abb. 1.25: Aufbau des äußeren Ohres.
A Ohrmuschel, B vertikaler Kanal, C horizontaler Kanal,
D Mittelohr. 1 Ohrknorpel, 2 ringförmiger Knorpel,
3 Knochen (Os temporalis, Bulla tympanica),
4 Trommelfell

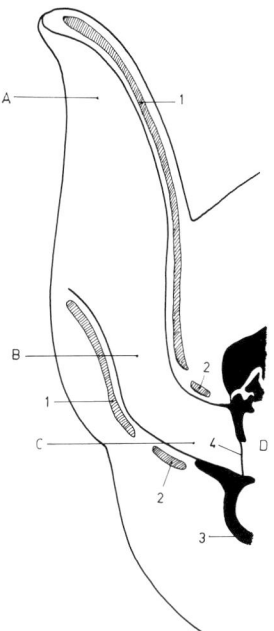

es, die verschiedenen Geräusche aufzunehmen und sie zum Trommelfell weiterzuleiten. Die Ohrmuschel ist extrem beweglich und kann durch 18 Muskeln bewegt werden. Sie dient der Lokalisation der Quelle von Schallwellen, wie auch dem Ausdruck von Stimmungen (Mimik). Auch hängende Ohren können an der Basis sehr beweglich sein.

Die Ohrmuschel besitzt ein ausgedehntes Blutgefäßsystem, das zur Temperaturregelung beiträgt: Im Sommer kann Wärme über die je nach Rasse relativ große Oberfläche abgegeben werden, im Winter werden die Ohrmuscheln durch die Durchblutung vor Kälte geschützt.

Die Außenseite der Ohrmuschel ist bei allen Rassen behaart; die Innenseite ist, abhängig von der Rasse, kaum behaart (Teckel, Boxer, Labrador Retriever), bis vollbehaart (Pudel, Airedale Terrier, Englischer Schäferhund) Bei manchen Rassen (z.B. Pudel) können die Haare bis in den senkrechten Kanal wachsen. Die Haut der Ohrmuschel ist mit dem Ohrknorpel an der Innenseite fest verwachsen und an der Außenseite von ihm durch ein lockeres Bindegewebe getrennt; sie ist, wie auch die Haut des externen Ohrkanals, mit der übrigen Körperhaut vergleichbar.

In der Tiefe des Ohrkanals werden die Talgdrüsen der Haut immer größer und zahlreicher. Daneben gibt es hier modifizierte apokrine Schweißdrüsen, die Schmalz produzieren. Die Ausscheidung beider Drüsen, gemischt mit den abschilfernden Hornzellen der Epidermis, bilden das normale Ohrenschmalz (Cerumen).

Am unteren Ende des äußeres Ohrkanals befindet sich das **Trommelfell,** das den Übergang zum Mittelohr begrenzt.

● **Augenlider**

> Augenlider bei Hunden und Katzen werden in Oberlid, Unterlid und drittes Augenlid unterteilt.

Ober- und Unterlid sind an der Außenseite von normal behaarter Haut bedeckt, während die Innenseite und das ganze dritte Augenlid eine Schleimhaut besitzen. Nur das Oberlid beim Hund besitzt eine Reihe von Wimpern und die dazugehörigen Zeis- und Moll-Drüsen (modifizierte Talgdrüse bzw. apokrine Drüse). Katzen haben keine echten Wimpern. Andere Drüsen sind die Meibom-Drüsen, große modifizierte Talgdrüsen, die ein visköses, öliges Sekret produzieren; Lakrimaldrüsen in allen drei Augenlidern, die Tränen in den Konjunktivalsack ausscheiden, und Harder-Drüsen auf dem dritten Augenlid, die eigentlich lymphoide Gewebe darstellen (Abb. 1.26).

1.9   Haarfarbe und Haarmuster

Die Fellfarbe der domestizierten Hunde und Katzen ist durch intensive Züchtung sehr stark verändert worden. Sie ist bei Wildtieren viel homogener *(Homochromie)*. Wildtiere besitzen normalerweise eine neutrale rötliche, braune oder graue Fellfarbe, die sich kaum von der Umgebung abhebt

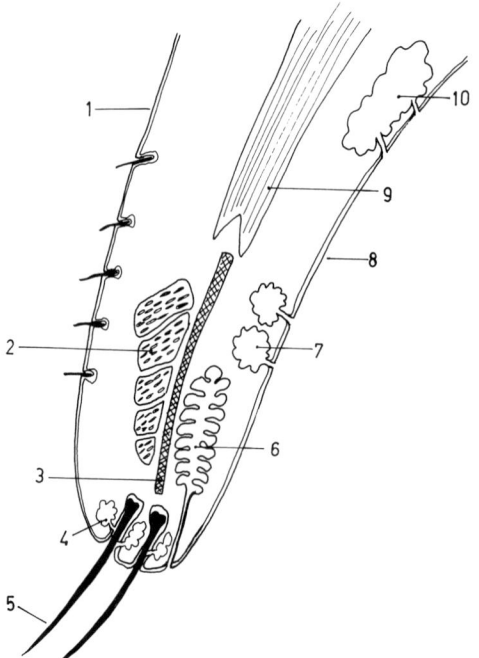

Abb. 1.26: Oberes Augenlid beim Hund.
1 Haut, 2 M. orbicularis oculi, 3 Tarsalplatte, 4 Zeis- bzw. Moll-Drüsen, 5 Wimpern, 6 Meibom-Drüsen, 7 Wolfringsche Tränendrüsen, 8 Konjunktivalschleimhaut, 9 M. levator palpebrae, 10 Krausesche Tränendrüsen

(Schutzfunktion). Der Rücken ist dunkler als der Bauch, wo das Fell fast weiß ist. Die ursprüngliche Wildfärbung ist bei unseren Haustieren nur noch sehr selten zu erkennen.

Durch die Domestikation wurde die Schutzfunktion der Homochromie nicht mehr nötig und ging verloren, wobei zum ersten Mal eine weiße Scheckung entstand. Durch selektive Züchtung hat man bei Hunden und Katzen auch kräftige Farben wie Schwarz, Weiß oder Rostbraun rein erhalten. Eine große Variabilität der Fleckenmuster ist für den Menschen als Tierhalter ein großer Vorteil, weil er dadurch die einzelnen Tiere leichter identifizieren kann. Die Entwicklung der Farbflecken bei den Haus- und Heimtieren ist ein sehr altes Phänomen. Bereits in der Bibel werden diese Farbunterschiede erwähnt. In ägyptischen Gräbern um das Jahr 2300 v.Chr. sind derartige Farbvarietäten dargestellt.

Durch dieselbe Farbe erkennen sich die Angehörigen einer Gruppe. Bei unseren Haustieren sind sie ein wesentliches Merkmal der gleichen Rasse. Viele Jahrhunderte lang ist die Fellfarbe für den Hundezüchter ein besonders wichtiges Selektionskriterium gewesen. Helle oder dunklere Farben wurden je nach Gebrauch der Tiere vorgezogen. Zum Beispiel sind manche Schäferhunde (Pyrenäenschäferhund, Maremma/Abruzzenhund, Bobtail) meistens hell gefärbt, weil der Schäfer sie so nicht mit Wölfen verwechseln kann.

Die Farbe des Haares ist durch seinen Pigmentgehalt bestimmt. Als **Fellfarbe** im engen Sinne versteht man alle möglichen Pimentationen der Haare außer Weiß. **Weiß** ergibt sich bei Abwesenheit des Pigmentes im Haarschaft.

Man teilt die Fellfarben des Hundes in drei Grundgruppen ein:
- **einfache Fellfarbe:** Alle Haare besitzen eine einheitliche Farbe.
- **zusammengesetzte Fellfarbe:** Mischung von verschiedenen Farben, ohne weiße Flecken.
- **Felle mit weißen Abzeichen:** Weiße Haare bilden kleine oder große Flecken.

● Einfache Fellfarbe

Bei diesem Fell sehen alle Haare identisch aus, wobei der Haarschaft eine einzelne oder mehrere Farben aufweisen kann (einfarbige oder mehrfarbige Haare).

1. **Einfarbige Haare:** Abhängig vom Melanintyp können die Haare **dunkel** oder **hell gefärbt** sein. Die **dunklen Haare** enthalten das Pigment Eumelanin, das die Farbe „**Schwarz**" und die Farbe „**Braun**" (schokoladen- oder leberfarben) ergibt. Durch ernährungsbedingte, hormonale oder klimatische Einflüsse können diese Farben auch rote Reflexe bekommen. Schwarze Hunde haben einen schwarzen Nasenspiegel, braune Hunde einen braunen. Schwarz und Braun können auch in „**verdünnter**" **Form** vorkommen. Eine „verdünnte" schwarze Farbe wird als „**Blau**" bezeichnet (z.B. beim Dobermann). Sie ist grau wie Schiefer oder heller (maus-, silbergrau) und kommt in allen Haaren und an der Nase schon von Geburt an vor. Graue Felle, die aus einer Zusammensetzung von schwarzen und weißen Haaren gebildet

sind, können deshalb nicht als „blau" bezeichnet werden. Die „verdünnte" braune Farbe ist **Beige** (Weimaraner).

Die **hellen (nicht weißen) Haare** enthalten *Phäomelanin*, das die Farbe „Gelbrot" ergibt. Diese kann in zahlreichen Farbnuancen vorkommen: „Rot" (Irish Setter), „**Dunkelgelbrot**", „**Goldfarbe**" (Cocker, Golden Retriever) und „**Gelb**" (Labrador). Der Nasenspiegel dieser Hunde kann sowohl schwarz als auch braun sein. Wenn das Phäomelanin „verdünnt" ist, erhält man die Farbe „Sand" und ihre drei Nuancen: „**Elfenbein**" (helles Beige), „**Silber**" (Grau) und „**Stahl**" (Weiß). Bei der letztgenannten Farbe ist die Verdünnung so stark, daß das Haar fast weiß ist und metallische Reflexe aufweist.

Weiße Haare enthalten kein Pigment. Ein weißes Fell kann durch eine extreme Verdünnung der Farbe „Gelbrot", durch extrem ausgebreitete weiße Abzeichen oder durch Albinismus vorkommen. Meistens besitzen weiße Hunde jedoch einen schwarzen (pigmentierten) Nasenspiegel.

2. Mehrfarbige Haare: Wenn zwei Farben auf demselben Haar vorkommen, sind es meistens eine helle und eine dunkle Farbe. Sie können mehrere verschiedene Kombinationen, Farbnuancen und Verdünnungen aufweisen. Meistens ist die helle Zone (gelbrot) an der Wurzel und die dunklere (schwarz oder braun) an der Spitze. Diesen Haartyp bezeichnet man als „**Wolfshaar**" und findet ihn z.B. beim Deutschen Schäferhund. Die dunklere Schattierung, die sich durch die dunklen Spitzen auf einem hellen Hintergrund ergeben, heißt „**Wolkung**". Abhängig von der Hintergrundfarbe bezeichnet man das Fell als „gelbgewolkt" oder „graugewolkt" usw. Abwechselnd hell und dunkel in drei oder mehr Banden ist auch möglich und heißt „Ringelung".

Die verschiedenen Farben sowie die Zahl und die Breite der Banden innerhalb verschiedener Körperregionen desselben Tieres ergeben eine fast unbegrenzte Vielfalt von Felltypen.

● **Zusammengesetzte Fellfarben**

Zusammengesetzte Fellfarben entstehen aus Mischungen von Haaren verschiedener Farben. Wenn die Mischung am ganzen Körper uniform ist, spricht man von einem „**einfarbigen Fell**". Ist die Mischung verschiedener Haarfarben nicht uniform, sondern bildet sie Flecken (mit Ausnahme weißer Flecken), nennt man das Fell „**gescheckt**".

1. Einfarbiges Fell: Das „einfarbige Fell" erhält man aus der Kombination schwarzer, brauner, gelber und weißer Haare. Man unterscheidet drei wichtige Fellfarben: „Grau" „Fahlrot" und „Apricot". „**Grau**" ist eine Mischung weißer und schwarzer Haare (z.B. Schnauzer). Graue Tiere werden schwarz geboren und mit der Zeit heller. Der Nasenspiegel bleibt immer schwarz. Das graue Fell darf nicht mit dem blauen verwechselt werden. „**Fahlrot**" ist eine Mischung weißer und rötlicher oder brauner Haare. Der Nasenspiegel ist braun. Diese Hunde werden braun geboren und können mit der Zeit hellbraun werden. „**Apricot**" bedeutet eine Mischung weißer und gelbroter Haare (Pudel).

2. Gescheckte Felle: Man kennt drei Typen von Scheckungen: „Harlekin", „Zeichnungen" und „Stromungen".

Beim „**Harlekin**" sind die Flecken unregelmäßig auf dem Körper verteilt (z.B. Deutsche Dogge). Sie sind immer dunkel auf einem helleren Hintergrund derselben Farbe. Der Hintergrund kann weiß oder eine Verdünnung oder eine einfarbige Mischung mit dem Weiß der Fleckenfarbe sein. Beispielsweise gibt es:

– schwarze Flecken auf blauem oder grauem Hintergrund,
– braune Flecken auf beige- oder cremefarbigem Hintergrund,
– gelbe Flecken auf sandfarbigem Hintergrund,
– schwarze oder braune Flecken auf weißem Hintergrund.

Der letztgenannte Typ entsteht aus einem der beiden ersten nach extremer Verdünnung der Farbe des Hintergrundes.

„**Zeichnungen**" sind dunklere oder hellere Zonen, die nach einem bestimmten Schema auf dem Körper verteilt sind. Wenn die Grenze zwischen Hell und Dunkel deutlich ist, die dunklen Haare die große Mehrheit des Felles bilden und die hellen auf bestimmte Stellen des Körpers (Extremitäten, Brust, Hals, Perineum usw.) beschränkt bleiben, spricht man von einem „**markierten Fell**" (z.B. beim kurzhaarigen, schwarzroten Dackel). Kleine gelb- oder rotbraune Flecken bei schwarzen Hunden heißen „Brand" bzw. „Brände" (Rottweiler). Liegen sie über den Augen, heißen sie „Vieräugel" (Berner Sennenhund). Ein klar abgesetzter, anders gefärbter Gesichtsteil wird „Maske" genannt. Wenn die Grenze zwischen dunklen und hellen Gebieten nicht so deutlich ist und das dunklere Fell den Rumpf bedeckt, spricht man von einem „Mantel" . Die kleinere Form des „Mantels" heißt „Sattel".

„**Gestromte Felle**" besitzen schwarze, braune oder blaue Streifen auf hellem Hintergrund. Man unterscheidet leicht, mittel und stark gestromte Felle.

● **Felle mit weißen Abzeichen**

Die **weißen Flecken** bei diesem Fell können in verschiedener Ausbreitung vorkommen. Man kann drei Gruppen unterscheiden.

1. Begrenzte Abzeichen: Die weißen Flecken befinden sich nur auf der Brust und an den Extremitäten, z.B. an Pfoten, Schnauze und Schwanzspitze. Ein weißer Streifen von der Stirn bis zur Nase heißt „Blesse", der kleine Tupfen auf der Vorbrust heißt „Stern" usw. (Hund mit weißen Marken).

2. Abzeichen mit mittlerer Ausbreitung: wenn die dunkle und die weiße Farbe ungefähr dieselbe Ausbreitung zeigen.

3. Ausgebreitete Abzeichen: Weiß dominiert über alle anderen Farben, die nur begrenzt vorkommen, z.B. auf dem Kopf, an den Flanken oder der Schwanzbasis (weißer Hund mit braunen bzw. schwarzen Marken).

Hunde, die weiße Abzeichen auf einem rot-schwarz gescheckten Fell haben, nennt man „**Trikolor**" (dreifarbig, z.B. Beagle). Manchmal kann man auf einem weißen Fell die ursprüngliche dunklere einheitliche Fellfarbe in Form kleiner Flecken noch erkennen. Wenn die Flecken aus reinem dunklem Fell bestehen, spricht man von „**Tupfen**" (Dalmatiner). Flecken aus einer Mischung von weißen und dunkleren Haaren, die verschwommen aussehen, heißen „**Schimmelfell**" (Pointer). „Schwarzschimmel" steht für Mischungen aus Weiß und Schwarz oder Blau, „Gelbschimmel" für Mischungen aus Weiß und Gelbrot usw. Weitere Bezeichnungen für gefleckte Felle sind „Tigerung", „Sprenkelung" und „Stichelung".

1.10 Felltypen beim Hund

Durch Züchtung und Selektion wurden einige Merkmale bei den Felltypen unserer Haustiere gegenüber anderen vorgezogen. Bei Hunderassen, wo der Felltyp für die Funktion des Tieres wichtig ist, hat eine strenge Selektion wenige Felltypvarianten möglich gemacht (z.B. haben alle Kampfhunde kurze Haare). Wenn der Felltyp weniger Relevanz für die Funktion des Hundes hat, wurde er nicht streng selektiert, und viele Varianten wurden zugelassen (z.B. bei den Schäferhunden). In den letzten Jahrzehnten achtet man sehr streng auf die Fellmerkmalselektion, um „perfekte" reinrassige Hunde zu züchten.

> In Abhängigkeit von der Verteilung der Deckhaare und der Wollhaare unterscheidet man zwei Felltypen: das „*einfache Fell*" und das *doppelte Fell*" (Tabelle 1.1.).

Das „**einfache Fell**" besteht aus nur einem Haartyp: entweder nur Deckhaare oder nur Wollhaare. Im letzteren Fall kann man manchmal zwischen den Wollhaaren noch einzelne Deckhaare erkennen. Das „**doppelte Fell**" besteht aus einer Mischung von Deck- und Wollhaaren im Verhältnis 1 : 7 bis 1 : 15. Wenn das Verhältnis dieser Haare unter 1 : 7 oder über 1 : 15 liegt, spricht man von „einfachem Fell". Bei den Hunden kommt meist das „doppelte Fell" vor.

> In Abhängigkeit von der Länge der Haare unterscheidet man drei Hauptgruppen: kurze, mittellange und langhaarige Felle.

● **Kurzhaarige Felle**

Beim „kurzhaarigen Fell" sind die Haare nicht länger als 4 cm. Dabei werden zwei Untergruppen unterschieden:

1. Kurzhaar im engen Sinn. Es ist ein doppeltes Fell, bei dem die Deckhaare 2–4 cm lang und gerade oder leicht gekrümmt sind. Die Wollhaare sind spärlich und ein bißchen kürzer als die Deckhaare (Beagle, Rottweiler).

2. Glatthaar. Es ist ein einfaches Fell, das in der Mehrheit aus Deckhaaren besteht. Die Haare sind ca. 2 cm lang, gerade oder leicht gekrümmt und liegen dem Körper flach an (z.B. Boxer).

Der Unterschied zwischen „Kurzhaar" und „Glatthaar" ist sehr gering. Das „Glatthaar" ist etwas kürzer, liegt dem Körper flacher an und vermittelt ein besonders glattes Gefühl.

Tabelle 1.1: Felltypen beim Hund

Einfaches Fell	Kurzhaarig	Mittellanghaarig	Langhaarig
Glatte und harte Deckhaare	Dalmatiner, Boxer, Bullterrier, Deutsche Dogge, Deutsch Kurzhaar, Dobermann, Pinscher, Pointer, Weimaraner	Papillon	
Glatte und gerade Wollhaare	Greyhound, Italienischer Windhund, Sloughi, Whippet		
Gekräuselte Wollhaare	Bedlington-Terrier, Kerry Blue Terrier, Pudel		
Weiche, gerade Deckhaare	Saluki		Yorkshire-Terrier

Doppeltes Fell	Kurzhaarig	Mittellanghaarig	Langhaarig
Sehr harte, gerade Deckhaare	Holländischer Schäferhund, Rauhhaarteckel	Affenpinscher, Cairn Terrier, Hollandse Smoushond, Norwich Terrier, Scotch Terrier, West Highland White Terrier	
Sehr harte, gebogene Deckhaare	Airedale-Terrier, Foxterrier, Rauhhaar-Lakeland-Terrier, Welsh-Terrier	Bouvier, Deerhound, Irish Wolfshound, Laaken	
Sehr harte, gekrümmte Deckhaare		Deutsch Drahthaar	
Harte, gerade Deckhaare mit kürzeren Wollhaaren		Langhaarteckel	Landseer, Leonberger, Neufundländer, Langhaariger Bernhardiner
Harte, gerade Deckhaare mit ebenso langen Wollhaaren	Basset, Beagle, Bluthund, Kurzhaariger Foxterrier, Kurzhaariger Holländischer Schäferhund, Pronkrug, Rottweiler, Kurzhaariger Collie, Kurzhaariger Bernhardiner	Alaskan Malamute, Deutscher Schäferhund, Elchhund, Flatcoated Retriever, Golden Retriever, Grönendael, Labrador Retriever, Mechelaer, Siberian Husky, Tervueren	Langhaariger Chow Chow, Keeshond, Kuvasz, Pyrenäen-Berghund

Doppeltes Fell	Kurzhaarig	Mittellanghaarig	Langhaarig
Harte, gerade Deckhaare mit durchwachsen den Wollhaaren	Afghanischer Windhund		
Harte, gekräuselte Deckhaare		Curly Coated Retriever, Wetterhound	Irish Waterspaniel
Harte, zottige Deckhaare mit ebenso langen Wollhaaren			Briard, Bobtail
Harte, zottige Deckhaare mit durchwachsen-den Wollhaaren			Bergamasco, Komondor, Puli
Weiche, gerade Deckhaare		Amerikanischer Cocker Spaniel, Drentse Patrijs, Englischer Cocker Spaniel, Englischer Setter, Epagneul Français, Friesche Stabij, Gordon Setter, Heidewachtel, Irish Setter	Malteser
Weiche, gewellte Haare			Barsoi

● **Mittellange Felle**

Beim mittellangen Fell besitzen die Haare eine Länge zwischen 4 und 10 cm. Man kann es in vier Untergruppen teilen:

1. Stockhaar: Es ist ein doppeltes Fell mit mittellangen, schlichten, nur leicht gekrümmten, derben Deckhaaren und mit einer dichten und weichen Unterwolle. Abhängig von der Länge der Deckhaare unterscheidet man ein „Lang-", ein „Mittellang-" und ein „Kurzstockhaar", wobei das „Kurzstockhaar" eine spärlichere Wollbehaarung besitzt als das „Langstockhaar" (z.B. Deutscher Schäferhund, Wolfsspitz).

2. Rauh- oder Wirrhaar: Es ist ein doppeltes Fell mit sehr harten Deckhaaren, die alle Formen zwischen gerade und hakenförmig zeigen können. Die Haare dieses Felltyps stehen mehr oder weniger stark nach verschiedenen Richtungen von der Oberfläche ab, weil sie in unterschiedliche Richtung in der Haut eingepflanzt sind. Bei geraden, harten, rauhen Haaren spricht man von „**Stichelhaaren**" (z.B. Cairn Terrier, Deutsch Stichelhaar), bei gekrümmten Haaren von „Drahthaar" (z.B. Foxterrier, Deutsch Drahthaar). Öfters haben diese Felltypen auch „Garnituren", wie z.B. Augenbrauen, Schnurrhaare oder Bart.

3. Kraushaar: „Kraushaar" besteht aus einer spiralförmigen Drehung des Haarschaftes und kommt als einfaches oder als doppeltes Fell vor.

Einfache „kraushaarige Felle" bestehen nur aus Wollhaaren, die ununterbrochen wachsen und keinem jahreszeitlichen Wechsel unterliegen. Die Länge des Haarkleides ist so vom Alter des Tieres bzw. von der Schur abhängig (z.B. Pudel). Bei **doppelten Fellen** sind sowohl die harten Deckhaare als auch die Wollhaare gekräuselt und ca. 6 cm lang (z.B. Wetterhound).

4. Spanielfell: Es ist ein doppeltes Fell mit weichen und leicht gebogenen Deckhaaren, die ca. 4–10 cm lang sind (z.B. Cocker Spaniel). Spanielfelle besitzen öfter **lange Haarfransen** in besonderen Körpergebieten, z.B. „Fransen" an den Ohrmuschelrändern, „Federn" an der Rückseite der Vordergliedmaßen, „Hosen" an der Rückseite der Hintergliedmaßen und die „Fahne" an der Unterseite der Rute.

● **Langhaarige Felle**

Beim „langhaarigen Fell" sind die Haare länger als 10 cm. Abhängig von der Härte und der Form der Haare unterscheidet man mehrere Typen dieses Felles.

1. Weiche Deckhaare: „Seidenhaar" besteht aus sehr feinen und weichen Haaren. Die Deckhaare sind gerade oder leicht gekrümmt und länger als 10 cm. „Seidenhaarige" Felle können einfach (nur Deckhaare, z.B. Yorkshire-Terrier) oder doppelt (z.B. Malteser) sein. „**Wellhaar**" ist ähnlich wie Seidenhaar, besteht aber aus leicht gewellten Deckhaaren und feinen Wollhaaren (z.B. Barsoi).

2. Harte Deckhaare: Wenn das Fell **gerade und harte Deckhaare** besitzt, dann spricht man vom „Langhaar im engeren Sinn". Auch dieses Fell kann in einfacher (alle Deckhaare, z.B. beim Papillon) oder doppelter Form (z.B. beim Shetland-Schäferhund) vorkommen. Bilden die harten Deckhaare unregelmäßige Wellen und Kräuselungen und neigen sie zur Verfilzung, spricht man vom „**Zotthaar**" (z.B. Bobtail). „**Ringellocken**" bilden sich bei extremer spiralförmiger Drehung des Haarschaftes der Deck- und Wollhaare (z.B. Irish Water Spaniel).

3. Durchwachsendes Unterfell: . Beim durchwachsenden Unterfell wachsen die Wollhaare ununterbrochen und können über die Deckhaare hinauswuchern. Abhängig von der Form der Haare kann das Fell „**gerade**" aussehen oder kleine „**Kräuselungen**" zeigen (z.B. Afghanischer Windhund). Bei manchen Rassen bilden sich „**Schnüre**" (z.B. Puli, Großpudel) oder es entstehen echte „**Haarfilze**" von ausgetrockneten Haaren (Komondor, Bergamasco).

● **Felltypen der Rassegruppen**

Verschiedene Felltypen sind in Abhängigkeit von der Funktion des Hundes durch jahrhundertelange Züchtung selektiert worden. Man kann unsere heutigen Hunderassen nach ihrer Funktion grob in neun Gruppen einteilen.

1. Kampfhunde: Alle Kampfhunde haben ein glattes Fell, das dem Gegner wenig Angriffsfläche bietet. Es hat Nachteile durch einen schlechten Schutz vor Bissen und Kälte. Beispiele sind: Boxer, Bulldogge, Bullterrier, Mastiff, Dobermann-Pinscher, Deutsche Dogge, Argentinische Dogge.

2. Bracken und Pointer: Bracken und Pointer haben im allgemeinen ein glattes und kurzes Haarkleid. Einige besitzen einfache, andere doppelte Felle. Dieses Haarkleid ist für eine gute Bewegung im Unterholz von Vorteil, bietet jedoch eine schlechte Wärmeisolierung. Beispiele: Basset, Beagle, Dackel, Foxhound, Pointer, Deutsch Drahthaar, Weimaraner, Viszla.

Ausnahmen: Von einigen Rassen kommt auch die rauhhaarige Variante vor; diese schützt den Hund besser vor Kälte und mechanischen Einflüssen (Dornen, scharfkantigen Steinen usw.). Diese Ausnahmen werden bei den Erdhunden beschrieben, mit denen sie Gemeinsamkeiten haben. Von einigen Rassen (z.B. Dackel) kommen auch „langhaarige" Typen vor. Diese werden zusammen mit den Spanieln und Settern (Gruppe 5) beschrieben.

3. Erdhunde: Erdhunde haben ein rauhhaariges Fell, das sie beim Ausgraben von Löchern in der Erde schützt. Die Garnituren schützen die Augen, die Lefzen und die Pfoten. Beispiele sind: Rauhhaardackel, Scotch Terrier, Airedale Terrier, Foxterrier, Cairn Terrier, Schnauzer.

Ausnahmen sind der glatthaarige Foxterrier, der Bullterrier und der Pinscher. Diese Rassen wurden für die Jagd von Mäusen und Ratten genutzt und brauchten deshalb weniger zu graben. Glatthaarige Hunde sind schon bei den Kampfhunden (Gruppe 1) beschrieben worden. Weitere Ausnahmen sind der Bedlington-Terrier und der Kerry Blue Terrier, die ein wasserhundähnliches Fell haben (Gruppe 6).

4. Windhunde: Man kann die Windhunde in zwei Gruppen unterteilen: **a) mit kurzem Haar,** das eine ungehinderte Bewegung ermöglicht. Da sie in warmen Gebieten gezüchtet und für Jagd auf kleine Beutetiere benutzt werden, ist für sie ein Schutz vor Kälte oder Beutetieren durch ein längeres Haarkleid meist nicht nötig. Beispiele sind: Greyhound, Cirneco dell'Etna, italienischer Windhund, Whippet und Saluki. Manche besitzen ein gewelltes Fell, das Spanieln und Settern ähnlich ist (z.B. Barsoi).

b) Mit rauhhaarigem Fell. Diese Hunde werden für die Jagd auf größere Beutetiere wie Füchse, Wölfe, Elche, Wildschweine usw. benutzt. Die längeren Haare schützen bei Kämpfen mit diesen Tieren und vor der Kälte. Beispiele sind der Deerhound und der Irish Wolfhound. Ausnahmen sind der Afghanische Windhund und der Barsoi, die auch für die Wollnutzung gezüchtet wurden.

5. Spaniel und Setter: Spaniel und Setter besitzen das typische Spanielfell. Das glatte Haar ist besonders vorteilhaft beim Schwimmen, da es keinen Widerstand bietet. Die gut behaarte Fahnenrute ist von weitem für den Jäger gut sichtbar. Beispiele sind der Irish Setter, der Englische Setter, der Gordon Setter, der English und der American Cocker Spaniel, der Epagneul Breton, der Epagneul Français und der Kooikerhondje. Einen änlichen Felltyp besitzen auch der Langhaardackel, der Münsterländer und der Drentse Patrijshond, die aber keine Spaniel oder Setter sind. Ausnahme ist der Irish Water Spaniel, der in der folgenden Gruppe beschrieben wird.

6. Wasserhunde: Diese Hunde wurden bzw. werden von Fischern genutzt, um die Netze aus dem Wasser zu holen oder von Jägern, um Wassertiere zu jagen. Man kann diese Rassen in zwei Typen unterteilen:

a) **mit gewelltem oder gekräuseltem Fell.** Beispiele sind der Wetterhound, der Curly Coated Retriever und der Irish Water Spaniel.

b) **Mit einem stockhaarigen Fell.** Beispiele sind der Labrador, der Golden Retriever und der Flat-Coated Retriever. Diese Rassen besitzen ein fettigeres Fell, das dem Hund besonderen Schutz vor dem Wasser gibt. Ausnahme ist der Neufundländer, der ein dichteres und längeres Fell hat.

7. Nordische Schlittenhunde: Schlittenhunde haben ein mittellanges bis langes stockhaariges Fell mit hoher Dichte und einem deutlichen Kragen. Beide Ohrmuschelseiten und die Pfoten sind vollbehaart, die Augenwimpern besonders lang. Dieses Fell bietet einen idealen Schutz vor Kälte, Schneestürmen und scharfem Polarlicht. Beispiele sind der Samojede, der Siberian Husky, der Alaskan Malamute und der Chow Chow.

8. Schäferhunde: Zu dieser Gruppe zählen alle Berg-, Schäfer-, Treib-, Wach- und Hofhunde. Die Zuchtauswahl hat sich immer nach den Nutzungseigenschaften und nicht nach dem Felltyp gerichtet. Deshalb besitzen die Schäferhunde viele Felltypen. Abhängig von der Umgebung ihres Arbeitseinsatzes besitzen sie ein dickeres oder dünneres Haarkleid. Berghunde haben z.B. meistens ein langhaariges Fell, das besser gegen die Kälte schützt. Beispiele sind:

a) **glatthaarig:** Dobermann-Pinscher.

b) **kurzhaarig:** Rottweiler, Welsh Corgi, Beauçeron, kurzhaariger Scotch Terrier.

c) **stockhaarig:** Wolfsspitz, Hovawart, Scotch Terrier, Grönendael, Tervueren und Mechelaer.

d) **langhaarig:** Leonberger, Tibet-Mastiff, Berner Sennenhund, Maremma/Abruzzenhund.

e) **rauhhaarig:** Bouvier de Flandres, Laaken.

f) **zott- und ziegehaarig:** Bobtail, Briard, Bearded Collie.

g) **filzhaarig:** Komondor, Bergamasco, Puli.

9. Gesellschaftshunde: Mit dem Namen „Gesellschaftshunde" bezeichnet man all diejenigen Hunde, die ihre ursprüngliche Funktion verloren haben oder deren einzige Aufgabe darin besteht, dem Menschen Gesellschaft zu leisten. Es kommen viele Felltypen vor, die meistens sehr schön, oft aber pflegeintensiv sind. Beispiele sind:

a) **glatthaarig:** Boston Terrier, Chihuahua.

b) **stockhaarig:** Schipperke.

c) **rauhhaarig:** holländischer Schnauzer (Smoushound).

d) **kräuselhaarig:** Pudel.

e) **langhaarig:** Malteser, Chihuahua, Pekinese, Yorkshire-Terrier.

f) **wirrhaarig:** Tibet-Terrier, Shih Tzu, Lhasa Apso.

g) **haarlos:** Mexikanischer Nackthund, Chinesischer Schopfhund.

2 Physiologische und pathologische Reaktionsmuster von Haut und Haarkleid unter kosmetischen Gesichtspunkten

(Christine Löwenstein)

Als einziges Organ ist die Haut der direkten klinischen Untersuchung durch den Tierarzt zugänglich. Ohne weitere Hilfsmittel kann sie angesehen, betastet und ihr Geruch aufgenommen werden. Dies kann zu der Annahme führen, daß die Diagnosefindung bei Hauterkrankungen erheblich einfacher ist als bei Erkrankungen anderer Organe. Dies ist jedoch nicht der Fall, da die Haut nur über eine begrenzte Anzahl von Reaktionsmustern verfügt. So bringen Erkrankungen unterschiedlichster Ursache identische klinische Erscheinungsbilder hervor. Haarlosigkeit, Pigmentstörungen, Geruchsbildung und Glanzlosigkeit des Fells sind solche Reaktionsmuster. Nur die genaue Kenntnis, wie diese Veränderungen entstehen und welche Ursachen sie haben können, ermöglicht die Diagnose. Deshalb sind sowohl die Beurteilung der Art der Hautveränderungen als auch die sorgfältige Erhebung des Vorberichtes Grundpfeiler der dermatologischen Diagnostik, und erst durch die exakte Diagnose wird eine erfolgversprechende Behandlung möglich.

2.1 Alopezie

Alopezie (Haarlosigkeit) oder Hypotrichose (Ausdünnung des Haarkleides) können das Resultat verschiedener Mechanismen sein. Zum einen kann Alopezie das Resultat von mangelndem Haarwachstum sein. Dies ist z.B. bei angeborenen, hormonbedingten, ernährungsbedingten oder stoffwechselbedingten Erkrankungen der Fall. Zum anderen kann abnormaler Verlust von Haaren zu Haarlosigkeit oder Hypotrichose führen, wofür häufig entzündliche Prozesse verantwortlich sind.

2.1.1 Angeborene Alopezie

Angeborene Alopezien können entweder schon bei Geburt sichtbar (kongenital) sein oder erst später in Erscheinung treten (tardiert). Sie werden hervorgerufen durch genetisch bedingtes, gestörtes Wachstum und fehlerhafte Entwicklung (Dysplasie) oder durch Involution (Rückbildung) einiger oder aller Haarfollikel. Haarlosigkeit kann als einziges Merkmal der Krankheit auftreten. Beim Mexikanischen Nackthund wird Alopezie autosomal dominant vererbt.

Alopezie kann jedoch auch zusammen mit anderen Abnormalitäten in Erscheinung treten. So wird Haarlosigkeit im Zusammenhang mit Pigmentierungsstörungen beobachtet. Dies ist bei der Follikeldystrophie und der Farbmutanten-Alopezie der Fall. Hier kommt es zu Haarbruch und im späteren Krankheitsverlauf zu einer irreversiblen Alopezie in den betroffenen Hautregionen. Die genauen Pathomechanismen sind noch unbekannt. Man vermutet jedoch, daß toxische Vorstufen des Pigmentes Melanin zu Schädigungen der Wachstumszonen der Haare und damit zu Alopezie führen. Alle primären Keratinisierungsstörungen können zu Haarverlust führen. Hierbei ist die Alopezie zumeist als Ausdruck sekundärer Entzündung und nicht als primäres Symptom einer Erkrankung zu werten.

● **Beispiele erblicher Alopezien**
  – Alopecia universalis
  – Follikeldystrophie
  – Farbmutanten-Alopezie
  – Epidermale Dysplasie des West Highland White Terriers
  – Granulomatöse Talgdrüsenentzündung
  – Ohrrandalopezie
  – hypophysärer Zwergwuchs

2.1.2 Entzündliche Alopezie

Eine häufige Ursache für Haarausfall sind entzündliche Reaktionen des Haarbalges (**Follikulitis**). Follikulitiden werden in den meisten Fällen durch Staphylokokkeninfektionen, Dermatomykosen oder durch den Befall mit Demodexmilben hervorgerufen.

Elektronenmikroskopische Untersuchungen haben gezeigt, daß der obere Bereich der Haarfollikel durch Lagen von Schuppen und Talgdrüsenlipiden vor dem Eindringen von Mikroorganismen geschützt wird. Bei Hunden wurden nur geringe Mengen von diesem Material festgestellt. Dadurch sind die Haarfollikel relativ ungeschützt. Hinzu kommt, daß das Stratum corneum, die oberflächlichste verhornte Schicht der Haut, bei dieser Tierart dünner und kompakter ist als bei anderen. Diese beiden Gegebenheiten mögen dafür verantwortlich sein, daß bei Hunden Pyodermien relativ häufig zu finden sind.

Haarausfall wird hervorgerufen sowohl durch physikalische oder chemische Schäden, die den Haaren zugefügt werden, als auch durch toxische oder entzündliche Einflüsse an den Haarfollikeln. Haarfollikel können geschädigt werden durch Stoffe, die vom Infektionserreger gebildet werden, oder durch Substanzen, die der Organismus gegen Infektionserreger bildet.

Entzündlich bedingter Haarausfall kann jedoch auch Folge jeder mit Juckreiz verbundenen Erkrankung sein. Atopische Dermatitis, Futtermittelallergie und Kontaktallergie sind meistens mit Juckreiz verbunden, und durch Kratzen und Lecken hervorgerufenes Selbsttrauma hat häufig Haarverlust zur Folge.

● **Beispiele für entzündlich bedingten Haarausfall**

- *infektiös*
  Staphylococcus intermedius
  Dermatophilus congolensis
  Leishmania spp.
- *parasitär*
  Demodex spp.
  Pelodera strongyloides
  Ancylostoma spp.
- *mykotisch*
  Microsporum spp.
  Trichophyton spp.
- *Selbsttrauma*

Sterile, d.h. nichtinfektiöse Entzündungen des Haarfollikels sind selten. Hervorgerufen werden diese durch Autoimmunerkrankungen, wie z.B. Pemphigus foliaceus und Pemphigus erythematosus, bei denen der Körper eigenes Gewebe angreift.

2.1.3 Hormonelle Alopezie

Bei Hunden sind Hormonstörungen häufige Ursachen für Alopezie, bei anderen Tierarten ist dies nur selten der Fall. Die Pathomechanismen sind in vielen Fällen noch nicht geklärt. Es scheint, daß Haare in verschiedenen Körperregionen auf verschiedene Hormone unterschiedlich stark ansprechen. Hierdurch lassen sich die unterschiedlichen Verteilungsmuster der Alopezie bei den verschiedenen Hormonstörungen erklären.

Die **Hypothyreose** (Schilddrüsenunterfunktion) ist die häufigste Ursache für hormonelle Alopezie beim Hund. Schilddrüsenhormone lassen den Haarfollikel in die anagene (aktive) Wachstumsphase eintreten und setzen damit den Wachstumszyklus in Gang. Werden zu wenig Schilddrüsenhormone gebildet, kommt es zu mangelndem Haarwachstum und zu Haarlosigkeit. Darüber hinaus beschleunigen Schilddrüsenhormone das Haarwachstum und führen zur Bildung von längeren Haaren, dies auch bei gesunden Tieren.

Hyperadrenokortizismus (Überfunktion der Nebennierenrinde) ist die zweithäufigste Ursache hormoneller Alopezie. Das körpereigene Cortisol hemmt die Aktivität der Haarfollikel, vermindert die Haarwachstumsrate und führt zum Wachstum von Haaren mit vermindertem Durchmesser.

Selten ist der Mangel an Wachstumshormon für Haarlosigkeit, besonders im Stammbereich, verantwortlich. Das Wachstumshormon Somatotropin spielt eine wichtige Rolle bei der Einleitung des Haarwachstums, beschleunigt das Haarwachstum und bewirkt die Bildung von längeren Haaren.

Störungen bei der Bildung von Geschlechtshormonen können in wenigen Fällen Ursache für Alopezie sein. Ihre Pathomechanismen sind noch weitgehend ungeklärt. Östrogene hemmen die Einleitung des Haarwachstums und vermindern das Haarwachstum. Androgene können sowohl Haarwachstum beschleunigen als auch hemmen; sie vergrößern Haardurchmesser und Haarlänge. Untersuchungen geben Hinweise darauf, daß die Wirkung der Geschlechtshormone auf die Haarfollikel durch lokale Rezeptoren vermittelt wird. Mangelhaftes Haarwachstum scheint in diesem Zusammenhang mehr das Resultat einer Verringerung der Rezeptorendichte als zu niedriger Hormonspiegel im Blut zu sein.

2.1.4 Toxische Alopezie

Toxische Alopezie wird u.a. durch die Aufnahme von Thallium, z.B. im Rattengift, verursacht. Thallium wird durch den anagenen Haarfollikel aufgenommen und bewirkt eine Vakuolisierung (Blasenbildung) der Haarmatrixzellen, knotige Verdickung des Haarschafts und letztendlich Haarbruch.

2.2   Schuppen

Einer der häufigsten Gründe, einen Hund oder eine Katze in der Tierarztpraxis vorzustellen, sind Schuppen.

Für vermehrte Schuppenbildung wird noch immer der Begriff *„Seborrhoe"* verwandt. Seborrhoe heißt wörtlich Talgfluß und wird im humanmedizinischen Sprachgebrauch für eine Gruppe von Erkrankungen verwandt, die mit Störungen der Talgdrüsenfunktion einhergehen. Beim Tier ist das Hauptmerkmal des Komplexes „Seborrhoe" jedoch eine vermehrte Schuppenbildung. In der Veterinärdermatologie ist diese Bezeichnung deshalb irreführend.

Die Erneuerung der Haut ist ein permanenter Prozeß. Durch Wachstum der Basalzellen findet eine ständige Erneuerung der Epidermis statt. Dabei besteht ein Gleichgewicht zwischen der Neubildung und dem Verlust von Keratinozyten. Der Verlust von Keratinozyten geschieht durch die normale Hautschuppung. Diese vollzieht sich als individuelle Zelle oder im kleinen Zellverband und ist normalerweise mit bloßem Auge nicht sichtbar. Die Freisetzung von größeren, sichtbaren Teilen des Stratum corneum ist Ausdruck eines krankhaften (pathologischen) Prozesses. Dieser kann mit oder ohne vermehrte Talgbildung einhergehen und wird demnach als ölige Seborrhoe (Seborrhoea oleosa) oder als trockene Seborrhoe (Seborrhoea sicca) bezeichnet.

Bei der **Seborrhoea sicca** sind Haut und Haare trocken. Schuppen treten fokal oder generalisiert auf, sie haben eine weiße oder graue Farbe und haften an den Haaren nicht fest (Abb. 2.1).

Tiere mit Seborrhoea sicca zeigen einen vermehrten Wasserverlust über die Hautoberfläche, verglichen mit normalen Hunden. Die Analyse der Fettsäurekonzentration bei Hunden mit Seborrhoea sicca zeigt erhöhte Gehalte an Ölsäure und Arachidonsäure und erniedrigten Gehalt an Linolsäure. Linolsäure ist in Phospholipiden und Ceramiden im Stratum corneum vorhanden. Diese Fettsäure ist notwendig für die Aufrechterhaltung der Wasserpermeabilitätsbarriere der Haut, sie verhindert also übermäßigen Wasserverlust über die Hautoberfläche.

Abb. 2.1: Seborrhoea sicca aufgrund eines epitheliotropen Lymphoms

Bei der **Seborrhoea oleosa** sind Haut und Haare fettig. Die sowohl lokal als auch generalisiert auftretenden Schuppen haben meist eine gelblich-braune Farbe und kleben an den Haaren fest. Meist fallen Tiere mit öliger Seborrhoe durch einen starken, fettig-ranzigen Fellgeruch auf, der häufig Grund für die Vorstellung in der Praxis ist.

Die **Dermatitis seborrhoica** wird gekennzeichnet durch Schuppen, die zusammen mit einer fokalen oder generalisierten Entzündung auftreten. Die typische fokale seborrhoische Dermatitis stellt sich klinisch als rundliche Läsion mit Erythem (Rötung), zentraler Abheilung und randständiger Schuppenbildung dar. Im späteren Verlauf der Erkrankung kann eine zentrale entzündungsbedingte Schwarzverfärbung der Haut (postinflammatorische Hyperpigmentierung) dazukommen.

Alle drei Begriffe beschreiben je ein klinisches Erscheinungsbild, ein *Reaktionsmuster*. Sie können Anhaltspunkte für die Auswahl der symptomatischen topischen Therapie geben, lassen jedoch über den Ursprung der Erkrankung keine Aussage zu. Auch ist die Art des Reaktionsmusters individuell ganz verschieden. So kann z. B. das eine Tier auf eine generalisierte Demodikose mit der Bildung von trockenen Schuppen reagieren, wogegen ein anderes Tier hierauf mit der Ausbildung einer Seborrhoea oleosa reagiert.

Nach ursächlichen Gesichtspunkten werden Seborrhoen in **primäre** oder **sekundäre Seborrhoen** eingeteilt, wobei die primären Seborrhoen erblich bedingte Erkrankungen sind und sekundäre Seborrhoen als Folge einer anderen Grunderkrankung auftreten.

Die Unterscheidung, ob eine primäre oder eine sekundäre Seborrhoe vorliegt, ist von großer prognostischer Bedeutung. Eine sekundäre Seborrhoe hat eine gute Prognose hinsichtlich einer Heilung, sofern die zugrundeliegende Primärerkrankung erkannt wird. Eine primäre Seborrhoe ist schwierig zu kontrollieren und erfordert zumeist eine lebenslange Therapie.

2.2.1 Primäre Seborrhoen

Primäre Seborrhoen zeichnen sich in erster Linie durch Schuppenbildung aus und werden auch als Keratinisierungsstörungen bezeichnet. Verschiedene

Pathomechanismen sind möglich und je nach dem, welcher Prozess gestört ist, unterscheidet man Störungen der Proliferation, Störungen der Differenzierung und Störungen der Desquamation.

2.2.1.1 Störungen der Proliferation

Warum und wie primäre Seborrhoen entstehen, ist bei den meisten Erkrankungen nicht geklärt. Am besten sind Störungen der Proliferation erforscht. Als Proliferation bezeichnet man Wachstum und Teilung der epidermalen Basalzellen. Hierdurch findet die ständige Erneuerung der Haut statt. Durch Arbeiten über die primäre Seborrhoe beim Amerikanischen Cocker-Spaniel wurde klar, daß bei seborrhoischen Tieren die Zellteilungsaktivität 3- bis 4mal höher ist als bei normalen Tieren. Diese erhöhte Zellteilungsrate beobachtete man nicht nur bei den Basalzellen der Epidermis, sondern auch bei den Zellen des Haarfollikels und der Talgdrüsen. Dadurch verringerte sich die Erneuerungszeit der Epidermis von 22 Tagen auf 8 Tage. Diese beschleunigte Zellerneuerung (Hyperproliferation) bewirkt eine Überproduktion von Hautzellen und damit sichtbare Hautschuppen. Auch bei Verbringung in reine Zellkulturen oder nach Transplantation in die Haut normaler Hunde blieben diese Zellen hyperproliferativ. Die primäre Seborrhoe ist beim Cocker-Spaniel ein primärer, erblich bedingter Defekt.

Der Prozeß der Proliferation wird durch eine Vielzahl von Faktoren beeinflußt.

● **Faktoren mit Einfluß auf die epidermale Proliferation**
  – Arachidonsäuremetaboliten
    Hydroxyeicosatetraensäure
    Leukotriene
    Prostaglandine
    Thromboxane
  – Calciumionen
  – Zytokine
  – UV-Licht
  – Vitamine
    1,25-Dihydroxyvitamin D_3
    Retinoide

Auf die Rolle der **Arachidonsäuremetaboliten** wird im Abschnitt 2.2.2 (Sekundäre Seborrhoen) näher eingegangen.

Calcium ist in gewissen Mengen in den Zellen (intrazellulär) und außerhalb der Zellen (extrazellulär) vorhanden. Bei der Psoriasis des Menschen ist im Stratum basale und Stratum spinosum das extrazelluläre Calcium verringert und der Calciumgehalt in den Zellkernen erhöht. Dieses veränderte Calciumgefälle führt zur Hyperproliferation.

Zytokine sind hormonähnliche Eiweißstoffe (Polypeptide), die von vielen Zelltypen gebildet werden. In der Epidermis werden Zytokine von Keratinozyten, Langerhanszellen, Melanozyten und Merkelzellen gebildet. Die Interleukine 1, 6 und 8 spielen bei der Entstehung der Psoriasis des Menschen eine wichtige Rolle. Ihre genaue Rolle ist noch nicht abschließend geklärt, sicher ist jedoch, daß sie die Zellteilungsaktivität der Basalzellen stimulieren und so auch zur Hyperproliferation führen können. Es ist unwahrscheinlich, daß ein einziges Zytokin für so weitreichende krankhafte Veränderungen verantwortlich ist, jedoch spielen die Zytokine im Gesamtgeschehen eine wichtige Rolle.

1,25-Dihydroxyvitamin D$_3$ hat eine stark hemmende Wirkung auf die Zellproliferation und induziert damit Zelldifferenzierung.

Retinoide sind wichtige Regulatoren des epidermalen Wachstums und der Zelldifferenzierung. Sie wirken ähnlich wie Corticosteroide direkt auf den Zellkern und beeinflussen so die Zellproliferation, -differenzierung und -desquamation. Das synthetische Retinoid Etretinat wird erfolgreich u.a. zur Behandlung der primären Seborrhoe eingesetzt.

2.2.1.2 Störungen der Differenzierung

Die Entwicklung der Hautzellen von kuboiden, zellteilungsaktiven Basalzellen zu abgeflachten, kernlosen Oberflächenzellen wird Differenzierung genannt.

Die zwei Hauptpfeiler der Zelldifferenzierung sind Keratinbildung und -aggregation (-anhäufung) und Ausbildung des verhornten Zellmantels. Bei hyperproliferativen Erkrankungen, die mit Schuppenbildung einhergehen, wird Keratin mit erniedrigtem Molekulargewicht gebildet. Diese anormale Keratinbildung beeinträchtigt die normale Entwicklung der Hautzellen und verursacht damit mangelhafte Produktion und Schutzfunktion der verhornten Epidermis. Der innere Anteil des verhornten Zellmantels ist proteinhaltig und wird unter Beteiligung des calciumabhängigen Enzyms Transglutaminase gebildet. Bei der Psoriasis des Menschen bewirkt eine verminderte Transglutaminaseaktivität eine Verminderung des Durchmessers des verhornten Zellmantels.

2.2.1.3 Störungen der Desquamation

Der Begriff Desquamation beschreibt die normale Hautschuppung. Eine der wichtigsten Voraussetzungen für die normale Desquamation ist die normale Lipidbildung, die Bildung der Hautfette. Dies betrifft sowohl die interzellulären Lipidlamellen als auch den äußeren Teil des verhornten, lipidhaltigen Zellmantels. Störungen dieser Hautlipide führen zu *Retentionshyperkeratose*. Bei diesem krankhaften Prozeß werden Korneozyten nicht normal abgestoßen, sondern sie ballen sich zu sichtbaren Schuppen zusammen.

2.2.2 Sekundäre Seborrhoen

Sekundäre Seborrhoen werden durch Primärerkrankungen hervorgerufen. In den meisten Fällen ist der genaue Zusammenhang zwischen Primärerkrankung und durch sie hervorgerufenen Veränderungen nicht völlig abgeklärt. Eine häufige Ursache für Schuppenbildung sind entzündliche Reaktionen.

Durch physikalische Einwirkungen, UV-B-Strahlung, Retinsäure, Histamin, Bradykinin, Prostaglandine, Calcium und andere Faktoren kann die Bildung von Phospholipase A ausgelöst werden. Unter ihrem Einfluß wird Arachidonsäure in der Haut freigesetzt.

Arachidonsäure ist eine ungesättigte Fettsäure, die an die Zellmembranen verschiedener Arten entzündlicher Zellen und auch von Keratinozyten gebunden ist. Freie Arachidonsäure wird zu verschiedenen Entzündungsmediatoren verarbeitet, wie Hydroxyeicosatetraensäure, Leukotrienen, Prostaglandinen und Thromboxanen. Bei Menschen und Hunden vermitteln besonders die Eicosanoide die Entzündung bei allergischen Reaktionen. Hierbei spielen speziell Leukotrien B_4 (LTB_4), Prostaglandin E_2 (PGE_2) und 12-Hydroxyeicosatetraensäure (12-HETE) eine wichtige Rolle. Dieselben Eicosanoide haben eine bedeutende Funktion bei der Regelung der Zellteilungsaktivität in der Epidermis. Bei Hunden mit Seborrhoe wurden erhöhte Konzentrationen an Leukotrien B_4 gefunden. So kann ein möglicher Zusammenhang zwischen entzündlichen Prozessen und sekundärer Seborrhoe hergestellt werden. Auch die Wirksamkeit von Glucocorticoiden bei seborrhoischen Erkrankungen könnte durch die Rolle der freigesetzten Arachidonsäure und der proinflammatorischen (entzündungsfördernden) Eicosanoide erklärt werden: Steroide bewirken die Bildung eines Zelloberflächenproteins, das die Bildung von Phospholipase A unterdrückt. Damit werden keine proinflammatorischen Eicosanoide gebildet und die Hyperproliferation der Epidermis und damit auch Schuppenbildung unterdrückt.

Bei geringgradigen Entzündungssymptomen können sich die seborrhoischen Veränderungen ohne Juckreiz manifestieren. Beispiele hierfür sind Demodikose, Dermatomykose, Cheyletiellose, Läusebefall, geringgradige Kontaktdermatitis und Frühstadien des epitheliotropen Lymphoms, einer speziellen Tumorerkrankung.

Die zelluläre Proliferation sowie der Gehalt an Lipiden im Serum und in der Haut werden u.a. auch durch Hormone beeinflußt. Alle Hormonstörungen können Seborrhoe verursachen; iatrogener Hyperadrenokortizismus (Überfunktion der Nebennierenrinde) und Hypothyreose (Schilddrüsenunterfunktion) sind die häufigsten Ursachen für hormonell bedingte Seborrhoen. Während beim Hyperadrenokortizismus meist andere Symptome vorhanden sind, kann die Schuppenbildung bei einigen hypothyreoten Tieren das einzige Symptom sein.

Kohlenhydrate, Proteine, essentielle Fettsäuren, verschiedene Vitamine und Spurenelemente sind für die normale Zelldifferenzierung und -proliferation notwendig. Mangel, Überschuß oder Imbalance von einer oder mehreren Komponenten kann Seborrhoe hervorrufen.

Seborrhoe aufgrund von Fettmangel ist die häufigste Form der ernährungsbedingten Seborrhoe. Sie kann das Resultat mangelhafter Futterzusammenstellung, mangelhafter Aufnahme oder Verarbeitung von Nahrungsmitteln oder endokriner Erkrankungen, besonders der Hypothyreose, sein.

Der Wasser- und Fettgehalt der Haut ist wichtig für die normale, nicht sichtbare Desquamation. Wenn der Wasserverlust über die Hautoberfläche ansteigt, kommt es zu Änderungen der normalen Desquamation und der Bildung von sichtbaren Schuppen. Geringe Umgebungsfeuchtigkeit, häufiges

Baden, besonders mit aggressiven Produkten, und Fettsäuremangel können diese Veränderungen auslösen.

Fast jede Erkrankung kann also, wenn auch durch ganz unterschiedliche Mechanismen, Schuppenbildung hervorrufen.

2.3   Pigmentveränderungen

Melanin ist ein Farbstoff, ein Pigment in der Haut, welches von speziellen Hautzellen, den Melanozyten, gebildet wird. Melanozyten und Keratinozyten bilden eine Funktionseinheit, die für den Prozeß der Melaninsynthese verantwortlich sind. Während man bislang annahm, daß die Melaninsynthese durch genetische Faktoren und durch das von der Hirnanhangsdrüse (Hypophyse) gebildete Melanozyten-stimulierende Hormon (MSH) gesteuert wird, tendiert man heute dazu, dem Zusammenspiel von Keratinozyten und Melanozyten mehr Bedeutung beizumessen. Zumindest beim Menschen sind verschiedene Faktoren bekannt, die Wachstum, Differenzierung, Tyrosinaseaktivität, Pigmentierung und Morphologie der Melanozyten beeinflussen. Durch das nur lokale Vorhandensein dieser Faktoren lassen sich die meist regional begrenzt auftretenden Pigmentveränderungen unterschiedlichster Ursache viel besser erklären, als dies durch übergeordnete Hormone oder genetische Faktoren möglich ist.

Die Pigmentierung der Haare geschieht getrennt von der der Haut, und auch hier wurde eine Funktionseinheit beschrieben. Welche Mechanismen die Pigmentierung der Haare beeinflussen, ist unbekannt.

Das häufigste Beispiel von Hyperpigmentierung beim Menschen ist die sonnenbedingte Hyperpigmentierung (Sonnenbräune). Bei den Tieren ist dieser Vorgang aufgrund des meist dichten Haarkleides in unseren Breiten nur selten zu beobachten.

Wechsel der Hautpigmentierung im Zusammenhang mit Hauterkrankungen ist bei Hunden und Katzen ein sehr häufiges Phänomen. In den meisten Fällen sind Pigmentveränderungen Ausdruck einer anderen Erkrankung, also sekundär.

Pigmentveränderungen können kongenital oder erworben, fokal oder generalisiert sein. Der Pigmentgehalt der Haut kann erhöht (Hyperpigmentierung) oder verringert (Hypopigmentierung) sein.

2.3.1 Hyperpigmentierung

Hyperpigmentierung liegt dann vor, wenn die Pigmentierung der Haut dunkler als die der benachbarten normalen Haut ist. Dies kann bedingt sein durch eine erhöhte Anzahl an Melanozyten *(melanozytotische Hyperpigmentierung)*, z.B. bei Lentigines oder Sonnenbräune. Meistens ist jedoch Hyperpigmentierung bedingt durch eine vermehrte Melaninproduktion ohne Veränderung der Anzahl der Melanozyten *(melanotische Hyperpigmentierung)*.

● **Mögliche Mechanismen für melanotische Hyperpigmentierung (nach Fitzpatrick, 1993)**
- verstärkte Melanosomenproduktion
- verstärkte Melanisierung der Melanosomen
- Bildung größerer Melanosomen
- verstärkter Melanosomentransport in die Keratinozyten
- erhöhte Überlebensdauer der Melanosomen in den Keratinozyten

Für die dunklere Pigmentierung der Haut ist eine verstärkte Melanosomenproduktion mit nachfolgendem Transport in die Keratinozyten verantwortlich. Anreize hierfür können erbliche Faktoren, Hormone oder Medikamente sein. Die Bildung größerer Melanosomen wurde durch lokale Applikation von Stickstofflost hervorgerufen.

Durch eine verstärkte Neubildung von Keratinozyten, wie sie z.B. nach Anwendung von zellschädigenden Substanzen beobachtet wird, kann epidermale Hyperpigmentierung zustande kommen.

Ein erhöhter Pigmentgehalt ist entweder nur im Stratum basale oder in allen Schichten der Epidermis vorhanden. Ein erhöhter Melaningehalt findet sich auch manchmal in den Makrophagen (Abwehrzellen) der Dermis, in den Melanophagen. Hyperpigmentierung aufgrund eines erhöhten Melaningehalts in den Makrophagen zeichnet sich durch eine typisch stahlgraue Farbe aus.

2.3.1.1 Primäre Hyperpigmentierung

Hyperpigmentierungen können als primäre, eigenständige Erkrankungen auftreten, genetisch bedingt oder erworben sein.

● **Beispiele primärer Hyperpigmentierung**
- Genetisch bedingte Hyperpigmentierung
  Lentigines
- Erworbene Hyperpigmentierung
  primäre Acanthosis nigricans
  Neoplasmen

● Genetisch bedingte Hyperpigmentierung

Relativ selten anzutreffen sind **Lentigenes**. Dies sind fokale, hyperpigmentierte Flecken, die auf eine vermehrte Anzahl an Melanozyten und eine vermehrte Melaninproduktion zurückzuführen sind. Ansonsten sind die Strukturen der Epidermis unverändert. Man findet sie recht oft als angeborene „Flecken" an den Übergängen von Haut zu Schleimhaut bei orangefarbenen, cremefarbenen, dreifarbigen und silberfarbenen Katzen. Bei Hunden sind Lentigines seltener und stellen sich als multiple schwarze Flecken dar, die häufig am Bauch zu finden sind. Sie entwickeln sich meist in jugendlichem Alter und können dann jahrelang unverändert bleiben. Eine Entwicklung zur Bösartigkeit wird bei Hunden im Gegensatz zum Menschen nicht beobachtet. Eine vererbliche Form von Lentigines wurde als Lentiginosis profusa bei Möpsen beschrieben. Lentigines sind keine Tumoren und bedürfen daher keiner Therapie. Wichtig ist es jedoch, sie als solche identifizieren zu können. Sollte Unsicherheit bestehen, ist es ratsam, sie zu entfernen. Eine histologische Untersuchung ermöglicht dann die Abgrenzung von pigmentierten Tumoren, besonders Melanomen.

● **Erworbene Hyperpigmentierung**

Die **Acanthosis nigricans** ist ein seltenes Reaktionsmuster. Sie zeichnet sich durch Hyperpigmentierung der Achselhöhlen mit Lichenifikation und Alopezie aus; ihre Pathogenese ist noch weitgehend ungeklärt. Man unterscheidet primäre und sekundäre Acanthosis nigricans. Die *primäre Acanthosis nigricans* ist eine Erkrankung, die hauptsächlich bei Dachshunden beiderlei Geschlechts im Alter von unter einem Jahr auftritt. Primäre Acanthosis nigricans wurde auch beim Lhasa Apso beschrieben. Der frühe Beginn der Erkrankung und die fast ausschließliche Beschränkung auf eine Rasse lassen eine *Genodermatose* (erblich bedingte Hauterkrankung) wie beim Menschen wahrscheinlich erscheinen. Acanthosis nigricans wird durch eine verstärkte Stimulierung der Melanozyten hervorgerufen, die vermutlich durch ein gestörtes Zusammenspiel von Melanozyten und Keratinozyten bedingt ist.

Sekundäre Acanthosis nigricans kann eine Vielzahl von Ursachen haben. Hierzu gehören endokrine, parasitäre, allergische, bakterielle Erkrankungen und Neoplasien (Tumoren).

Melanozytische Tumoren sind gut- oder bösartige Neoplasien, die von Melanozyten oder Melanoblasten ausgehen. Bei Hunden ist der Großteil der kutanen melanozytischen Neoplasien gutartig, wogegen bei der Katze die Hälfte dieser Tumoren bösartig ist.

Gutartige Melanome treten beim Hund häufig und nicht selten bei der Katze auf. Bei Hunden sind besonders häufig dunkel pigmentierte Rassen betroffen. Maligne Melanome sind bösartige Wucherungen von Melanozyten. Sie treten bei Hund und Katze durchschnittlich im Alter von 9 bzw. 10 Jahren bei Tieren beiderlei Geschlechts auf. Es besteht keine Rasseprädisposition. Beim Hund sind besonders Melanome im Bereich des Nagelbettes in ca 50 % der Fälle bösartig. Bei der Katze sind besonders Melanome des Augenlides maligne (bösartig). Nach chirurgischer Entfernung sind Rezidive und Metastasenbildung häufig. In einer Studie bei melanom-operierten Tieren hatten Tiere mit kleinen Neoplasien eine mittlere Überlebenszeit von 12 Monaten und eine Todesrate von 54 % innerhalb von 2 Jahren; bei Tieren mit großen Neoplasien betrug die mittlere Überlebenszeit 4 Monate und die Todesrate innerhalb von 2 Jahren 100 % . Die mittlere Überlebenszeit von Hunden mit operierten Melanomen in der Mundhöhle war 3 Monate. Leider gibt es keine klinischen Hinweise, um gutartige von bösartigen Melanomen zu unterscheiden.

Nicht alle Melanome zeichnen sich durch eine dunkle Pigmentierung aus, auch amelanotische Tumoren wurden beschrieben. Demgegenüber können auch andere Tumoren wie Basalzelltumoren und Trichoblastome Hyperpigmentierung aufweisen.

2.3.1.2 Sekundäre Hyperpigmentierung

Sekundäre Hyperpigmentierung ist Folge anderer ursächlicher Erkrankungen.

● **Beispiele sekundärer Hyperpigmentierung**
  – Postinflammatorische Hyperpigmentierung
  – Hormonell bedingte Hyperpigmentierung
    Hypothyreose
    Hyperadrenokortizismus
    Geschlechtshormonstörungen
  – Physikalisch bedingte Hyperpigmentierung
    UV-Strahlung
    Intertrigo
    Ernährungsbedingte Ursachen

● **Postinflammatorische Hyperpigmentierung**

Die postinflammatorische Hyperpigmentierung ist die weitaus häufigste Form der Hyperpigmentierung (Abb. 2.2). Unzählig viele Erkrankungen können für entzündliche Veränderungen der Haut und damit für Hyperpigmentierung verantwortlich sein.

Inwieweit Entzündung und Melanogenese (Pigmentbildung) zusammenhängen, ist noch weitgehend ungeklärt. Neuere Studien lassen vermuten, daß Keratinozyten Faktoren freisetzen können, die Melanozytenproliferation und -melanisation beeinflussen. Diese Faktoren sind in geringen Mengen in der gesunden Haut vorhanden, werden jedoch im vermehrten Umfang gebildet, wenn auf die Keratinozyten entsprechende Reize einwirken. Diese Hypothese würde die mit entzündungsbedingter Proliferation von Keratinozyten verbundene Hyperpigmentierung erklären.

Allergien und oberflächliche bakterielle Hautinfektionen sind die häufigsten Ursachen postinflammatorischer Hyperpigmentierung.

Die pathophysiologischen Mechanismen auf zellulärer und biochemischer Ebene, die für das Entstehen einer Hautinfektion verantwortlich sind, sind in weiten Bereichen noch ungeklärt.

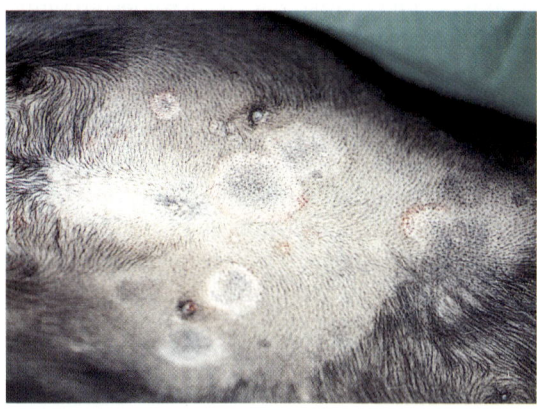

Abb. 2.2: Postinflammatorische Hyperpigmentierung

Mikroorganismen müssen erst an der Hautoberfläche haften, bevor eine Infektion stattfinden kann. Nach dieser Anheftung können sich die Bakterien vermehren, die Haut besiedeln, in tiefere Schichten eindringen und Toxine freisetzen, die Hautentzündung, Gewebeschäden und klinisch sichtbare Erscheinungen bewirken. Bei Hunden mit allergischen Hauterkrankungen oder Pyodermien zeigt *Staphylococcus intermedius*, der Keim, der am häufigsten für Hautentzündungen verantwortlich ist, eine signifikant höhere Haftung an den Korneozyten als bei normalen Hunden. Hautreaktionen im Rahmen einer allergischen Hauterkrankung können das Eindringen bakterieller Antigene und damit Schäden an der Haut erleichtern.

Prädisponierende Faktoren können Umgebungsfaktoren wie hohe Temperatur und Luftfeuchtigkeit sein. Studien zeigen, daß tief im Haarkleid an der Hautoberfläche Temperaturen von 37°C herrschen, die in der Sonne bis zu 43°C ansteigen können. Die Feuchtigkeit der Haut ist der wichtigste Faktor für die bakterielle Besiedlung. Verschiedene Lokalisationen der Haut zeigen unterschiedliche Besiedlungsdichte von verschiedenen Organismen, besonders von Staphylokokkenarten und *Malassezia pachydermatis*, einem Hefepilz. Sowohl Staphylokokken als auch *Malassezia* werden in höherer Anzahl in feuchten Gebieten wie After und Nasenöffnungen oder in abgeschlossenen Bereichen wie Zwischenzehenbereich und Gehörgang gefunden. Eine Studie zeigte, daß allein die Verabreichung von Wasser in den äußeren Gehörgang ausreichte, um eine große Zunahme an Malassezien hervorzurufen. Klinisch tritt *Malassezia* meist in Bereichen von Hautfalten, am ventralen Halsbereich, in den Achselhöhlen und im Zwischenzehenbereich auf. Untersuchungen zeigen, daß in einigen dieser Bereiche die relative Luftfeuchtigkeit der Luft im Haarkleid 90% überschreiten kann und sich damit die Wahrscheinlichkeit der Besiedlung erhöht.

Staphylokokken-Pyodermien können an vielen Körperstellen auftreten, auch an Flanken und Rumpf, in Bereichen also, von denen normalerweise nur geringe Keimmengen kultiviert werden können. Staphylokokken können auch unter trockenen Umgebungsbedingungen überleben. Der osmotische Streß einer trockenen und damit salzhaltigeren Umgebung fördert das Wachstum von Staphylokokken gegenüber anderen Keimen.

Neben den Allergien können viele andere chronisch-entzündliche Erkrankungen im Laufe des Krankheitsgeschehens oder in der Heilphase Hyperpigmentierung hervorrufen. Diese Krankheiten können unterschiedliche Ursachen haben. Beispiele hierfür sind die canine Demodikose, canine Dermatomykosen und die canine Sarkoptesräude. Aber auch immunbedingte Erkrankungen wie Lupus erythematodes und die verschiedenen Formen des Pemphigus-Komplexes können sich in Hyperpigmentierung äußern.

- **Beispiele postinflammatorischer Hyperpigmentierung**
  - Allergien
  - Pyodermien
  - Sarkoptesräude
  - Demodikose
  - Dermatomykosen

● **Hormonell bedingte Hyperpigmentierung**

Hormonell bedingte Hyperpigmentierung kann u.a. durch Hyperadrenokortizismus, Hypothyreose oder Geschlechtshormonstörungen hervorgerufen werden (Abb. 2.3). Die genauen Pathomechanismen sind noch weitgehend ungeklärt, da genaue Wirkungsmechanismen der einzelnen Hormone auf die Melanozyten noch näherer Untersuchungen bedürfen. Man geht davon aus, daß Hormone direkt auf die Melanozyten wirken und einen erhöhten Melaningehalt im Stratum basale ohne Erhöhung der Anzahl der Melanozyten hervorrufen. Hyperpigmentierung durch Hyperadrenokortizismus kann Folge einer vermehrten Synthese von Tyrosinase und eines gestörten Transfers von Melanosomen in die Keratinozyten sein.

● **Physikalisch bedingte Hyperpigmentierung**

Sonnenbedingte Hyperpigmentierung wird beim Hund in Körperbereichen mit geringer Behaarung beobachtet. Diese kann an primär gering behaarten Körperregionen, wie z.B. im Bauchbereich, an besonders exponierten Stellen, wie Nasenrücken und Ohren, oder aber an Stellen mit hormonell bedingter Hypotrichose bzw. Alopezie auftreten.

Intertrigo ist eine Hautentzündung, die dort entsteht, wo Haut auf Haut reibt und dadurch Irritation hervorruft. Diese ist häufig in Gesichtsfalten, im Innenschenkel- und im Achselbereich zu beobachten, bei übergewichtigen Hündinnen auch in den Scheidenfalten. Umgebungsfaktoren wie erhöhte Temperatur, Feuchtigkeit und Exkrete wie Tränen, Speichel, Schweiß, Talg und Urin begünstigen das Entstehen von sekundären Entzündungen und postinflammatorischer Hyperpigmentierung.

2.3.2 Hypopigmentierung

Hypopigmentierung bedeutet eine Verringerung des Melaningehaltes der Haut oder der Haare, wobei *Hypomelanose* eine Verringerung des Pigmentgehaltes und *Amelanose* den vollständigen Mangel an Pigmenten bedeutet. Hypopigmentierte Haare werden *Leukotrichia* und hypopigmentierte Haut *Leukoderma* genannt.

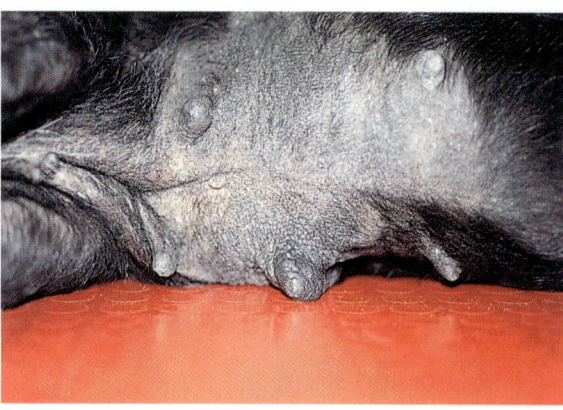

Abb. 2.3: Hormonell bedingte Hyperpigmentierung

Auch bei Tieren tritt altersbedingtes Ergrauen als physiologischer Prozeß auf. Besonders augenfällig ist dies bei schwarzhaarigen Tieren. Zurückzuführen ist dieser Prozeß auf einen fortschreitenden und manchmal vollständigen Verlust von Melanozyten im Haarbulbus. Hypopigmentierung kann genetisch bedingt oder erworben sein.

Bei Erkrankungen können verschiedene Mechanismen Hypopigmentierung verursachen.

2.3.2.1 Genetisch bedingte Hypopigmentierung

Mögliche Pathomechanismen genetisch bedingter Hypopigmentierung sind (nach Mosher et al., 1993):

1. fehlende Einwanderung von Melanoblasten in die Haut (Piebaldismus und Waardenburg-Klein-Syndrom),
2. mangelnde Differenzierung von Melanoblasten zu Melanozyten (Piebaldismus und Waardenburg-Klein-Syndrom),
3. fehlende mitotische Teilung der Melanozyten (Vitiligo?),
4. Defekt bei der Synthese von Tyrosinase (Albinismus),
5. fehlende Synthese der Melanosomen-Matrix,
6. Defekt beim Tyrosinase-Transport,
7. Fehler bei der Bildung normaler Melanosomen (Chédiak-Higashi-Syndrom),
8. mangelnde Melanisation der Melanosomen (Albinismus),
10. Defekte beim Melanosomentransfer (Chédiak-Higashi-Syndrom),
11. veränderte Degradation der Melanosomen (Chédiak-Higashi-Syndrom),
12. veränderte Entfernung von Melanin bei der Desquamation.

● **Beispiele genetisch bedingter Hypopigmentierung**
  - Chédiak-Higashi-Syndrom
  - Vitiligo
  - Nasale Depigmentierung
  - Albinismus
  - Fokaler Albinismus (Piebaldismus)
  - Waardenburg-Klein-Syndrom
  - Mukokutane Depigmentierung
  - Canine zyklische Hämopoese
  - Tyrosinasemangel

Auf die einzelnen Erkrankungen soll hier nicht weiter eingegangen werden.

2.3.2.2 Erworbene Hypopigmentierung

Pigmentverlust in zuvor normal pigmentierter Haut kann durch zahlreiche Ursachen hervorgerufen werden, die entweder zu einer Zerstörung der Melanozyten führen oder ihre Funktion beeinträchtigen.

Mögliche Pathomechanismen sind:

1. spezifische Zerstörung von Melanozyten,

2. Schädigung der Melanozyten durch Entzündung im Bereich des Stratum basale,

3. chemisch-physikalische Einwirkungen.

Am Nasenspiegel ist Hypopigmentierung am häufigsten anzutreffen (Abb. 2.4).

● **Postinflammatorische Hypopigmentierung**

Als Folge von Entzündungen findet man Hypopigmentierung weitaus seltener als Hyperpigmentierung. Man beobachtet sie meistens im Achsel- und im Schenkelinnenbereich, aber auch die Hypopigmentierung des Nasenspiegels ist nicht selten anzutreffen. Durch entzündliche Prozesse im Stratum basale, in der Schicht, in dem die Mehrzahl der Melanozyten zu finden ist, kommt es zu einer Schädigung der Melanozyten und damit zur gestörten Pigmentierung der Haut. Durch die Schädigung der Melanozyten wird dann Pigment in die Dermis freigesetzt (Pigmentinkontinenz). Klinisch drückt sich diese Pigmentinkontinenz durch ein Aufhellen der schwarz gefärbten Bereiche des Nasenspiegels zu einem Grau aus. Im Gegensatz zur immunbedingten Depigmentierung ist die inflammatorische Depigmentierung im Regelfall durch einen langsameren, graduellen Verlauf gekennzeichnet. Der weitaus größte Teil der Fälle von infektiös bedingter postinflammatorischer Hypopigmentierung wird durch Staphylokokken hervorgerufen.

Nichtinfektiöse, postinflammatorische Hypopigmentierung wird durch Immunerkrankungen hervorgerufen. Immunbedingte Erkrankungen kommen bei Hund und Katze selten vor. Man teilt sie ein in primäre, autoimmunbedingte Erkrankungen und sekundäre, immunvermittelte Erkrankungen. Bei den immunvermittelten Erkrankungen kommen die Gewebsschädigungen durch immunologische Reaktionen zustande, die im Gegensatz zu den Autoimmunerkrankungen nicht direkt gegen körpereigenes Material gerichtet sind.

Abb. 2.4: Nasale Hypopigmentierung, idiopathisch

Bei Autoimmunerkrankungen bildet der Körper Antikörper oder aktivierte Lymphozyten gegen körpereigenes Gewebe. Auch Melanozyten im Bereich der Nahtstelle zwischen Epidermis und Dermis können davon betroffen werden.

Autoimmunerkrankungen sind für einen großen Teil der Fälle von nasaler Depigmentierung verantwortlich. Besonders systemischer und diskoider Lupus erythematodes, Erkrankungen des Pemphigus-Komplexes und bullöses Pemphigoid gehen mit Depigmentierung einher.

Auch bei der immunvermittelten Hypopigmentierung kommt es zu pathologischen Prozessen an der dermo-epidermalen Schnittstelle, die zu Schädigungen der Melanozyten und Keratinozyten und damit zu Pigmentverlust führen. Antigene, die diese Reaktion auslösen, sind körperfremde Substanzen, wie z.B. Medikamente, Bakterien und Viren. Das Charakteristikum dieser immunvermittelten Erkrankungen ist, daß bei ihnen die Immunantwort inadäquat, unangemessen stark ist. Dies ist besonders bei den allergischen Erkrankungen der Fall. Bei der allergischen Kontaktdermatitis zeigt sich Depigmentierung frühzeitig als Resultat der Entzündung. Bei der atopischen Dermatitis oder der Futtermittelallergie kann der Pigmentverlust durch ständiges Reiben der Nase oder / und entzündliche Prozesse bedingt sein.

● **Physikalisch-chemisch bedingte Hyperpigmentierung**

Sowohl physikalische als auch chemische Traumata können durch Zerstörung der Melanozyten zu Leukoderma oder Leukotrichia führen. UV-Licht, Verbrennungen, Verletzungen und Strahlenschäden sind mögliche Auslöser.

Chemische Hypopigmentierungen können durch Stoffe mit antioxidativer Wirkung verursacht werden. Hierbei kann es zur Bildung freier Radikale kommen. Diese chemisch aggressiven Substanzen zerstören Melanozyten oder hemmen die Melaninbildung durch verminderte Bildung von Tyrosinase, einem Enzym, das für die Melaninsynthese wichtig ist. Derartige Substanzen können auch durch die Verursachung eines Ödems zwischen den Zellen den Transport der Melanosomen stören.

● **Beispiele für Ursachen physikalisch-chemisch bedingter Hypopigmentierung**

 – UV-Licht
 – Verbrennungen
 – Verletzungen
 – Strahlenschäden
 – Antioxidantien
 – Corticosteroide
 – Progestagene

● **Mit Tumoren verbundene Hypopigmentierung**

Das epitheliotrope Lymphom ist der Mycosis fungoides des Menschen vergleichbar und stellt eine Tumorerkrankung des lymphatischen Gewebes dar. Sie führt im unterschiedlichen Maße zur Depigmentierung des Nasenspiegels, der Haut, der Mundschleimhaut und der Haut-Schleimhaut-Übergänge

(Abb. 2.5). Die Krankheit ist meist bei älteren Tieren zu finden und schreitet langsam, oft über Jahre voran, bis im Endstadium lebenswichtige Organsysteme betroffen sind.

Leukoderma und Leukotrichia wurden beim Hund in Verbindung mit Leydigzelltumoren der Hoden, mit Adenokarzinomen des Gesäuges und mit Magenkarzinomen beschrieben, ohne daß die genaue Pathogenese bekannt ist. Um melanozytische Naevi, maligne Melanome und ihre Metastasen kann sich in einigen Fällen ein depigmentierter Hof ausbilden.

2.3.3 Andere Pigmentveränderungen

2.3.3.1 Erworbene Aurotrichie

Die erworbene Aurotrichie wurde bei Zwergschnauzern beiderlei Geschlechts beobachtet. Schwarze oder graue Primärhaare im Rumpfbereich nehmen eine goldene Farbe an. Die Tatsache, daß diese Erkrankung nur bei Zwergschnauzern beobachtet wurde, legt die Vermutung einer genetisch bedingten Ursache nahe.

2.3.3.2 Rotverfärbung

Für eine Rotverfärbung von Haaren kann eine Vielzahl von Faktoren verantwortlich sein. Um Schnauze und Augen herum kann sie durch Porphyrine bedingt sein, Stoffe, die in Speichel oder Tränenflüssigkeit enthalten sind. In anderen Körperbereichen ist eine lokale Rotverfärbung von Haaren zumeist auf Lecken im Zusammenhang mit juckenden Hauterkrankungen zurückzuführen (Abb. 2.6). Auch hormonelle Störungen, z.B. Hyperadrenokortizismus, Hypothyreose, Sertolizelltumoren, Hyperöstrogenismus und Hyperprogesteronismus, können zu rötlichen oder bräunlichen Verfärbungen der Haare führen.

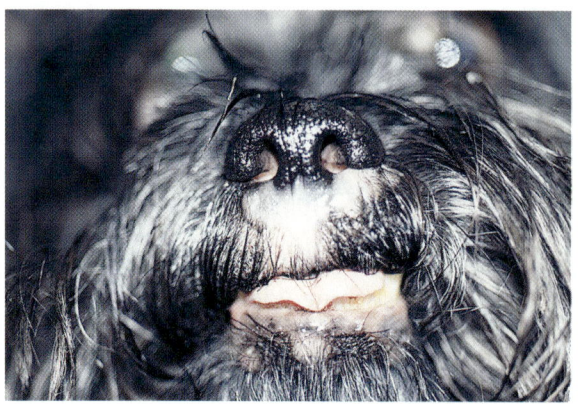

Abb. 2.5: Tumorbedingte Hypopigmentierung, Mycosis fungoides

Abb. 2.6: Rotverfärbung der Haare bei atopischer Dermatitis

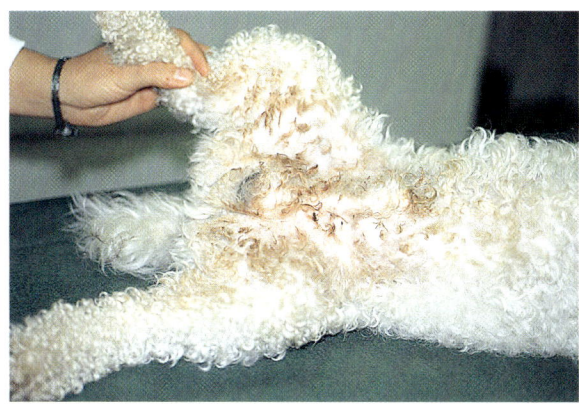

2.3.3.3 Rötung der Haut

Die Rotverfärbung der Haut ist auf eine Erweiterung von Hautgefäßen zurückzuführen. Bei Hunden wurde sie dauerhaft im Zusammenhang mit Medikamenten und Mastzelltumoren oder vorübergehend in Verbindung mit bestimmten Tumoren beschrieben.

2.4 Geruchsbildung

Geruch stammt häufig von Orten wie Mund, Ohren und Analbereich. Erkrankungen der Zähne, der Ohren oder Analdrüsen sind oft für Geruchsentwicklung verantwortlich. In vielen Fällen ist der Geruch ein Indikator für Hauterkrankungen, wie z.B. oberflächliche, bakterielle Pyodermien oder *Malassezia*-Infektionen.

Ursache des Geruchs, der oft als ranzig beschrieben wird, sind Zersetzungsprozesse der Lipide im oberflächlichen Hautfilm. Diese Lipide sind entweder Talgdrüsenlipide oder stammen aus der Produktion der Lamellarkörperchen. Lamellarkörperchen werden im Stratum spinosum und Stratum granulosum gebildet und setzen ihren Inhalt in den Raum zwischen die Korneozyten frei. Ein Hauptbestandteil dieses Inhalts sind epidermale Lipide. Korneozyten und interzelluläre Lipide bilden eine engverbundene Einheit, die mit der von Ziegelsteinen und Mörtel vergleichbar sind. Wird dieser oberflächliche Hautfilm auf der Epidermis und um die Haarfollikel herum verletzt, kann dies zur bakteriellen Invasion führen. Ein häufiges Beispiel für diese Prozesse ist Intertrigo, die Hautfaltendermatitis. Man findet sie in Bereichen, wo Haut auf Haut reibt und die Luftzirkulation beeinträchtigt ist. Erhöhte Feuchtigkeit, Talgansammlungen bewirken zusammen mit Tränenflüssigkeit, Speichel oder Urin eine Mazeration der Haut und begünstigen bakterielles Wachstum. Die oberflächlichen Bakterien zersetzen die angesammelten Sekrete und produzieren Abbauprodukte, die zusätzlich reizend wirken und zu einer starken Geruchsbildung führen.

Gelegentlich werden Hunde wegen eines intensiven Körpergeruches vorgestellt, der vom ganzen Körper ausgeht. Die klinische Untersuchung zeigt keine sichtbaren Abnormalitäten von Haut und Haaren. Die Ursache des Geruches ist nicht bekannt, und die betroffenen Tiere behalten diesen unangenehmen Geruch oft lebenslang bei. Normalerweise reagieren die Hunde gut auf topische Behandlung mit Shampoos, wenn auch nur kurzfristig, d.h. 1 bis 2 Tage.

2.5   Glanzlosigkeit

Das ölige Sekret der Talgdrüsen verteilt sich über den Haarschaft und verleiht ihm Glanz. Bei Krankheit oder Fehlernährung kann das Haarkleid als Resultat inadäquater Talgdrüsenfunktion brüchig und trocken werden.

Sebum, das Produkt der Talgdrüsen, hat eine wichtige Funktion bei der Abwehr von Mikroorganismen. Hauptbestandteil des Sebums sind Fettsäuren. Es bildet einen oberflächlichen Film über das Stratum corneum, hält so die Haut weich und geschmeidig, verhindert Wasserverlust und trägt so zum normalen Feuchtigkeitsgehalt der Epidermis bei. Sebum verteilt sich auch über die Haarschäfte und gibt ihnen Glanz. Durch Krankheiten oder Fehlernährung kann die Funktion der Talgdrüsen beeinträchtigt werden, und das Haarkleid erscheint trocken und stumpf.

Zusätzlich zu seiner Funktion als physikalische Barriere bildet Sebum zusammen mit Schweiß einen oberflächlichen Film und eine chemische Barriere gegenüber krankmachenden Keimen. Viele Fettsäurebestandteile des Sebums, z.B. Linolensäure, Myristinsäure, Ölsäure und Palmitinsäure, sind bekannt für ihre antimikrobiellen Eigenschaften.

Erkrankungen, die die Funktion der Talgdrüsen beeinträchtigen, können für glanzloses Haarkleid verantwortlich sein. So kann z.B. die idiopathische granulomatöse Talgdrüsenentzündung bei Hund und Katze im späteren Krankheitsverlauf zur vollständigen Zerstörung der Talgdrüsen führen. Hormonelle Erkrankungen wie Hypothyreose, Hyperadrenokortizismus und Geschlechtshormonstörungen führen zur Verminderung von Anzahl und Größe der Talgdrüsen.

2.6   Haarbruch

Haarbruch *(Trichorrhexis)* kann durch Lecken und Kratzen oder besonders bei Katzen durch ausgiebiges Putzen hervorgerufen werden. Lecken und Kratzen als Folge entzündlicher oder allergischer Erkrankungen und als Ausdruck von Juckreiz sind eine häufige Ursache für Trichorrhexis. Durch die mechanische Schädigung kommt es meist knapp oberhalb der Hautoberfläche zum Abbrechen der Haare.

Auch fehlerhafte Haarbildung, besonders gestörte Bildung der Haarkutikula, kann zu Haarbruch führen. Die Haarkutikula ist die äußerste Schicht der

Haare und wird geformt durch flache, verhornte, kernlose Zellen, die dachziegelartig angeordnet sind. Bei der Farbmutanten-Alopezie und der Follikeldystrophie kommt es im Zusammenhang mit Pigmentstörungen zu Defekten an der Haarkutikula, die dann zum Abbrechen der Haare an diesen Stellen führen. Aber auch angeborene Haarschaftabnormalitäten können dafür verantwortlich sein. Bei abessinischen Katzen wurden Schwellungen der Haarschäfte, hier besonders an den Schnurrhaaren und Primärhaaren, mit nachfolgendem Haarbruch beobachtet.

Trichorrhexis nodosa ist eine angeborene Erkrankung beim Golden Retriever. Auftreibungen der Haarschäfte mit Verlust der Haarkutikula führen hier zum Abbrechen der Haare.

Die gleichen Veränderungen können auch traumatisch bedingt sein. So wurde Haarbruch nach exzessivem Bürsten, nach ausgedehnter UV-Licht-Bestrahlung und durch den Gebrauch von Haarspangen und Gummibändern beobachtet. Auch chemische Traumata durch stark salzhaltiges oder gechlortes Wasser, ungeeignete Shampoos und antiparasitäre Spülungen wurden mit Trichorrhexis in Verbindung gebracht.

Bei Dermatomykosen, z.B. durch *Microsporum canis*, werden keratinolytische Enzyme gebildet, die dem Erreger ermöglichen, die Haarkutikula zu durchdringen und in den Haarschaft einzudringen. Befallene Haare können abbrechen und ausfallen. Auch altersbedingt ist eine verminderte Talgdrüsensekretion und damit Glanzlosigkeit der Haare festzustellen.

Literatur

Alhaidari, Z., and J.P. Ortonne (1990): Ultrastructural study of the human and canine Acanthosis nigricans. In: von Tscharner, C., and R.E.W. Halliwell (Eds.): Advances in Veterinary Dermatology, Ballière Tindall, London, S. 396.

Allaker, R.P., D.H. Lloyd and R.M. Bailey (1992): Population sizes and frequency of staphylococci at mucocutaneous sites on healthy dogs. Vet. Rec. 130, 303–304.

Ansel, J., P. Perry, J. Brown, D. Damm, T. Phan and C. Hart (1990): Cytokine modulation of keratinocyte cytokines. J. Invest. Dermatol. 91, 101–107.

Aronson, M.G., and J.L. Carpenter (1990): Distal extremitity melanocytic nevi and malignant melanomas in dogs. J. Am. Anim. Hosp. Assoc. 26, 605.

Bologna, J.L., and J.M. Pawelek (1988): Biology of hypopigmentation, J. Am. Acad. Dermatol. 19, 217.

Bond, R., L.E.M. Saijonmaa-Kouomies and D.H. Lloyd (1995): Population sizes and frequency of Malassezia pachydermatis at skin and mucosal sites on healthy dogs. J. Sm. Anim. Pract. 36, 147–150.

Bostock, D.E. (1979): Prognosis after surgical excision of canine melanomas, Vet. Pathol. 16, 32.

Campbell, K.L., and C.A. Davis: Effects of thyroid hormones on serum and cutaneous fatty acid concentrations in dogs. Am. J. Vet. Res. 51, 752.

Campbell, K.L., and A.R. Kirkwood (1993): Effect of topical oils on transepidermal water loss in dogs with seborrhea sicca. In: Ihrke, P.J., I.S. Mason and S.D. White (Eds.): Advances in Veterinary Dermatology, Volume 2, Pergamon Press, Oxford, S. 157.

Campbell, K.L., C.F. Uhland and G.P. Dorn (1992): Effects of oral sunflower oil on serum and cutaneous fatty acid concentration profiles in seborrheic dogs. Vet. Derm. 3, 29–35.

Chesney, C. (1990): Shampoo and other topical therapy. In: von Tscharner, C. und R.E. W. Halliwell (Eds.): Advances in Veterinary Dermatolgy, Vol. 1, Ballière Tindall, London, S. 434.

Chesney, C.J. (1996): Mapping the canine skin: a study of coat relative humidity in Newfoundland dogs. Vet. Derm. 7, 35–41.

Devriese, L.A., and K. De Pelsmaecker (1987): The anal region as a main carrier site of Staphylococcus intermedius and Streptococcus canis in dogs. Vet. Rec. 121, 302–303.

Elias, P.M., B.E. Brown and V.A. Ziboh (1980): The permeability barrier of mammalian epidermis. J. Lipid Res. 33, 301–313.

Fadok, V.A., C.D. Lothrop and P. Coulsen (1986): Hyperprogesteronemia associated with Sertoli cell tumor and alopecia in a dog. J. Amer. Vet. Med. Assoc. 188, 1058–1059.

Fitzpatrick, T.B., A.Z. Eisen, K. Wolff, I.M. Freedberg and K.F. Austen (1993): Dermatology in General Medicine, MacGrawHill, New York.

Flaxman, B.A. (1973): Changes in melanosome distribution in Caucasoid skin following typical application of nitrogen mustard. J. Invest. Dermatol. 60, 321.

Frese, K. (1978): Verlaufsuntersuchungen bei Melanomen der Haut und der Mundschleimhaut des Hundes. Vet. Pathol. 15–461.

Goldsmith, L.A. (Ed.) (1991): Physiology, Biochemistry and Molecular Biology of the Skin. 2nd ed. Oxford University Press, NewYork.

Goldschmidt, M.H., and F. Shofer (1992): Skin Tumors of the Dog and Cat. Pergamon Press, New York.

Greaves, G.M. (1882): Prostaglandins and dermatology. J.R. Coll. Physicians Lond. 16, 219–225.

Greaves, G.M. (1987): Pharmacology and significance of nonsteroidal antiinflammatory drugs in the treatment of skin disease. J. Am. Acad. Dermatol. 16, 751–764.

Gross, T.L., P.J. Ihrke and E.J. Walder (1992): Veterinary Dermatopathology. A Macroscopic and Microscopic Evaluation of Canine and Feline Skin Disease. Mosby Year Book, St. Louis.

Guaguère, E. (1986): Quel est votre diagnostic? Point Vet. 18, 245.

Guaguère, E., Z. Alhaidari et J.P. Ortonne (1985): Troubles de la pigmentation mélanique en dermatologie des carnivores, 1re partie: éléments de physiopathologie, Point vet. 17, 549–557.

Guaguère, E., Z. Alhaidari et J.P. Ortonne (1986): Troubles de la pigmentation mélanique en dermatologie des carnivores, 2. Hypomélanoses et amélanoses, Point vet. 18, 5–14.

Guaguère, E., Z. Alhaidari, A.P. Magnol, P. Devauchelle, P. Guérin et J.P. Ortonne (1987): Troubles de la pigmentation mélanique en dermatologie des carnivores, 3. Hypermélanoses, Point Vet. 18, 699–709.

Guaguère, E., and Z. Alhaidari (1991): Disorders of melanin pigmentation in the skin of dogs and cats. Proc. Wld. Sm. Anim. Vet. Assoc. 8, 47.

Halliwell, R.E.W., and N.T. Gorman (1989): Veterinary Clinical Immunolgy. W.B. Saunders Co., Philadelphia.

Harvey, H.J., E.G. MacEwan, D. Braun, A.K. Witthrow and S.J. Jongeward (1981): Prognostic criteria for dogs with oral melanoma. J. Amer. Vet. Med. Assoc. 178, 580.

Hohl, D. (1990): Cornified cell envelope. Dermatologica 180, 201–211.

Holzworth, J. (1987): Diseases of the Cat: Medicine and Surgery, Vol. I, W.B. Saunders Co., Philadelphia.

Ihrke, P.J., R.M. Shwartzman, K. McGinley, L.N. Horwitz and R.R. Marples (1978): Microbiology of normal and seborrhoeic canine skin. Am. J. Vet. Res. 39, 1487–1489.

Jenkinson, D.M., and D. H. Lloyd (1979): The topography of the skin surface of domestic animals and their secretions. B. Vet. J. 135, 376–379.

Kietzmann, M., D. Lubach and L. Heynck (1988): Prostaglandins, leukotrienes and polyamines in mechanically irritated skin. In: Simon, F. (Ed.): Veterinary Pharmacology, Toxicology and Therapy in Food Producing Animals, Vol. 1, S. 24 (Abstracts of the 4th EAVPT Congress, Budapest).

Kimura, T., S. Oshima and K. Doi (1993): The inheritance and breeding results of hairless descendants derived from mexican hairless dogs. Lab. Anim. 27, 55.

Kragballe, K., L. Desjarlais and J.J. Vorhees (1985): Leukotrienes B4, C4 and D4 stimulate DNA synthesis in cultured human epidermal keratinocytes. B. J. Dermatol. 113, 43–52.

Kragballe, K., and J.J. Vorhees (1984): Modulation of epidermal cell division and growth by oxygeantion products of arachidonic acid. J. Allergy Clin. Immunol. 74, 426–429.

Kwochka, K.W. (1993): Keratinization abnormalities: Understanding the mechanisms of scale formation. In: Ihrke, P.J., I.S. Mason and S.D. White (Eds.): Advances in Veterinary Dermatology, Volume 2, Pergamon Press, Oxford, 91.

Kwochka, K.W., A.M. Rademakers and K.T. Schulz (1987): Development and characterization of an in vitro cell culture system for the canine epidermis. In: Proceedings Annual members' meeting AAVD and ACVD, 9.

Kwochka, K.W. and D.D. Smealk (1990): The cellular defect in idiopathic seborrhea of Cocker Spaniels. In: von Tscharner, C. und R.E.W. Halliwell (Eds.): Advances in Veterinary Dermatology, Ballière Tindall, London, 265.

Kwochka, K.W., and A.M. Rademakers (1989a): Cell proliferation of epidermis, hair follicles, and sebaceous glands of Beagles and Cocker Spaniels with healthy skin. Am. J. Vet. Res. 50, 587.

Kwochka, K.W., and A.M. Rademakers (1989b): Cell proliferation of epidermis, hair follicles, and sebaceous glands of Cocker Spaniels with primary idiopathic seborrhea. Am. J. Vet. Res. 50, 1918.

Levine, N., and H.I. Maibach (1993): Pigmentation and pigmentary disorders. CRC Press, Boca Raton, Fla.

Lloyd, D.H., and D. Garthwaite (1982): Epidermal structure and surface topography of canine skin. Res. Vet. Sci. 33, 99–104.

MacDonald, J.M. (1993): Hyperpigmentation. In: Griffin, C.E., K.W. Kwochka and J.M. MacDonald (1993): Current Veterinary Dermatology, The Science and Art of Therapy, Mosby, St. Louis.

Macy, D.W., and H.A. Reynolds (1981): The incidence, characteristics and clinical management of skin tumors of cats. J. Am. Anim. Hosp. Assoc. 17, 1026.

Madison, K.C., D.C. Swartzendruber, P.W. Wertz and D.T. Downing (1987): Presence of intact intercellular lipid lamellae in the upper layers of the stratum corneum. J. Invest. Dermatol. 88, 714–718.

Mansfield, P.D., T.R. Boosinger and M.H. Attleberger (1990): Infectivity of Malassezia pachydermatis in the external ear canal of dogs. J. Am. Anim. Hosp. Assoc. 98, 97–100.

Marples, R.R., J.F. Richardson and F.E. Newton (1990): Staphylococci as part of the normal flora of human skin. J. Appl. Biol. Symp. Suppl. 19, 93S–9S.

Mason, I.S., and D.H. Lloyd (1990): Factors influencing the penetration of bacterial antigens through canine skin. In: von Tscharner, C., and R.E.W. Halliwell (Eds.): Advances in Veterinary Dermatology, Vol. 1, Ballière Tindall, London, 370.

McBride, M.E. (1992): Physical factors affecting the skin flora and skin disease. In: Noble, W.C. (Ed.): The skin microflora and microbial skin disease. Cambridge University Press, Cambridge, 73–101.

McEwan, N.A. (1990): Bacterial adherence to canine comeocytes. In: von Tscharner, C., and R.E.W. Halliwell (Eds.): Advances in Veterinary Dermatology, Vol. 1, Ballière Tindall, London, 454.

Menon, G.K., and P.M. Elias (1991): Ultrastructural localization of calcium in psoriatic and normal human epidermis. Arch. Dermatol. 127, 57–63.

Miller, W.H. (1992): Cutaneous flushing associated with intrathoracic neoplasia in a dog. J. Am. Anim. Hosp. Assoc. 28, 217.

Miller, W.H., D.W. Scott and W.I. Anderson (1993): Feline cutaneous melanocytic neoplasms: A retrospective analysis of 43 cases (1979–1991). Vet. Dermatol. 4, 19.

Mosher, D.B., T.B. Fitzpatrick, Y. Hori and J.-P. Ortonne (1993): Disorders of Pigmentation. In: Fitzpatrick, T.B., A.Z. Eisen, K. Wolff, I.M. Freedberg and K.F. Austen (Eds.): Dermatology in General Medicine, McGraw-Hill, New York, S. 903.

Muller, G.H., R.W. Kirk and D.W. Scott (1989): Small Animal Dermatology, 4th ed. W.B. Saunders, Philadelphia.

Nash, S., and D. Paulsen (1990): Generalized lentigines in a silver cat. J. Amer. Vet. Med. Assoc. 196, 1500–1501.

Ortonne, J.P., and G. Prota (1993): Hair melanins and color: Ultrastructural and biochemical aspects. J. Invest. Dermatol. 101, 82S.

Power, H.T. (1990): Eosinophilic granuloma in a family of specific pathogen-free cats. In: Proceedings, Annual members' meeting AAVD and ACVD 6, 45.

Rosenkrantz, W.S. (1991): Eosinophilic granuloma confusion. In: August, J.R. (Ed.): Consultations in feline internal medicine. W.B. Saunders, Philadelphia.

Rook, A., and R. Dawber (1982): Disease of the hair and scalp. Blackwell Scientific Publications, Oxford.

Samuelsson, B. (1981): Leukotrienes: Mediators of allergic reactions and inflammation. Int. Arch. Allergy Appl. Immunol. 66 (Suppl.1), 98–106.

Scott, D.W. (1980): Feline dermatology 1900–1978: A monograph. J. Am. Anim. Hosp. Assoc. 16, 331.

Scott, D.W. (1987): Lentigo simplex in orange cats. Comp. Anim. Pract. 1, 23–25.

Scott, D.W., and C.J. McGrath (1973): Acanthosis nigricans in the Lhasa Apso. Vet. Med. Small Anim. Clin. 68, 676.

Scott, D.W., W.H. Miller and C.E. Griffin (1995). In: Muller and Kirk's Small Animal Dermatology, 5th ed., W.B. Saunders Co., Philadelphia, 26.

Scott, D.W., and D.K. Walton (1986): Hyposomatotropism in the mature dog: A discussion of 22 cases. J. Am. Anim. Hosp. Assoc. 22, 467–473.

Simpson, J.W., and A.H.M. van den Brock (1991): Fat absorption in dogs with diabetes mellitus or hypothyroidism. Res. Vet Sci. 50, 346.

Smith, E.L., N.C. Walworth and M.F. Hollick (1986): Effect of $1,0\alpha,25$-hydroxyvitamin D_3 on the morphologic and biochemical differentiation of cultured human keratinocytes grown on serum-free conditions. J. Invest. Dermatol. 86, 709–714.

Van Rensburg, I.B.J., and O.M. Briggs (1986): Pathology of canine lentiginosis profusa. J. S. Afr. Vet. Assoc. 57, 159–161.

Walder, E.J. (1992): Epithelial tumors. In: Gross, T.L., P.J. Ihrke and E.J. Walder (Eds.): Veterinary Dermatopathology: Gross and microscopic pathology of skin disease. Mosby Year Book, St. Louis, 330.

Weiss, R.A., R. Eichner and T.T. Sun (1984): Monoklonal antibody analysis of keratin expression in epidermal disease: A 48 kD and a 56 kD keratin as molecular markers for hyperproliferative keratinocytes. J. Cell Biol. 98, 1397–1406.

White, S.D., R.A.W. Rosychuk, K.V. Scott, P. Schultheiss and M. Vroom: Acquired aurotrichia („Gilding syndrome") of miniature schnauzers. Vet. Dermatol. 3, 37.

Wilkinson, G.T., and T.S. Kristensen (1989): A hair abnormality in Abyssinian cats. J. Small Anim. Pract 30, 27.

Yaar, M., and B.A. Gilchrest (1991): Human melanocyte growth and differentiation: A decade of new data. J. Invest. Dermatol. 97, 611.

Yager, J.A., and B.P. Wilcock (1994): Surgical Pathology of the Dog and the Cat. Mosby, London, 26–27.

Yohn, J.J., J.G. Morelli, S.J. Walchak, K.B. Rundell, D.A. Norris and M.R. Zamorra (1993): Cultured human keratinocytes synthesize and secrete endothelin 1. J. Invest. Dermatol. 100, 23.

Ziboh, V.A., and J.T. Lord (1979): Phospholipase A activity in the skin: Modulators of arachidonic acid release from phosphatidylcholine. Biochem. J. 184, 283–290.

3 Einfluß der Ernährung auf Haut und Haarkleid

(Josef Leibetseder)

3.1 Einleitung

Die Haut ist das größte Organ des Körpers, sie macht zusammen mit den Haaren und der Unterhaut (Subkutis) beim ausgewachsenen Tier etwa 12 % der Körpermasse aus. Ihr Anteil am Stoffwechsel des Organismus ist daher auch beträchtlich. Ihre Funktionen sind vielfältig. Es seien hier nur jene erwähnt, die unmittelbar mit der Ernährung in Zusammenhang stehen. Dies sind:

– synthetische Leistungen in Form der Bildung von Adnexen wie Haare, Krallen, aber auch die verhornte Schicht der Epidermis, die infolge der Desquamation ständig erneuert werden muß;

– Speicherfunktion, besonders für Wasser und Elektrolyte, aber auch für Protein, Fett und Vitamine;

– Immunfunktionen, die von der Ernährung beeinflußt werden;

– Sekretion und Ausscheidung in beschränktem Maß;

– Bildung von Vitamin D.

Es ist daher nicht verwunderlich, daß der zahlreichen, mit der Ernährung in direktem Zusammenhang stehenden Funktionen wegen, sich Ernährungsfehler im Erscheinungsbild der Haut und/oder ihrer Adnexe rasch und deutlich manifestieren. Daneben gibt es aber noch eine Reihe von indirekten Einflüssen der Ernährung auf die Haut, wie z.B. hormonale Einflüsse, die von der Versorgung mit bestimmten Nährstoffen abhängig sein können (in seltenen Fällen Jodmangel als Ursache für Hypothyreose, Einfluß von Aminosäuren auf die Somatotropinsekretion). Ganz allgemein handelt es sich offenbar bei der Haut um ein außerordentlich sensibles Organ, das mit Funktionsstörungen anderer Organe mitreagiert, Stoffwechselstörungen verschiedener Art anzeigt und in gewissem Sinne einen Spiegel des inneren Milieus darstellt. So sind aus vielfachen Erfahrungen aus der Praxis und aus zahlreichen experimentellen Studien Erkrankungen der Haut infolge Mangels an bestimmten Nährstoffen oder in wenigen Fällen auch infolge zu hoher Zufuhr derselben ätiologisch gut abgesichert. In diese Gruppe der ätiologisch aufgeklärten Dermatosen sind auch die durch im Futter enthaltenen Allergene und Gifte verursachten Hautkrankheiten zu zählen. Aus dem oben Gesagten wird aber auch verständlich, daß bei zahlreichen Hautkrankheiten, deren Ursache im Grunde nicht bekannt ist, über günstige Auswirkungen einer Ernährungsumstellung berichtet wird.

3.2   Klinische Erscheinungen

Wenngleich die Ätiologie der ernährungsbedingten Dermatosen sehr unterschiedlich sein kann, ist das Reaktionsmuster der Haut auf Ernährungsfehler mit wenigen Ausnahmen eher einfach und einheitlich, ein Umstand, der die Differentialdiagnose erschwert. Mit Ausnahme der Futterallergie führen die anderen Ernährungsursachen üblicherweise zu seborrhoischen Veränderungen. Das Haarkleid ist matt und trocken, die Haare sind brüchig, was zu schütterem Haarkleid oder zu kahlen Stellen führen kann. Das Haarwachstum sistiert oder ist verlangsamt. Es kann zu verstärkter Schuppenbildung kommen und bei längerdauernden Fällen zu fettiger Haut.

Dieser Fettfilm erleichtert bakterielle Infektionen, die schließlich Juckreiz (Pruritus) verursachen. Verschiedene Hautbereiche, insbesondere der Nasenspiegel und die Ballen, können hyperkeratotisch verändert sein, wobei letzteres die Ursache für Lahmheit sein kann.

Unabhängig von ihrer Ursache sind alle seborrhoischen Veränderungen sehr ähnlich, so daß bei deren Auftreten immer auch eine Ernährungsursache in Erwägung zu ziehen ist. Neben den zur Diagnose von Hautkrankheiten üblichen Untersuchungen sollten bei Verdacht auf ernährungsbedingte Ursachen auch ein Blutbild gemacht und blutchemische Untersuchungen sowie eine Harnanalyse durchgeführt werden. Bei Verdacht auf Mangelernährung müssen Verdauungs- und Resorptionsstörungen oder Veränderungen im Stoffwechsel als Ursachen in Betracht gezogen werden. Es könnten evtl. die Nährstoffgehalte im Blutserum oder in Gewebeproben bestimmt werden, was allerdings meist zu teuer und auch nicht notwendig ist, da eine sorgfältige Ernährungsanamnese und das Ansprechen der Veränderungen auf eine Richtigstellung oder Ergänzung der Ernährung die Diagnose einfacher bestätigen können (Miller, 1989; Kirk, 1991).

3.3   Mangelernährung

Durch die Zunahme der Verwendung von Alleinfutter für Hunde und Katzen, das aufgrund gesetzlicher Regelungen im allgemeinen den ernährungsphysiologischen Ansprüchen der Tiere gerecht wird, kommt Mangelversorgung mit einem oder mehreren essentiellen Nährstoffen relativ selten vor. Dennoch finden sich Fälle mit unzureichender Versorgung, insbesondere bei Fütterung von selbst zubereitetem Futter, wenn der Tierbesitzer nicht über ausreichende Kenntnisse über den Nährstoffgehalt der verwendeten Futtermittel verfügt oder wenn Tiere aus verschiedenen Gründen inappetent sind. Diese *Exokarenz* (primärer Mangel) ist jedoch nicht die alleinige Ursache für eine

Mangelsituation. So kann ein für den Normalfall durchaus genügender Nährstoffgehalt zu Mangelerscheinungen führen, wenn infolge gastrointestinaler Erkrankungen oder genetischer Ursachen die Resorption vermindert ist *(Enterokarenz)* oder wenn bei bestimmten Erkrankungen ein erhöhter intermediärer Bedarf *(Endokarenz)* vorhanden ist (sekundärer Mangel).

Bei der Beurteilung der Versorgung eines Tieres sind überdies nicht nur die betreffenden Nährstoffe selbst zu beachten, sondern auch die zahlreichen Wechselwirkungen zwischen verschiedenen Stoffen, die den Bedarf, die Resorption und/oder die intermediäre Verwertung beeinflussen können. Als Beispiele seien nur die Abhängigkeit des Vitamin-E-Bedarfs vom Gehalt des Futters an ungesättigten Fettsäuren oder die Beeinträchtigung der Zinkverfügbarkeit durch Calcium erwähnt. Es ist daher nicht nur die ausreichende Zufuhr eines bestimmten, für die Intaktheit der Haut wichtigen Stoffes, sondern die Ausgewogenheit der gesamten Nährstoffversorgung von Bedeutung. Unsachgemäße Supplementierung kann in manchen Fällen deshalb mehr schaden als nützen.

Auf ein weiteres Phänomen sei hingewiesen: In manchen Fällen von Hautveränderungen sind Gaben von weit über dem Bedarf liegenden Mengen von Nährstoffen wirksam. Der Wirkungsmechanismus ist unbekannt. Es kann sich dabei nicht nur um die Beseitigung eines Mangels handeln, da hierfür derart hohe Dosen nicht erforderlich wären, sondern vielmehr eher um einen pharmakologischen Effekt. Man bezeichnet solche Hauterkrankungen als auf den betreffenden Stoff „**reaktive**" Dermatosen (z.B. Vitamin-A-reaktive Dermatose).

Die für ein normales Erscheinungsbild von Haut und Haarkleid bisher als wichtig erkannten Nährstoffe sind folgende:

– Proteine, S-haltige Aminosäuren;

– essentielle Fettsäuren (Linolsäure, Linolensäure?, für die Katze zusätzlich Arachidonsäure);

– Vitamine (A, E, B_2, B_6, B_{12}, Nicotinsäure, Pantothensäure, Biotin, Folsäure, Vitamin C, Cholin);

– Spurenelemente (Zink, Kupfer, Jod).

Die Empfehlungen für die Versorgung von Hund und Katze mit diesen Stoffen und die daraus ableitbaren Gehalte im Futter üblicher Art mit guter Qualität der Bestandteile und Ausgewogenheit der Gesamtration sind in Tabelle 3.1 zusammengestellt. Diese Angaben sind für ausgewachsene Tiere im Erhaltungszustand gültig. Bei Leistungsanforderungen erhöhen sich manche Werte, die der einschlägigen Literatur zu entnehmen sind.

3.3.1 Protein

Haare und die abgeschilferten Teile der Haut bestehen hauptsächlich aus Protein, das einen hohen Gehalt an S-haltigen Aminosäuren, insbesondere an Cystin, aufweist. Adulte Hunde und Katzen benötigen im Erhaltungszustand 25–30 % des Proteins für die Resynthese des Proteins in der Haut und

Tabelle 3.1: Empfehlungen für die Versorgung ausgewachsener Hunde und Katzen mit Nährstoffen, die für Haut und Haarkleid wichtig sind (nach National Research Council, Washington D.C., 1985, 1986; Ausschuß für Bedarfsnormen der Gesellschaft für Ernährungsphysiologie, Frankfurt/M., 1989)

Nährstoff	Hund		Katze	
	pro KM und Tag	pro kg Futter-TS	pro kg KM und Tag	pro kg Futter-TS
verdauliches Rohprotein	4,3–5,0 g[1]	150 g	4,5–5,0 g	200 g
Methionin + Cystin	180 mg[1]	1,5 g		3 g
Linolsäure	150 mg	10 g	250 mg	10 g
Linolensäure	40 mg	2 g		–
Arachidonsäure	–	–	3–4 mg	200 mg
Vitamin A	75 IE	5000 IE	200 IE	10000 IE
Vitamin E	500 µg	25 mg	2000 µg	4 mg
Vitamin B_2	50 µg	2,5 mg	50 µg	4 mg
Vitamin B_6	20 µg	1 mg	80 µg	20 µg
Vitamin B_{12}	0,5 µg	25 µg	800 µg	40 mg
Nicotinsäure	200 µg	10 mg	200 µg	10 mg
Pantothensäure	200 µg	10 mg		100 µg
Biotin	2 µg	100 µg		800 µg
Folsäure	4 µg	200 µg		
Zink	900 µg	45 mg	1000 µg	50 mg
Kupfer	100 µg	5 mg	100 µg	5 mg
Jod	15 µg	750 µg	50 µg	350 µg

[1] pro kg $KM^{0,75}$, TS = Trockensubstanz

in deren Adnexen (Ackermann, 1990). Da die Haarbildung nicht kontinuierlich verläuft, sondern während des in der Regel zweimal im Jahr stattfindenden Haarwechsels besonders intensiv (bis zu 1,4 g Haare/kg KM/Tag; Stafforst, 1982) ist, ist in diesen Phasen der erhöhte Eiweißbedarf zu berücksichtigen. Die in Tabelle 3.1 angeführten Gehalte im Futter decken auch diesen zusätzlichen Bedarf.

Bei Verwendung üblicher Futtermittel ist eine Proteinunterversorgung gesunder Tiere sehr unwahrscheinlich. Lediglich bei unsachgemäßem Einsatz von Futter (z.B. Trockenfutter für Hunde mit knappem Eiweißgehalt und überwiegend pflanzlichen Komponenten als Futter für Katzen über längere Zeit) kann es zu einer Eiweißmangelversorgung kommen. Sekundärer Proteinmangel infolge ungenügender Futteraufnahme bei Krankheit oder infolge von Verdauungs- und Resorptionsstörungen (Maldigestion und Malabsorption) kommt jedoch bei Patienten gelegentlich vor und kann Mitursache für Veränderungen der Haut und des Haarkleides sein.

Proteinmangel führt beim Menschen innerhalb weniger Wochen zur Atrophie der Haarzwiebel, zu einer Konstriktion und Depigmentierung des Schaftes und zu mattem, trockenem Haar. Die Haare werden spröde und zerbrechlich. Die Haut weist vermehrt Schuppen auf und macht einen dünnen, atrophischen Eindruck mit eventuellen Veränderungen der Pigmentierung (Abnahme oder Verstärkung). Die Wundheilung ist verzögert, und Dekubitus entsteht leichter.

3.3.2 Essentielle Fettsäuren

Die Unentbehrlichkeit bestimmter Fettsäuren ist seit langem bekannt. 1929 wurde die Linolsäure als essentiell für die Ratte erkannt, 1943 wurde dies auch für den Hund nachgewiesen, und schließlich fand Rivers (1982), daß bei der Katze neben der Linolsäure auch die Arachidonsäure lebensnotwendig ist, da diese offensichtlich nicht über eine ausreichende Aktivität der Delta-6-Desaturase verfügt, die neben dem kettenverlängernden Enzym (Elongase) zur Bildung der Arachidonsäure aus Linolsäure erforderlich ist. Diese Fettsäuren weisen gemeinsame Strukturmerkmale auf. Sie gehören alle zur sog. ω6-Familie (Tabelle 3.2). Der essentielle Charakter der ω3-Fettsäuren ist umstritten, die ω9-Fettsäuren hingegen sind mit Sicherheit nicht essentiell.

Die Bedeutung der mehrfach ungesättigten Fettsäuren liegt einerseits in ihrer Beteiligung am Aufbau von Membranen und damit in der Aufrechterhaltung der wichtigen Funktionen dieser Membranen, andererseits sind sie Vorstufen von biologisch wichtigen Stoffen wie die für den Zustand der Haut bedeutsamen Entzündungsmediatoren Prostaglandine und Leukotriene. Die γ-Linolensäure (C18:3,ω6) ist zwar nicht essentiell, kann aber bei Katzen die Arachidonsäure weitgehend ersetzen (Rivers, 1982). Diese sowie zwei andere, nicht essentielle Fettsäuren der ω3-Familie (s. Tabelle 3.2) können die Bildung von Entzündungsmediatoren beeinflussen.

Tabelle 3.2: Wichtige Vertreter der ω3-, ω6- und ω9-Fettsäuren (nach Kienzle, 1992)

	ω6-Familie
Linolsäure	C 18:2 essentiell
γ-Linolensäure	**C 18:3**
Dihomo–γ-Linolensäure	C 20:3
Arachidonsäure	C 20:4 essentiell für Katzen
	ω3-Familie
Linolensäure	C 18:3 essentiell?
Eicosapentaensäure	**C 20:5**
Docosahexaensäure	**C 22:6**
	ω9-Familie
Ölsäure	C 18:1
Eicosatriensäure	C 20:3

Hervorgehoben sind die Fettsäuren, die evtl. die Bildung von Entzündungsmediatoren beeinflussen können.

Die Symptome des Mangels an Linolsäure (Hund) bzw. Linol- und/oder Arachidonsäure (Katze) sind in Tabelle 3.3 zusammengestellt. Diese Symptome sind durch die in Tabelle 3.1 angeführten Mengen bzw. Konzentrationen an essentiellen Fettsäuren im Futter zu verhindern bzw. zu beseitigen *(nutritiver Effekt)*. Darüber hinausgehende Zufuhr mehrfach ungesättigter Fettsäuren kann einerseits zu einer Erhöhung des Fellglanzes führen *(kosmetischer Effekt)*, andererseits können bestimmte Fettsäuren (s. Tabelle 3.2) die Bildung von Entzündungsmediatoren beeinflussen (Abb. 3.1) und dadurch zur Besserung oder Heilung allergischer oder entzündlicher Hautkrankheiten beitragen *(pharmakologischer Effekt)*.

Das Zustandekommen des kosmetischen Effektes ist bislang nicht geklärt, über sein Auftreten nach Fütterung mit Futtermitteln, die reich an ungesättigten Fettsäuren sind, wird aber häufig berichtet.

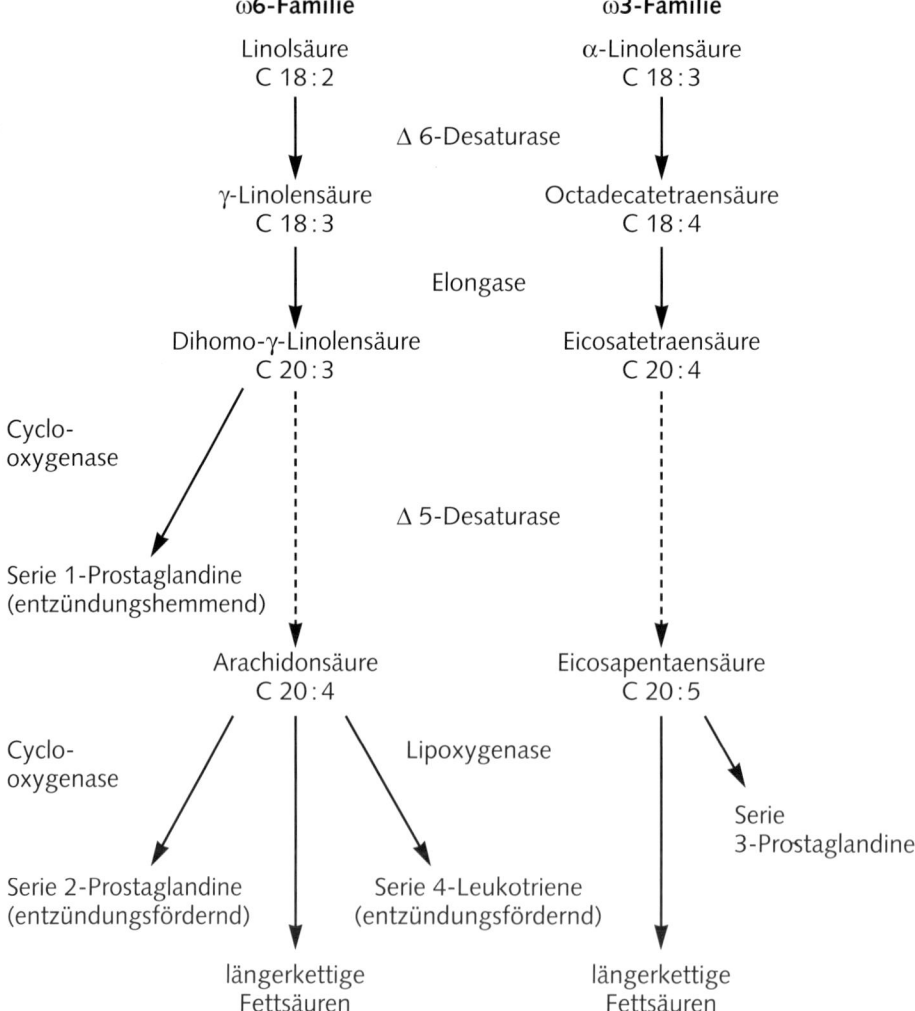

Abb. 3.1: Stoffwechsel der essentiellen Fettsäuren. Beide Familien konkurrieren um die gleichen Desaturasen. Die ausgezogenen Pfeile deuten den bevorzugten Weg an (nach Lloyd, 1989)

Der Wirkungsmechanismus des pharmakologischen Effektes der mehrfach ungesättigten, in der Regel nicht essentiellen Fettsäuren ist einleuchtend (s. Abb. 3.1). Die Aufnahme der γ-Linolensäure führt zu einer verstärkten Synthese von Prostaglandinen der Serie 1 mit entzündungshemmender Wirkung gegenüber jenen mit entzündungsfördernder Wirkung der Serie 2, da die Delta-5-Desaturase eine zu geringe Aktivität aufweist, um die Dihomo-γ-Linolensäure rasch genug in die Arachidonsäure überzuführen. Nimmt die Reaktionskette von der Linolsäure ihren Ausgang, dann ist die Delta-6-Desaturase das limitierende Enzym, so daß es zu keiner Anhäufung der Dihomo-γ-Linolensäure kommt. Die Effekte der ω3-Fettsäuren beruhen auf einer kompetitiven Hemmung des Stoffwechsels der ω6-Fettsäuren. Da die Fettsäuren aller drei Familien durch die gleichen Enzyme desaturiert und verlängert werden, kommt es bei entsprechender Zufuhr von ω3-Fettsäuren infolge der Konkurrenz der Substrate zu vermehrter Bildung von Entzündungsmediatoren aus ω3-Fettsäuren (Prostaglandine der Serie 3 und Leukotriene der Serie 5), die im Vergleich zu jenen aus den ω6-Fettsäuren weniger aktiv, somit weniger entzündungsfördernd sind (Terano et al., 1984).

Die Diagnose kann an Hand der erwähnten Symptome (Tabelle 3.3) und durch eine gründliche Ernährungsanamnese gestellt werden. Die Bestätigung der Diagnose ergibt sich aus dem Ansprechen der Erkrankung auf die Korrektur der Ernährung durch Zulage von Futtermitteln, die reich an Linolbzw. Arachidonsäure sind (Tabelle 3.4). Eine Bestimmung des Fettsäurenmusters von Körper- oder Plasmalipiden zur Absicherung der Diagnose erscheint nicht erforderlich und ist aus Kostengründen nicht angezeigt.

Tabelle 3.3: Klinisches Bild des Mangels an essentiellen Fettsäuren bei Hund und Katze (nach Hansen und Wiese, 1943; Rivers, 1982; Kienzle, 1992)

- **Haut und Haarkleid**

- rauhes, trockenes Haarkleid
- Parakeratosen
- Haarausfall
- vermehrte Ohrenschmalzbildung
- erhöhte Anfälligkeit der Haut für Infektionen
- verzögerte Wundheilung
Beginn der Symptome am Unterbauch; trockene Luft verschlimmert die Symptome

- **Sonstige Symptome**
- reduzierter Muskeltonus
- Leberverfettung und Degeneration
- Anämie
- Fruchtbarkeitsstörungen
- Veränderungen des Fettsäurenmusters der Körper- und Plasmalipide
  Hund: im Plasma C 20:3,ω9 von <5 % auf 10–20 %
  Katze: im Plasma Rückgang der ω6-Triensäuren von 30 auf unter 10 %

Zur Vermeidung bzw. Behebung von Mangelsituationen muß das Futter entsprechende Mengen an essentiellen Fettsäuren enthalten. Bei ausgewachsenen Tieren im Erhaltungszustand kommt unter üblichen Bedingungen ein Mangel an essentiellen Fettsäuren kaum vor. Unter gänzlich praxisunüblicher Fütterung von Katzen mit ausschließlich pflanzlichen Futtermitteln ist ein Arachidonsäuremangel zu erwarten, da diese in pflanzlichen Fetten nicht vorkommt. Die Anforderungen an die Versorgung mit essentiellen Fettsäuren sind bei wachsenden und insbesondere laktierenden Tieren infolge des relativ hohen Gehaltes der Milch an Linolsäure (Meyer et al., 1985) höher. Bei ungünstiger Zusammensetzung des Futters kann es daher unter diesen Leistungsanforderungen zu Mangelerscheinungen kommen. Bei Störungen der Fettverdauung (z.B. exokrine Pankreasinsuffizienz), Funktionsstörungen der Leber oder auch bei Thyreotoxikose sowie bei länger durchgeführter parenteraler Ernährung ohne Zufuhr der essentiellen Fettsäuren sind Mangelerscheinungen möglich.

Tabelle 3.4: Gehalt verschiedener Öle an ungesättigten Fettsäuren in % (nach Kienzle, 1992)

Fett	C 18:1,ω9 Ölsäure	C 18:2,ω6 Linolsäure	C 18:3,ω6[1] γ-Linolensäure	C 20:4,ω6 Arachidonsäure	C 18:3,ω3 Linolensäure	C 20:5,ω3 Eicosapentaensäure	C22:6,ω3 Docosahexaensäure
Olivenöl	85,7	8,7	–	–	–	–	–
Maiskeimöl	31,0	39,0	–	–	–	–	–
Sojaöl	24,7	59,8	0,2	–	4,9	–	–
Sonnenblumenöl	27,7	65,3	–	–	–	–	–
Leinöl	21,9	18,7	–	–	51,9	–	–
Nachtkerzenöl	11,0	71,0	9,0	–	–	–	–
Fischöl	9,3	1,3	–	0,9	0,7	16,3	11,6

[1]Außer im Nachtkerzenöl ist γ-Linolensäure nur noch in Frauenmilch, Borretsch sowie in geringen Mengen in Hafer enthalten.

In Tabelle 3.4 sind die Gehalte einiger Fette und Öle an ungesättigten Fettsäuren angeführt. Je nach erwünschter Wirkung müssen die entsprechenden Öle ausgewählt werden. Zur Deckung des Bedarfs an Linolsäure eignen sich einige Pflanzenöle (Keimöle, Sonnenblumenöl, Sojaöl) sehr gut. Arachidonsäure, ausschließlich in tierischen Produkten enthalten, findet sich hauptsächlich als Bestandteil von Membranen (Fleisch, Innereien), nur in geringen Mengen hingegen im Depotfett (Auflagenfett). Katzen, für die Arachidonsäure essentiell ist, benötigen daher Fleisch oder Innereien. Ein guter kosmetischer Effekt (Glanz des Haarkleides) wird dem Leinöl mit einem hohen Gehalt an Linolensäure zugesprochen. Die pharmakologische Wirkung von Fettsäuren konnte in experimentellen Studien bisher nicht überzeugend nachgewiesen werden, hingegen gibt es mehrere Berichte von Behandlungserfolgen bei allergischen Hauterkrankungen bei Hunden und Katzen.

Kompetitive Effekte der drei Fettsäurenfamilien wurden zwar bisher nur bei der Ratte untersucht, es ist aber durchaus anzunehmen, daß solche Effekte auch bei Hund und Katze auftreten. Bei ausschließlicher Gabe von Fischöl war die Produktion der Leukotriene der Serien B_4 und B_5 durch Peritoneal-exsudatzellen bei Ratten nahezu gleich, während sie sich bei zusätzlicher Gabe von Sonnenblumenöl (reich an C18:2, ω6) stark und bei Zulage von Leinöl (reich an C18:3, ω3) und Olivenöl (reich an C18:1, ω9) mäßig zu Gunsten der Produktion von Leukotrien B_4 verschob. Wie schon erwähnt, wäre zur Entzündungshemmung Leukotrien der Serie B_5 erforderlich. Für die Praxis würde dies bedeuten, daß lediglich Fischöl dem Futter zugesetzt werden soll, ja daß ein fettarmes Futter, das wenig andere Fettsäuren enthält, die Wirkung von Fischöl erhöht.

Nebenwirkungen bei Verabreichung von Nachtkerzenöl sind bisher bei Hund und Katze nicht beschrieben. Fischöl kann zu Unverträglichkeit (Lethargie, Erbrechen, Juckreiz, Durchfall, Urtikaria) führen. Die Ursachen dieser Unverträglichkeit werden nicht angeführt. Jedenfalls werden die mehrfach ungesättigten Fettsäuren im Fischöl leicht oxidiert, deswegen ist die Zugabe von Antioxidantien (z.B. 0,6 g Vitamin E/g ungesättigter Fettsäure) angezeigt (Meyer, 1990). Interaktionen mit entzündungshemmenden Arzneimitteln und Shampoos wurden bisher nicht beobachtet.

3.3.3 Vitamine

3.3.3.1 Vitamin A

Vitamin A spielt unter anderem eine wichtige Rolle für die Differenzierung der Epidermis und die Erhaltung der Integrität der Haut einschließlich der Regulation ihrer Immunfunktion, wobei sowohl Mangel als auch Überschuß zu Veränderungen der Haut führen. Für die Haut sind Retinol und die Vitamin-A-Säure von Bedeutung. Bei Vitamin-A-Mangel werden Keratine mit höherem Molekulargewicht gebildet, die Haarfollikel werden größer und mit Keratinmassen ausgefüllt. Neben anderen Mangelerscheinungen treten im Bereich der Haut Hyperkeratose, Juckreiz und infolge ständigen Beleckens eine chronische Dermatitis (Meyer, 1990), Papeln, Schuppen sowie trockenes, glanzloses Haarkleid mit Haarausfall und eine höhere Anfälligkeit für bakterielle Infektionen auf.

Bekanntlich vermögen Katzen auf Grund des Mangels an Carotindioxygenase nicht, aus Carotinen Vitamin A zu bilden, so daß sie auf die Zufuhr des Vitamins selbst angewiesen sind. Dennoch sind sowohl beim Hund als auch bei der Katze Veränderungen der Haut und des Haarkleides infolge Vitamin-A-Mangels eher selten, und die Wirkung einer Vitamin-A-Supplementierung bei idiopathischen Seborrhoen ist enttäuschend. Allerdings gibt es Hunde (insbesondere Cocker Spaniel), die eine typische ernährungsbedingte Seborrhoe, aber auch Hyperkeratose mit Verschluß der Follikel, krustige Dermatitis und unangenehm ranzigen Geruch aufweisen, wobei die Veränderungen generalisiert, aber auch hauptsächlich auf den Bauch beschränkt auftreten können (Abb. 3.2 und 3.3). Früher wurde als Ursache der Erkrankung eine Störung der Keratinisierung angenommen, neuere Untersuchungen weisen eher auf eine primäre Stoffwechselstörung und veränderte Zellkinetik der Epidermis hin. Die Veränderungen sprechen auf eine orale Gabe von

10.000 IE Vitamin A/Tier und Tag innerhalb von 2–6 Wochen gut an („Vitamin A-responsive dermatosis"). Eine vollständige Beseitigung der Hautveränderungen kann 2–4 Monate in Anspruch nehmen. Eine Reduzierung der Dosis führt in der Regel zu einem Rückfall. Die hohe Vitamin-A-Gabe ist zeitlebens erforderlich. Obwohl die Dosis beträchtlich über dem Bedarf liegt, wurden toxische Wirkungen bisher nicht beschrieben. Dennoch wird empfohlen, da Vitamin A in der Leber gespeichert wird, Leberfunktionsprüfungen in die regelmäßige Überwachung einzubeziehen (Ackermann, 1990).

Wegen der Gefahr von Nebenwirkungen hoher Vitamin-A-Dosen wurden Derivate und Analoge der Vitamin-A-Säure mit geringerer Toxizität (z.B. Isotretinoin, Etretinate) entwickelt. Beide synthetische Retinoide werden klinisch gut vertragen, die Inzidenz von Nebenwirkungen ist niedrig, ihre Wirksamkeit allerdings unterschiedlich und ihr Preis beachtlich. Etretinate hat sich bei der idiopathischen Seborrhoe der Cocker Spaniel als wirksam erwiesen (Power und Ihrke, 1990), während dies für Isotretinoin nicht zutraf. Bei anderen Rassen waren bei Störungen der Keratinbildung und ähnlichen Syndromen, wahrscheinlich infolge unterschiedlicher Pathogenese, die Erfolge mit Retinoiden sehr verschieden (Power und Ihrke, 1990).

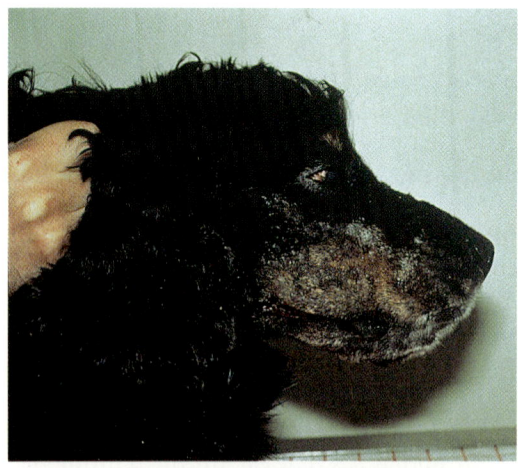

Abb. 3.2: Vitamin A-reaktive Dermatose bei einem Cocker Spaniel im Gesichtsbereich

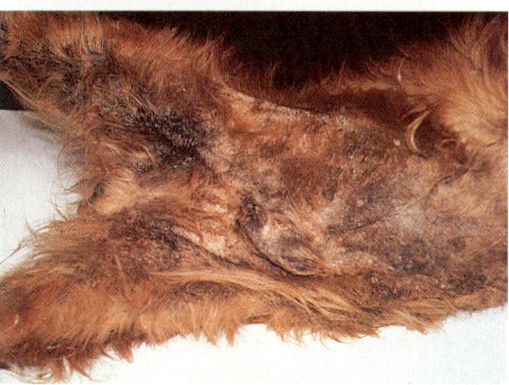

Abb. 3.3: Vitamin A-reaktive Dermatose bei einem Cocker Spaniel im Bereich des Abdomens

3.3.3.2 Vitamin E

Vitamin E wirkt als Antioxidans, schützt als solches auch die in den Phospholipiden der Membranen reichlich vorhandenen mehrfach ungesättigten Fettsäuren und ist deshalb auch für die Aufrechterhaltung der normalen Struktur und Funktion der Haut erforderlich.

Bei experimentellem Vitamin-E-Mangel kam es bei Hunden innerhalb von 2–4 Monaten zum Auftreten von Symptomen wie Schuppen, später von multifokalem bis generalisiertem Erythem und sekundär zu Hautinfektionen (Scott and Sheffy, 1987; Sheffy and Williams, 1982).

Hohe orale Vitamin-E-Dosen (200 mg 5mal täglich) zeigten eine gute Wirkung bei Demodikose von Hunden, die sehr niedrige Vitamin-E-Gehalte im Serum aufwiesen, was allerdings in anderen Fällen nicht bestätigt werden konnte. Auf Dosen von 200–400 mg 2mal täglich sprach etwa die Hälfte der Hunde mit kutanem Lupus erythematodes an. Ähnliche Ergebnisse wurden bei Dermatomyositis erzielt. Offensichtlich besitzt Vitamin E eine gewisse entzündungshemmende Wirkung bei Hunden. Auch bei Acanthosis nigricans konnten mit hohen Vitamin-E-Dosen die entzündlichen Erscheinungen, die Fettigkeit und Lichenifikation der Haut, nicht hingegen die Pigmentierung gebessert werden (Scott and Walton, 1985). Die wegen des entzündungshemmenden Effektes von Vitamin E versuchte Therapie der Atopie war nicht erfolgreich.

Vitamin-E-Supplementierung hat sich bei Katzen mit Pansteatitis mit schmerzhaften Ceroidablagerungen im subkutanen Fettgewebe nach längerer Gabe von Futter mit hohem Fettgehalt (Thunfisch) neben der Reduktion des Fettgehaltes als günstig erwiesen (Kirk, 1991).

3.3.3.3 Vitamine des B-Komplexes

Ein Mangel an Vitaminen des B-Komplexes kommt unter üblichen Bedingungen bei Hund und Katze kaum vor. Lediglich bei absonderlichen Futterrationen, viel eher aber bei lang anhaltenden Verdauungs- und Resorptionsstörungen, insbesondere bei zusätzlicher, längerdauernder oraler Antibiotikagabe, ist mit einer mangelhaften Versorgung zu rechnen. Die wasserlöslichen Vitamine werden nur in geringem Ausmaß gespeichert, so daß eine kontinuierliche Versorgung notwendig ist. Andererseits sind sie auch in hohen Dosen nicht toxisch. Die klinischen Symptome sind auch beim Mangel an B-Vitaminen nicht spezifisch.

Biotin wird am häufigsten mit Veränderungen der Haut und des Haarkleides in Zusammenhang gebracht. Als nachgewiesene Ursachen sind längere orale Antibiotikatherapie und die Gabe größerer Mengen rohen Eiklars, das Avidin enthält, einen biotinbindenden Stoff, der die Resorption von Biotin behindert, beschrieben worden. Durch Erhitzen wird diese Wirkung von Avidin aufgehoben; deswegen sollten auch aus diesem Grunde Eier nicht roh verfüttert werden.

Biotinmangel manifestiert sich beim Hund vor allem in Form von haarlosen Stellen, besonders um die Augen und im übrigen Gesicht, in schweren Fällen von Krustenbildung an verschiedenen Stellen des Körpers, bei Katzen als ausgebreitete papulokrustöse Dermatitis.

In einer klinischen Studie mit 119 Hunden, in der allerdings eine Placebo-Gruppe fehlte, verschwanden nach 3- bis 5wöchiger Behandlung mit etwa 5 mg Biotin/10 kg KM/Tag die Symptome bei 60 %, bei weiteren 31 % trat eine Besserung des Zustandes ein, wobei gewisse Rassenunterschiede hinsichtlich des Ansprechens auf die Biotingabe bestanden. Deutsche Schäferhunde sprachen z.b. gut an, bei Pudeln war die Antwort schwächer (Frigg et al., 1989).

Riboflavinmangel führt beim Hund zur Cheilosis und zu trockener Seborrhoe im Gesicht und am Bauch, bei der Katze zu einer diffusen Alopezie am Kopf. Bekanntlich enthält Milch reichlich Riboflavin, so daß kleine Mengen von Milch oder Milchprodukten diesen Mangel verhindern oder beheben können.

Niacinmangel ist durch die bekannten Symptome der Pellagra gekennzeichnet, daneben kann auch eine juckende Dermatitis an Bauch und Extremitäten auftreten. Mangel könnte eintreten, wenn das Futter wenig tierische Komponenten und viel Mais enthält, da Mais arm an der Aminosäure Tryptophan ist, aus der der Hund intermediär Nicotinsäure bilden kann.

Die Katze kann dies nur in ganz geringem Ausmaß, so daß ihr Niacinbedarf an sich höher ist. Bei der oben erwähnten, für Katzen sehr ungewöhnlichen Art eines Futters ist daher die Gefahr eines Mangels größer.

Pyridoxinmangel tritt in der Praxis nicht auf. Mangelsymptome konnten nur experimentell hervorgerufen werden. Bei der Katze waren dies trockene Seborrhoe, mattes, struppiges Haarkleid und Haarlosigkeit um die Ohren und Lippen sowie im Bereich der Nase.

Die im Handel erhältlichen Alleinfutter enthalten in der Regel alle Vitamine in ausreichender, den Bedarf deckender Menge, nur bei zu langer oder unsachgemäßer Lagerung kann in seltenen Fällen der Gehalt zu gering sein. Eine zusätzliche Gabe von Vitaminpräparaten ist daher normalerweise nicht erforderlich. Im Falle von Hauterkrankungen sollte von zuständiger, tierärztlicher Seite versucht werden, die Pathogenese der Erkrankung zu klären und eine gezielte, auf die in Frage kommenden Vitamine sich beschränkende Supplementierung vorzunehmen. Multivitaminpräparate können beim gesunden Tier, vor allem bei Verwendung von selbst zubereitetem Futter mit unbekanntem Gehalt an Vitaminen zusätzlich gegeben werden, für die individuelle Behandlung von Hautkrankheiten sind sie aber meist nicht geeignet. Hefe und Hefepräparate werden häufig bei Veränderungen der Haut und des Haarkleides, insbesondere ihres Gehaltes an Vitaminen des B-Komplexes wegen, gegeben. Bei Gabe größerer Mengen ist allerdings zu berücksichtigen, daß die Zusammensetzung des Hefeproteins gerade bei Hauterkrankungen nicht günstig ist, da es wenig S-haltige Aminosäuren enthält, die für die Synthese der Haare und sonstigen Anhangsgebilde der Haut essentiell sind. Bei Katzen, die hinsichtlich Harnsteinbildung (Felines Urologisches Syndrom) gefährdet sind, ist zu bedenken, daß Hefe einen hohen Gehalt an Magnesium aufweist. Grundsätzlich ist zu empfehlen, die Qualität des Grundfutters zu überprüfen und evtl. Futter allgemein besserer Qualität zu verwenden, wenn die Zufütterung von Hefe die Beschaffenheit von Haut und Haarkleid deutlich verbessern konnte (Ackermann, 1990).

3.3.4 Spurenelemente

3.3.4.1 Zink

Unter den Spurenelementen, die für die Integrität der Haut notwendig sind, kommt dem Zink die größte Bedeutung zu. Infolge der Mitwirkung an der Regelung zahlreicher Stoffwechselvorgänge, aber auch seiner Notwendigkeit für die normale Funktion des Geschmacks- und Geruchssinnes sowie der Immunabwehr des Körpers und der Modulation der bei Entzündungen ablaufenden Vorgänge werden die direkten und indirekten Folgen eines Zinkmangels oder einer Zinkstoffwechselstörung im Bereich des Integuments verständlich. Kennzeichnend hierfür ist die Störung der Keratinbildung in Form der *Parakeratose*, einer zu starken Keratinbildung ohne vollständige Degeneration der Zellkerne, und Beeinträchtigung der Wundheilung.

Ursachen der Hautveränderungen können sein:
– ein *primärer* Zinkmangel, wenn das Futter einen absolut unzureichenden Zinkgehalt aufweist;
– ein *sekundärer* Zinkmangel, wenn bei einem an sich ausreichenden Zinkgehalt des Futters durch andere Inhaltsstoffe wie hohe Konzentrationen an Calcium, Eisen und Kupfer, insbesondere aber an Phytat in Trockenfutter mit hohem Anteil an Zerealien und Soja, die Resorption von Zink beeinträchtigt ist;
– genetisch bedingte *Störungen der Resorption und der intermediären Verwertung* von Zink.

Primärer Zinkmangel kommt bei adulten Hunden nicht häufig vor. Bei der Katze sind keine derartigen Fälle bekannt. Beim Hund kommt es zu nicht tiefgreifenden Hautveränderungen mit verstärkter Schuppenbildung sowie Auflagerungen und Borken im Bereich des Krallenbettes. Bei wachsenden Hunden (Zentek und Meyer, 1991) kann experimentell ein primärer Zinkmangel erzeugt werden, während es sich bei dem in der Praxis vorkommenden Zinkmangel bei Junghunden in der Regel um einen sekundären Zinkmangel handelt. Die Symptome sind bei beiden Formen gleich.

Bei einem Zinkgehalt des Futters von etwa 10 mg/kg kam es innerhalb der kurzen Zeit von drei Wochen neben einer starken Verminderung des Wachstums zu Hautveränderungen, die im Gesicht, besonders an den Übergängen von Haut zu Schleimhaut, als Ulcera und Erosionen in Erscheinung traten. Weiterhin waren der äußere Gehörgang in Form einer zeruminösen Otitis sowie die Extremitätenenden (Verhärtungen und Risse an den Ballen, interdigitale Ekzeme, schuppige Auflagerungen im Bereich des Nagelbettes) betroffen. Auch im Bereich der Gelenke war die Haut anfällig für Erosionen und Ulzeration (Zentek und Meyer, 1991).

Der in der Praxis auftretende Zinkmangel bei Junghunden, wobei insbesondere die Vertreter größerer Rassen wie Doggen, Deutsch-Kurzhaar, Deutscher Schäferhund, Dobermann und Labrador betroffen sind, manifestiert sich klinisch zunächst in Hautveränderungen im Bereich der Druckstellen an den Extremitäten, dann an den mukokutanen Übergängen an den Lippen, Augen, Ohren und dem Perineum. Die Veränderungen beginnen mit einem Erythem, gefolgt von Alopezie, Krustenbildung, verstärktem Schuppen, Hyperpigmentierung und Eiterung. Geruchs- und Geschmackssinn können eingeschränkt sein, was zu Inappetenz und dadurch zur Verstärkung der Mangelsituation führen kann.

Trotz ausreichender alimentärer Versorgung und ohne erkennbare besondere Interaktionsmöglichkeiten mit anderen Futterinhaltsstoffen wurde bei Malamuten und Sibirischen Huskies eine verminderte enterale Zinkresorption festgestellt, die offensichtlich eine genetisch bedingte Störung ist. Die Hunde werden in der Regel wegen der oben beschriebenen Hautveränderungen und mangelhaften Appetits bei Fehlen weiterer Symptome als junge, aber schon adulte Hunde erstmals vorgestellt (Abb. 3.4 und 3.5). Auch bei Bullterriern kommt eine autosomal-rezessiv vererbte Zinkstoffwechselstörung vor. Diese tritt bereits bei Welpen im Alter von 6–10 Wochen im Bereich der Haut in Form von Pyodermie und Pododermatitis auf. Die Welpen kümmern, entwickeln sich schlecht und leiden an wiederholten Infektionsschüben. Die Tiere weisen einen Defekt der zellvermittelten Immunität auf, die Anzahl der T-Lymphozyten ist vermindert. Die Autopsie ergibt eine hochgradige Involution des Thymus. Bei allen drei Rassen zeigt die histologische Untersuchung von Hautbiopsieproben Akanthosis und eine diffuse parakeratotische Hyperkeratose. Im allgemeinen sprechen bei Malamuten und Huskies die Hautveränderungen auf eine Zinksupplementierung rasch an, diese muß jedoch zeitlebens vorgenommen werden, da es sonst innerhalb von 2–4 Wochen zu Rückfällen kommt. Beim Bullterrier ist die Zinksupplementierung erfolglos, die Tiere sterben im Alter von höchstens 15 Monaten an Infektionen.

3.3.4.2 Kupfer

Bei Verwendung üblicher Futtermittel ist ein Kupfermangel äußerst unwahrscheinlich, lediglich infolge Beeinträchtigung der Resorption durch andere Futterinhaltsstoffe (Phytin, hohe Gehalte an Calcium, Zink, Eisen, Molyb-

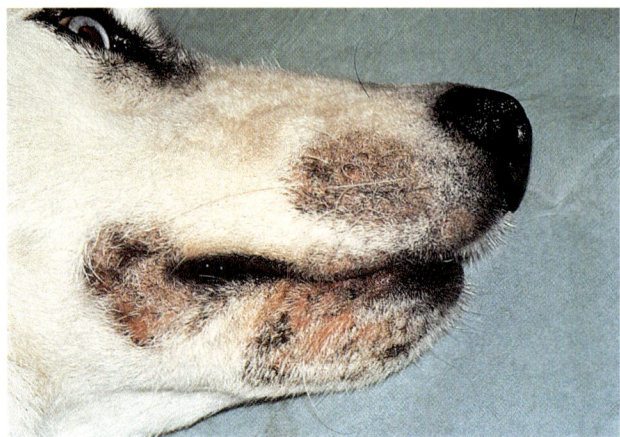

Abb. 3.4: Auf Zink ansprechende Dermatose bei einem Sibirischen Husky im Gesichtsbereich

Abb. 3.5: Zink-reaktive Dermatose bei einem Sibirischen Husky an den Pfoten (keine Veränderungen im Gesichtsbereich)

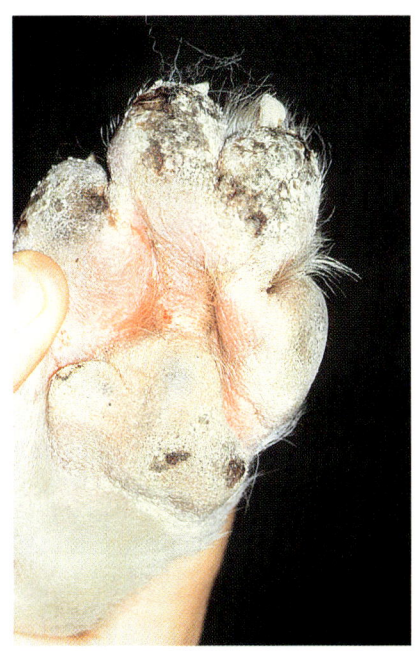

dän, Sulfat oder Cadmium) kann es zu einem Defizit kommen (Meyer, 1990). Die Bedeutung des Kupfers für die Intaktheit der Haut hat zwei Ursachen. Zum einen ist Kupfer bei der enzymatischen Bildung von Melanin aus Tyrosin beteiligt, zum anderen bei der Umwandlung von Präkeratin in Keratin. Die Folgen eines Kupfermangels sind demnach ausgeprägte Depigmentierung im Gesichtsbereich, wobei die ersten Symptome erst etwa zwei Monate nach Beginn der Mangelfütterung auftraten (Zentek et al., 1991), und fehlerhafte Keratinisierung von Haut und Haarfollikeln, wodurch die Haare stumpf und rauh erscheinen.

Besteht aufgrund der Ernährungsanamnese der Verdacht auf Kupfermangel, so kann dieser durch Untersuchungen des Plasmas und der Haare bestätigt werden, wenn die Mangelsituation schon längere Zeit besteht. In der Regel kann der Mangel durch einen Futterwechsel, vor allem zu Feuchtfutter oder Zufütterung von Leber, die kupferreich ist, behoben werden, wobei sich die klinischen Symptome nach etwa 6–8 Wochen bessern.

3.3.4.3 Jod

Die Schilddrüsenhormone sind für die Haarbildung von Bedeutung. Ein durch Jodmangel verursachter Hypothyreoidismus führt daher auch neben anderen Symptomen zu Alopezie. In Jodmangelgebieten können die üblichen Futtermittel (Fleisch, Schlachtabfälle, Getreideprodukte) zu wenig Jod enthalten, so daß eine Supplementierung (jodiertes Kochsalz) oder Gaben von Fisch- oder Algenmehl erforderlich sind. Zur Absicherung der Diagnose kann der Gehalt am Gesamt- und/oder an hormongebundenem Jod im Blut bestimmt werden (Grenzwerte: <40 bzw. <10 µg/l).

3.3.4.4 Andere Spurenelemente

Eine überhöhte Aufnahme von anderen essentiellen Spurenelementen wie Selen oder Arsen oder von toxischen Elementen (z.B. Thallium) führt ebenfalls zu verstärktem Haarverlust bis zur Alopezie.

3.4   Überempfindlichkeit gegen Futtermittel

Als Überempfindlichkeit gegen Futtermittel ist unabhängig von der Ätiologie jede klinisch anomale Reaktion auf Stoffe, die im Futter enthalten sein können, zu bezeichnen. Es kann sich hierbei um pharmakologische oder toxische Wirkungen von Stoffen oder um Veränderungen des Stoffwechsels durch in der Nahrung enthaltene Substanzen, um Futtermittelidiosynkrasien oder aber um **Futtermittelallergie** handeln. Von letzterer sollte nur gesprochen werden, wenn es sich nachgewiesenermaßen um ein **immunologisches Geschehen** handelt, wenn also das Antigen identifiziert, die Reaktion durch die Antigenexposition provozierbar und der immunologische Mechanismus einigermaßen aufgeklärt ist.

● **Pathogenese**

Im gesamten immunologischen Geschehen kommt dem Darm eine besondere Bedeutung zu. Nach dem respiratorischen Epithel ist die Schleimhaut des Gastrointestinaltraktes die nächstgrößte Grenzfläche zur Außenwelt, wobei die Konzentration der Fremdstoffe an dieser Grenzfläche ungleich höher ist als am respiratorischen Epithel. Die Körperoberfläche ist vergleichsweise sehr klein. Es ist daher nicht verwunderlich, daß an dieser Barriere besondere immunologische Schutzmechanismen vorhanden sind.

Beim Neugeborenen ist die Darmschleimhaut zunächst in höherem Maße für große Moleküle, wie z.B. für die im Kolostrum enthaltenen Immunglobuline, aber auch andere Stoffe, durchlässig. Im Verlauf der Entwicklung nimmt diese Durchlässigkeit zwar deutlich ab, in bestimmten Bereichen der Darmschleimhaut, den M-Zellen der Peyer-Plaques, bleibt sie jedoch in geringem Umfang erhalten. Diese Entwicklung in der frühen Jugend, aber auch die Prozesse der intakten Darmschleimhaut führen zur Ausbildung der wohlabgestimmten immunologischen Reaktionen, d.h. zur Ausbildung der *Immuntoleranz* sowie der lokalen und der systemischen *Abwehrreaktionen*. Diese Vernetzung des gesamten Immunsystems ist letztlich auch die Ursache, daß unter bestimmten Voraussetzungen gewisse Futterinhaltsstoffe als Antigen wirksam werden und zu Reaktionen im Bereich der Haut führen können. Insbesondere können hitze- und säurestabile Glykoproteine bei Beeinträchtigung der lokalen Immunantwort mit einem Defizit an IgA vermehrt resorbiert werden und allergische Reaktionen im Bereich der Haut auslösen. So wird verständlich, daß selbst nach jahrelanger Aufnahme ein Stoff plötzlich eine Futterallergie auslösen kann.

Die immunologischen Vorgänge bei der Futtermittelallergie sind noch nicht völlig geklärt. Wahrscheinlich kommen sowohl Allergien vom Soforttyp (Typ I und III) als auch solche vom verzögerten Typ (Typ IV) vor.

Erstere treten innerhalb von Sekunden bis Minuten mit einer eventuellen zweiten Reaktion nach einigen Stunden (Typ I) bzw. nach 6–12 Stunden nach Aufnahme des Allergens (Typ III) auf, während letztere erst nach mehreren Stunden oder Tagen manifest werden.

Bei den Typ-I-Reaktionen (anaphylaktischer Typ) kommt es zu einer Verbindung des Futtermittelantigens mit dem an die Mastzellen gebundenen IgE, was zur Degranulierung der Mastzellen mit Freisetzung mehrerer Entzündungemediatoren führt. IgE wurde bisher nur beim Hund, nicht jedoch bei der Katze nachgewiesen. Bei Typ-III-Reaktionen (Immunkomplextyp) verbindet sich das resorbierte Futtermittelantigen mit präzipitierenden Antikörpern (IgG, IgM) zu gewebeständigen oder zirkulierenden Immunkomplexen, was zur Aktivierung von Komplementfaktoren und zur Phagozytose der Immunkomplexe durch Granulozyten unter Freisetzung gewebeschädigender Enzyme führt. Bei der Typ-IV-Reaktion (zellvermittelte Allergie) kommt es zur Freisetzung von Lymphokinen aus spezifisch sensibilisierten T-Lymphozyten bei erneutem Kontakt mit dem Antigen, die zur Aktivierung bzw. Proliferation von Makrophagen und mononukleären Zellen sowie deren Wanderung an den Ort der Antigenbelastung beitragen, woraus Infiltration und Entzündungsreaktionen resultieren. Es gibt bislang zwar keine eindeutigen Hinweise, welche Formen der Allergie bei Hund und Katze durch Futterinhaltsstoffe ausgelöst werden, es ist aber anzunehmen, daß auch bei diesen Spezies die oben für den Menschen beschriebenen Formen vorkommen.

Allergische Reaktionen können durch zahlreiche Nährstoffe (z.B. Proteine, Lipoproteine, Glykoproteine, Lipopolysaccharide, Kohlenhydrate) und Futterzusatzstoffe verursacht werden.

Futtermittel, die bei Katzen nachweislich Allergie ausgelöst haben, sind Kuhmilch, Fleisch verschiedener Tierarten (Huhn, Rind, Schwein, Schaf, Pferd, Kaninchen), Fisch, Lebertran, Ei, verschiedene Trocken- und Dosenfutter, aber auch Mäuse und Benzoesäure als Futterzusatzstoff.

● Inzidenz

Angaben über die Häufigkeit des Vorkommens von Futtermittelallergien bei Hund und Katze schwanken stark, was unter anderem dadurch bedingt sein kann, daß Hautveränderungen mehrere Ursachen haben können (z.B. Atopie und gleichzeitig Futtermittelallergie), wobei entweder die eine oder die andere Ursache zuerst diagnostiziert wird, ohne die weiteren Ursachen festzustellen. Beim Hund wird die Inzidenz mit 1 % aller dermatologischen Fälle, mit 10 % der nichtsaisonalen Dermatitis bzw. mit 10 % aller allergischen Hauterkrankungen mit Ausnahme der parasitären Allergie angegeben.

Auch für die Katze werden ähnliche Inzidenzen berichtet: 1 % aller Dermatosen, 11 % der miliaren Dermatitis. Futtermittel werden als zweithäufigste Ursache für allergische Hauterkrankungen bei Katzen vermutetet.

Von einer Alters- oder Geschlechtsprädisposition für Futtermittelallergie wird weder bei Hunden noch bei Katzen berichtet, bei letzteren auch nicht von einem häufigeren Vorkommen bei bestimmten Rassen, während bei den Hunden Neufundländer, Cocker-Spaniel und Springer-Spaniel, Collies und

Zwergschnauzer, bezogen auf die klinische Gesamtpopulation, etwa doppelt so häufig vertreten waren (Rosser, 1990). Bei Katzen wurden Futtermittelallergien im Alter von 6 Monaten bis 13 Jahren festgestellt. Wenn junge Tiere die Symptome einer allergischen Dermatitis aufweisen, ist vorrangig an eine Futtermittelallergie zu denken, da Atopie und Flohstichallergie normalerweise erst nach mehreren Jahren der Sensibilisierung auftreten. In einer Untersuchung waren 33 % der Hunde mit Futtermittelallergie nicht älter als ein Jahr (Rosser, 1990). Auch eine Abhängigkeit der Inzidenz von der Jahreszeit besteht nicht. Im Frühling und im Sommer werden jedoch nicht selten Futtermittelallergien als Atopie oder Flohstichallergie falsch diagnostiziert.

● **Diagnose**

Die Diagnose Futtermittelallergie ist nicht leicht zu stellen. Die histopathologischen Veränderungen der Haut sind normalerweise nicht für die Sicherung der Diagnose geeignet, ebenso nicht die Änderung der Zahl der Eosinophilen. Die individuell unterschiedlichen Reaktionen erschweren zudem die Diagnose.

Klinische Symptome: Es gibt Hautveränderungen, die für die Futtermittelallergie pathognomonisch sind. Bei den meisten Fällen ist Juckreiz vorhanden, der zu starkem Kratzen und Lecken führt. Bei Katzen tritt der Juckreiz vor allem im Gesichts-, Ohren- und Nackenbereich auf, was strichförmige Rötungen, Krusten oder Pyodermie zur Folge hat. Weitere Hinweise bei Katzen sind lokales oder generalisiertes Auftreten von Schuppen oder Krusten, miliare Dermatitis und symmetrische oder lokale Alopezie als Folge häufigen Beleckens sowie die Entstehung eosinophiler Plaques. Ob Alopezie durch Belecken entsteht, kann durch mikroskopische Untersuchung der Haare, die dann abgebrochene oder zersplitterte Schäfte aufweisen, festgestellt werden. Auch Otitis externa wird gelegentlich beobachtet. Beim Hund sind die Prädilektionsstellen für Pruritus ähnlich wie bei der Katze (Abb. 3.6), wenngleich auch alle anderen Körperregionen betroffen sein können (Abb. 3.7). Mit unterschiedlicher Häufigkeit wurde Otitis externa festgestellt (White, 1986), wobei die durch Allergie verursachte Otitis externa zunächst nur durch ein Erythem im Bereich des Außenohres und des vertikalen Gehörganges und erst nach längerdauernder Erkrankung durch Entzündung auch des horizontalen Gehörganges infolge Sekundärinfektion charakterisiert ist (Abb. 3.8). Häufig betroffene Regionen sind auch die Pfoten (Abb. 3.9) und die Achseln. Beim Hund ist bislang nur ein Fall einer Futtermittelallergie mit Seborrhoe ohne ausgeprägten Juckreiz beschrieben worden. Der Juckreiz ist durch Corticosteroidbehandlung meist nicht zu beseitigen, lediglich in einer Studie wird von diesbezüglichen Erfolgen berichtet (Rosser, 1990).

Bei etwa der Hälfte der Fälle treten deutliche Erytheme auf. Nach längerer Dauer der Krankheit kann es zu Hyperpigmentierung und Lichenifikation kommen. Bei etwa 40 % der Fälle wird Papelbildung, bei 20–30 % eine sekundäre Staphylokokkeninfektion, die trotz guter Wirksamkeit von Antibiotika wegen der Neigung zu Rezidiven schwer zu behandeln ist, beobachtet. Urtikaria tritt zwar selten in Erscheinung, ist aber dann ein deutlicher Hinweis auf eine Futtermittelallergie. Ein weiterer Hinweis auf eine Futtermittelallergie sind gleichzeitig mit den Hautveränderungen auftretende gastrointestinale Symptome wie Erbrechen, profuser Durchfall und Enteritis einschließlich der lymphozytär-plasmozytären Kolitis (Halliwell, 1991).

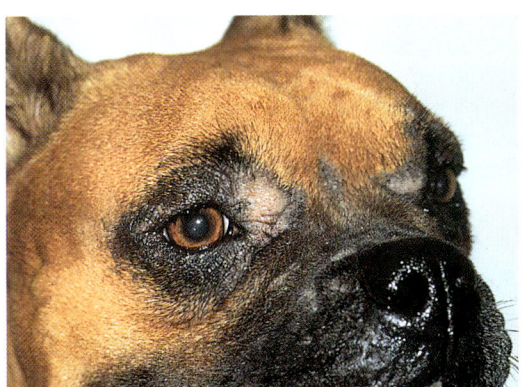

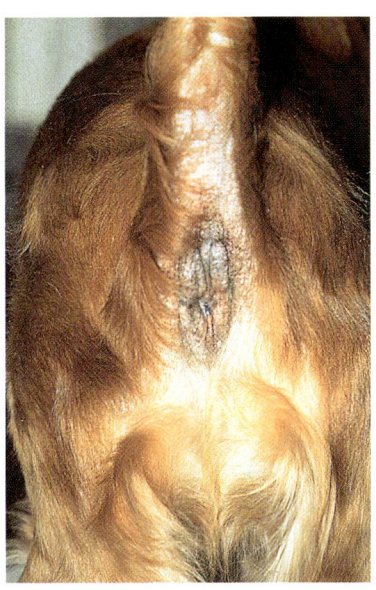

Abb. 3.6: Allergie eines Boxers gegen Rindfleisch

Abb. 3.7: Cocker Spaniel mit Allergie gegen ▶ Rindfleisch

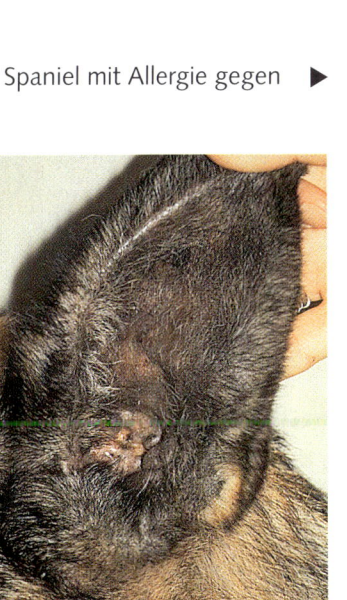

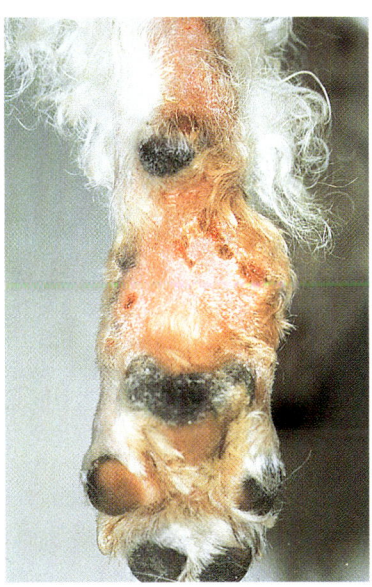

Abb. 3.8: Otitis externa bei einem Deutschen Schäferhund als Folge einer Allergie gegen Rindfleisch

Abb. 3.9: Pododermatitis bei einem Foxterrier; Ursache: Allergie gegen Hühnerfleisch

Für Futtermittelallergie charakteristische Laborbefunde gibt es nicht. Beim Hund käme der Nachweis spezifischer Antikörper (IgE) mittels Radio-Allergo-Sorbent-Test (RAST) oder Enzyme-Linked Immunosorbent Test (ELISA) in Frage, die in den USA als Testkits auch für Hunde erhältlich sind, allerdings ist die Zuverlässigkeit dieser Tests nicht bekannt. Noch geringer dürfte die Zuverlässigkeit des beim Menschen auch vorgenommenen Nachweises der Leukozytentoxizität sein, während der Degranulationstest mit basophilen Granulozyten als besser geeignet erscheint (Prelaud, 1990). Intrakutantests werden zwar gelegentlich durchgeführt, aber auch ihre Zuverlässigkeit ist nicht belegt (Kunkle und Horner, 1992). Lediglich ein negativer Befund legt die Vermutung nahe, daß es sich nicht um eine Futtermittelallergie handelt, während positive Ergebnisse häufig falsch sind.

Differentialdiagnostisch ist bei der Katze vor allem zwischen jenen Krankheiten, bei denen die bei der Futtermittelallergie auftretenden vier Symptome (Pruritus, besonders im Gesichts- und Nackenbereich, Schuppen- oder Krustenbildung, miliare Dermatitis und Alopezie) ebenfalls vorkommen, zu unterscheiden. Diese sind: Dermatophytose (Mikrosporie), Flohstichallergie und Atopie.

Neben der **Anamnese** (nur ein Tier betroffen, wenn mehrere gemeinsam gehalten werden; evtl. Verwendung bisher nicht eingesetzter Futtermittel) und der klinischen Untersuchung ist die **Überprüfung des Futters** selbst mittels Eliminations- und Provokationsdiäten für die Erstellung der Diagnose die zuverlässigste Maßnahme. Die **Eliminationsdiät** sollte aus möglichst wenigen, bisher nicht verfütterten Komponenten bestehen. Meist eignen sich Schaf- und Hühner-, aber auch Pferde- oder Kaninchenfleisch zusammen mit gedünstetem Reis oder Kartoffeln. Im Handel erhältliche hypoallergene Diäten eignen sich für diagnostische Zwecke nicht, da es trotz Verwendung gleicher Bestandteile wie bei einer selbst zubereiteten Diät bei manchen Tieren nicht zum Verschwinden der Symptome bzw. zu Rezidiven kommt. Allerdings enthalten die selbst zubereiteten Diäten häufig nicht alle lebenswichtigen Nährstoffe (Jeffers et al., 1991), so daß auf die entsprechende Supplementierung besonders aufmerksam gemacht werden soll. Die Aufnahme anderer Stoffe mit Ausnahme essentieller Nährstoffe (Mineralstoffe, Vitamine, evtl. Taurin bei Katzen) muß verhindert werden. Dies betrifft besonders verschiedene Spielgegenstände, die benagt werden, oder Kauknochen etc. Aufgrund einer neueren Studie (Rosser, 1990) sollte die Eliminationsdiät 60 Tage verfüttert werden, bevor die Diagnose Futtermittelallergie ausgeschlossen werden kann. Die Diagnose wird bestätigt, wenn bei Gabe des ursprünglichen Futters die Symptome wieder auftreten. Dies geschieht in den meisten Fällen nach 1–3 Tagen, kann aber auch bereits nach 1–2 Stunden oder erst nach 14 Tagen der Fall sein (Rosser, 1990).

● Therapie

Die beste Behandlung stellt zweifellos die *Allergenkarenz* dar. Voraussetzungen hierfür sind zunächst die richtige Diagnose Futtermittelallergie und dann die Ermittlung des Allergens. Ist das Allergen bekannt, können sowohl selbst zubereitetes Futter als auch Fertigdiäten oder handelsübliches Fertigfutter, sofern sie die ursächlichen Komponenten nicht enthalten, verabreicht werden. Dies wird für mindestens 6 Monate empfohlen (Guilford, 1991). In vielen Fällen haben sich Schaffleisch und Huhn als geeignete Komponenten erwiesen (White, 1986). Die Tiere sollen nur vom Besitzer unter strenger Beachtung der Restriktion gefüttert werden. Bei Tieren, die Auslauf ins Freie haben, ist dies meist nicht einzuhalten. Gelegentlich werden Patienten gegen mehrere Proteine allergisch, was oft die bedarfsgerechte, ausgewogene Ernährung schwierig macht. Die Verwendung pflanzlicher Eiweißquellen schafft in manchen, aber nicht in allen Fällen Abhilfe.

Eine medikamentöse Behandlung mit Corticosteroiden ist bei starkem Juckreiz bereits während des Einsatzes der Eliminationsdiät angezeigt, eine derartige Dauerbehandlung dann, wenn es wegen der großen Anzahl von Allergenen nicht gelingt, eine allergenfreie Dauernahrung zu finden, wenngleich auch die Wirksamkeit der Corticosteroidbehandlung nicht immer gegeben ist. Bei Urtikaria sind Antihistaminika indiziert, bei anderen allergischen Erscheinungsformen sind sie jedoch nicht wirksam. Auch nichtsteroidale Antiphlogistika sind bei Futtermittelallergien unwirksam. Erfolgversprechend dürften auch bei Futtermittelallergien die bei Atopie in klinischer Prüfung stehenden Mastzellstabilisatoren sein.

● **Prognose**

Die Prognose der Futtermittelallergie ist dann gut, wenn durch ein streng methodisches Vorgehen eine eindeutige Diagnose gestellt und das Allergen ermittelt werden kann, was zwar trotz aller Bemühungen nicht immer gelingt. Voraussetzungen für eine erfolgreiche Behandlung sind das Verständnis und die Kooperationsbereitschaft des Tierbesitzers sowie dessen Konsequenz bei der Einhaltung der diätetischen Maßnahmen.

Literatur

Ackerman, L. (1990): Nutritional supplementation for skin conditions. Pet Focus **2**, 51–54.

Frigg, M., Schulze, J., and Völker, L. (1989): Clinical study on the effect of biotin on skin conditions in dogs. Schweiz. Arch. Tierheilk. **131**, 621–625.

Guilford, W.G. (1991): Adverse reactions to food. Proc. 9th ACVIM Forum, New Orleans, pp. 157–159.

Halliwell, R.E.W. (1991): Die Futtermittelallergie des Hundes. Eine Monographie. Waltham, S. 9.

Hansen, A.E., and Wiese, H.F. (1943): Studies with dogs maintained on diets low in fat. Proc. Soc. Exp. Biol. Med. **52**, 205-208

Jeffers, J.G., Shanley, K.J., and Meyer E.K. (1991): Diagnostic testing of dogs for food hypersensitivity. JAVMA **198**, 245–250.

Kienzle, E. (1992): Bedeutung mehrfach ungesättigter Fettsäuren im Zusammenhang mit Hauterkrankungen bei Hund und Katze. Kleintierpraxis **37**, 145-155.

Kirk, R.W. (1991): Nutrition and the integument. J. small Anim. Pract. 32, 283–288.

Kunkle, G., and Horner, S. (1992): Validity of skin testing for diagnosis of food allergy in dogs. JAVMA 200, 677–680.

Lloyd, D.H. (1989): Essential fatty acids and skin disease. J. Small Anim. Pract. 30, 207-212

Meyer, H. (1990): Ernährung des Hundes. 2. Aufl. Ulmer, Stuttgart.

Meyer, H., Kienzle, E., und Dammer, C. (1985): Milchmenge und Milchzusammensetzung bei der Hündin sowie Futteraufnahme und Gewichtsentwicklung ante und post partum. Fortschr. Tierphysiol. Tierernährg., Beiheft 16, 51–72.

Miller Jr., W.H. (1989): Nutritional considerations in small animal dermatology. Vet. Clin. North Am. (Small Anim. Pract.) 19, 497–511.

Power, H.T., and Ihrke, P.J. (1990): Synthetic retinoids in veterinary dermatology. Vet. Clin. North Am. (Small Anim. Pract.) 20, 1525–1539.

Prelaud, P. (1990): The basophil degranulation test in the diagnosis of canine allergic skin disease. In: von Tscharner, C., and Halliwell, R.E.W. (eds.): Advances in veterinary dermatology. Vol. 1, Ballière Tindall, London, pp. 117–125.

Rivers, J.P. (1982): Essential fatty acids in cats. J. Small Anim. Pract. 23, 563–576.

Rosser, E.J. (1990): Food allergy in the dog: a retrospective study of 51 dogs. Proc. Annual Meeting of the American Academy of Veterinary Dermatology and American College of Veterinary Dermatology, San Francisco, p. 47.

Scott, D.W., and Sheffy, B.E. (1987): Dermatosis in dogs caused by vitamin E deficiency. Comp. Anim. Pract. 1, 42–46.

Scott, D.W., and Walton, D.K. (1985): Clinical evaluation of oral vitamin E for the treatment of primary canine acanthosis nigricans. J. Am. Anim. Hosp. Assoc. 21, 345–350.

Sheffy, B.E., and Williams, A.J. (1982): Nutrition and the immune response. JAVMA 180, 1073 –1076.

Stafforst, C. (1982): Untersuchungen über Gewicht, Wachstum und Zusammensetzung des Hundehaarkleides. Diss., Tierärztl. Hochschule Hannover.

Terano, T., Salmon, J.A., and Moncada, S. (1984): Biosynthesis and biological activity of leukotriene B_5. Prostaglandins 27, 217–232.

White, S.D. (1986): Food hypersensitivity in 30 dogs. JAVMA 188, 695–698.

Zentek, J. (1992): Ernährungsbedingte Hauterkrankungen – Bedeutung von Spurenelementen und Vitaminen. Kleintierpraxis 37, 157–162.

Zentek, J., und Meyer, H. (1991): Untersuchungen zum Zinkmangel beim wachsenden Hund. Zit. nach Zentek (1992).

Zentek, J., Meyer, H., und Dämmrich, K. (1991): Untersuchungen zum Kupfermangel beim wachsenden Hund. Zbl. Vet. Med. A 38, 561–570.

4 Einfluß von Umwelt- und Haltungs- bedingungen auf Haut und Haarkleid

(David H. Lloyd)

4.1 Einleitung

Durch die großen Fortschritte, die während der letzten Jahre in Vorsorge, Diagnostik und Therapie von Hauterkrankungen beim Hund erzielt worden sind, konnte die Zahl der Erkrankungen, die zuvor Langzeitbehandlung oder sogar das Einschläfern des Patienten zur Folge hatten, erheblich reduziert werden. Nach wie vor beschäftigen Hautkrankheiten allerdings Besitzer und Tierärzte gleichermaßen stark. Wesentliche Gründe hierfür sind sowohl in der Wahl des Tieres als auch in Fehlern bei der Haltung zu suchen. In Europa steigt die Zahl der Heimtiere ständig an; der Stolz auf das Heimtier und der Wunsch, es auszustellen, sind zu nicht zu unterschätzenden sozialen Faktoren geworden. Eine Folge dieser Entwicklung sind allerdings auch der Import exotischer Tiere sowie das Züchten nach Modeströmungen, wobei häufig keine oder nur wenig Rücksicht auf die Gesundheit des Tieres genommen wird. Die Auswahl ihres Hausgenossen treffen die Tierhalter häufig nach Gesichtspunkten, die ihnen von den Medien vorgegeben werden, weniger nach praktischen Aspekten und nach ihren eigenen Möglichkeiten. Probleme, die sich dann aus der „falschen" Wahl des Heimtieres ergeben, können sich in solchen Fällen aus mangelnder Erfahrung des Besitzers und aus Fehlern bei der Haltung zusammensetzen.

Haltungsfehler, die entweder zu sichtbaren Krankheiten oder – häufiger – zu schlechter körperlicher Verfassung führen, beginnen meist mit Veränderungen von Haut und Haarkleid. Diese können von rein kosmetischen Problemen bis zu ernsthaften Krankheiten reichen. Dieses Kapitel beschränkt sich auf die Wechselwirkungen zwischen Tier und Umgebung sowie auf spezifische Hauterkrankungen, die aus „Risikofaktoren" in der Umgebung und aus Haltungsmängeln resultieren. Detaillierte Beschreibungen und Behandlungsvorschläge können hier allerdings nicht gegeben werden. Hierzu sei auf die weiterführende Literatur verwiesen. Auf Hautkrankheiten im Gefolge von Ernährungsfehlern, Entwicklungsstörungen und Trächtigkeit wird in diesem Buch an anderer Stelle eingegangen.

4.2   Umweltfaktoren

Die Umgebung im Haus bzw. Zwinger und außerhalb davon hat eine Reihe wesentlicher Auswirkungen auf das Tier und damit natürlich auch auf die Gesundheit von Haarkleid und Haut. Ob diese Wirkungen zum Schaden oder zum Nutzen des Tieres sind, hängt von den Umwelt- und Haltungsbedingungen ab.

4.2.1 Temperatur, Luftfeuchtigkeit und Tageslichtlänge

Der Zustand der Haut und die Erneuerung des Haarkleids werden sowohl durch diese als auch durch andere, mit ihnen zusammenwirkende Faktoren beeinflußt. Zu diesen zählen Ernährung, Streß, gleichzeitig bestehende Erkrankungen und genetische Einflüsse. Bei Hunden und Katzen folgt die Haarerneuerung einem Mosaikmuster: Sie ist stark im Frühjahr und im Herbst und wird generell von der Tageslichtlänge gesteuert. Die Aktivität der Haarfollikel ist normalerweise im Frühling und Frühsommer am stärksten und im Winter, wo sich bis zu 50% der sekundären Follikel in der Ruhephase befinden können, am schwächsten. Der Haarwechsel ist normalerweise nach 5 Wochen abgeschlossen. Werden die Tiere aber im Haus gehalten, wo sie durch künstliches Licht längeren Lichtlängen ausgesetzt sind, können sie ihr Fell über das ganze Jahr hinweg wechseln.

Haarwachstum und Haarwechsel sind wichtig für die Thermoregulation – im Winter muß die Wärme möglichst bewahrt, im Sommer reduziert werden. Speziell der Schutz vor Sonneneinstrahlung ist wichtig. Ein glänzendes, helles Fell schützt stärker vor Sonne und Hitze.

Hunde und Katzen verlassen sich nicht auf die Temperaturregulation durch Schwitzen, obwohl sie über die Körperoberfläche verteilt reichlich Schweißdrüsen haben. Sie sind auf der behaarten Haut fast alle vom epitrichen Typ, also mit den Haarfollikeln verbunden. Atriche Schweißdrüsen hingegen findet man hingegen in der haarlosen Haut, speziell an den Pfotenballen bei Hund und Katze. Sie machen sich gelegentlich unter Adrenalineinfluß bemerkbar, wenn bei Streß oder Aufregung vermehrt Schweiß gebildet wird.

Schweiß übernimmt bei beiden Tierarten generell eine Schutzfunktion und erhält den Wasserhaushalt, die Flexibilität und den Reibungswiderstand des Stratum corneum aufrecht. Die Feuchtigkeit auf der Hautoberfläche und im Fell nahe der Haut wird stark durch Schwitzen beeinflußt. Die Produktion von Talg durch die Talgdrüsen und die Bildung eines Talgfilms auf der Hautoberfläche sind gleichfalls wichtig, um Flexibilität und Feuchtigkeit des Stratum corneum zu erhalten. Der Feuchtigkeitsgehalt auf der Hautoberfläche beeinflußt wahrscheinlich die epidermale Differenzierung und die Keratinisierung.

Der Einfluß von Schweiß und Talg auf die Feuchtigkeit der Hautoberfläche wird modifiziert durch Felldichte und -länge, Umgebungstemperatur und Luftfeuchtigkeit sowie Bestrahlung durch Sonne, Heizung, offene Feuerstellen etc. Diese Faktoren treten in Wechselwirkung zu Fellstruktur, Okklusion (z.B. Hautfalten, Ruten- und Achselbereich), Einfluß des Windes und Verhaltensäußerungen des Tieres. Diese Verhaltensäußerungen werden natürlich ihrerseits wiederum vom engeren Umfeld des Tieres, vom Besitzer und von der Umgebung, mit gesteuert.

Bislang wurden nur wenige Untersuchungen über die „Mikroumwelt" der Haut von Hund und Katze durchgeführt. Chesney (1993) beschäftigte sich mit dem Wasserhaushalt der Haut und wies Unterschiede in der Hydratation an verschiedenen Stellen der Hautoberfläche sowie eine stärkere Trockenheit von schuppiger als von normaler Haut nach. Beim Vergleich zwischen der relativen Feuchtigkeit an der Hautoberfläche bei Neufundländern konnte er in okklusiven Bereichen einen signifikant höheren Wert messen als an Rumpf, Oberschenkeln und Thorax (50% gegenüber 70% unter Rute und Hals). Im Vergleich zwischen unveränderter Haut bei gesunden Hunden und solchen mit atopischer Dermatitis hingegen gab es keine signifikanten Unterschiede (Chesney, 1995).

Feuchtigkeit und Temperatur an der Hautoberfläche sind ausgesprochen wichtig für die Art und Dichte der kutanen Mikroflora. Veränderungen dieser Faktoren erlauben es pathogenen Organismen, sich festzusetzen und begünstigen so die Entstehung von Infektionen durch Bakterien und Pilze. Bekanntlich treten Hautinfektionen vorwiegend in feucht-warmer Umgebung auf. Vor allem bei Tieren, die zur Thermoregulation schwitzen, ist die Temperatur von großer Bedeutung, da bei ihnen die Hautfeuchtigkeit infolge höherer Umgebungstemperatur zunimmt. Bei Hunden und Katzen wurde dies nicht untersucht, aber man vermutet, daß beim Hund die Neigung zu Infektionen in Gebieten wie Halsunterseite und Zwischenzehenbereich mit der vermehrten Bildung von Feuchtigkeit zusammenhängt. Veränderungen der oberflächlichen „Mikroumwelt" der Haut können weiterhin durch Änderungen in der peripheren Durchblutung und der Durchlässigkeit der Epidermis entstehen. Diese ergeben sich beispielsweise aus Veränderungen von hämodynamischen Kontrollmechanismen, durch Streßfaktoren und Entzündungen als Folge lokaler oder systemischer Krankheiten.

4.2.2 UV-Strahlen

Der schädliche Einfluß von UV-Strahlen in der Umwelt wird häufig unterschätzt. Eine Schädigung der Haut durch Sonnenstrahlung wird generell durch UV-Strahlen hervorgerufen, die sich nach der klassischen Einteilung aus UV-A (290–320 nm), UV-B (320–400 nm) und UV-C (100–290 nm) zusammensetzen. Die UV-A-Strahlen sind während des gesamten Tages ungefähr gleich stark und führen zu Bräune, auf längere Sicht auch zur Schädigung des Bindegewebes der Dermis. Sie tragen nur wenig zu Rötung und Sonnenbrand bei, können aber die kanzerogene Wirkung von UV-B-Strahlen verstärken und auch Fensterglas durchdringen. UV-B-Strahlen besitzen eine erheblich stärkere elektromagnetische Energie und sind hauptsächlich verantwortlich für Sonnenbrand, Bräune und Hautkrebs; sie sind zur Mittagszeit am stärksten und werden durch Fensterglas absorbiert. UV-C-Strahlen werden praktisch vollständig durch das Ozon in der Atmosphäre und Stratosphäre absorbiert.

Die Intensität der UV-Strahlen nimmt mit zunehmender Höhe über dem Meeresspiegel sowie in einer Umgebung mit starker Reflexion (Schnee oder heller Sand) zu. Chemische Sonnenschutzmittel können zwar UV-B-, kaum aber UV-A-Strahlen blockieren, falls sie nicht speziell darauf ausgerichtet sind. UV-A-Blocker hemmen allerdings die Pigmentierung, die durch die UV-B-Strahlen induziert wird, und verstärken so die Wirkung der UV-A-Strahlen. Unpigmentierte Haut wiederum wird selbst in gemäßigten Klimazonen leicht durch Sonnenlicht geschädigt. Hier muß man akute Schäden wie Sonnenbrand und Photosensibilisierung von eher chronischen Auswirkungen unterscheiden, die letztlich zu der sogenannten „aktinischen Keratose" (oft Vorstufe von Hautkrebs) und zu Tumoren, vor allem Plattenepithelkarzinomen (Abb. 4.1) und Basalzelltumoren führen können.

Chronische Hautveränderungen, die beim Menschen zur Solarelastose führen, können ebenfalls Hunde und Katzen betreffen. Während der letzten Jahre wurde zunehmend deutlicher, daß einer der wichtigsten durch UV-Strahlen hervorgerufenen Hautschäden eine *Immunsuppression* ist. Diese scheint über eine Schädigung der dendritischen, antigen-präsentierenden Zellen einschließlich der epidermalen Langerhanszellen sowie über die Wirkungen der T-Suppressor-Lymphozyten zu entstehen. Die genannten Auswirkungen können lokal oder systemisch sein und auch an anderen Hautstellen als am Ort der Exposition auftreten. Die Immunreaktion bei Tumoren, allergischen Reaktionen und auf Mikroorganismen kann beeinträchtigt werden. Auch eine verminderte Immunität gegenüber Viren, die durch Sonnenstrahlung bedingt sein kann, begünstigt möglicherweise die Entstehung einiger Hautkrebsarten mit viraler Ätiologie. Ein solcher Zusammenhang muß bei Hund und Katze allerdings noch nachgewiesen werden.

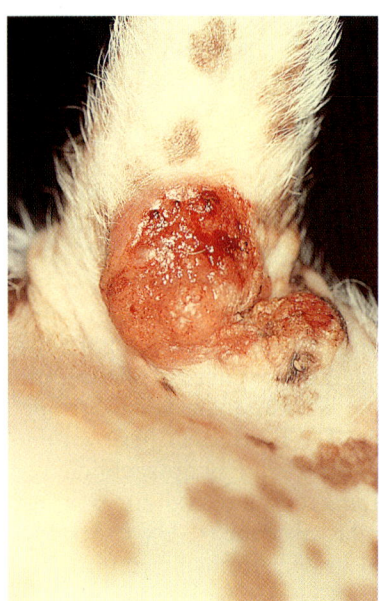

Abb. 4.1: UV-induziertes Plattenepithelkarzinom im Achselbereich eines Mischlings mit generalisierter Alopezie (der Hund liegt gern auf dem Rücken in der Sonne)

Die schädlichen Einflüsse des UV-Lichtes auf Tiere und Menschen nehmen durch die zunehmende Entleerung von Ozon aus der Stratosphäre ständig zu. Dies gilt zwar prinzipiell weltweit, jedoch scheint dieser Prozeß in manchen Gebieten, zu denen auch Europa und Nordamerika gehören, besonders rasch voranzuschreiten. Unglücklicherweise ist die Zunahme von UV-B-Strahlen am stärksten.

Beim Hund können aktinische Schäden an allen unpigmentierten Stellen, an Narben sowie an allen depigmentierten Stellen, die nicht durch das Fell geschützt sind, auftreten. Eine dünne oder nicht pigmentierte Haut bietet gleichfalls wenig Schutz. Eine *Solardermatitis* ist eine *phototoxische Reaktion* auf Sonnenlicht, deren Schweregrad von Einwirkungszeit und Intensität der UV-Strahlen, in chronischen Fällen auch von der Häufigkeit der Exposition abhängt. Bei Hunden finden sich Hautveränderungen dieser Art am häufigsten an der unpigmentierten Haut von Nase oder Lippen („canine nasale Solardermatitis"). Auch Bauch, Flanken und die gesamte Körperunterseite können betroffen sein, falls die Tiere auf der Seite oder auf dem Rücken liegend „sonnenbaden" bzw. auf reflektierenden Oberflächen liegen. Eine kurze Einwirkungszeit führt zu Rötung und Schuppenbildung in weißen oder nur schwach pigmentierten Bezirken. Längerdauernde Bestrahlung hat Exsudatbildung, Krusten, bei schweren Schäden Ulzeration, Narbenbildung und Haarverlust in der umgebenden Haut zur Folge. Wiederholt sich dieser Prozeß über mehrere Jahre, treten ausgedehnte Veränderungen mit Verdickung der Haut, Komedonen, Follikelzysten, Follikulitis und Furunkulose, sogar Nekrosen und Fistelbildung auf. Das Endstadium sind Tumoren wie Plattenepithelkarzinom, Hämangiom und Hämangiosarkom. Bei Katzen nimmt die Erkrankung einen ähnlichen Verlauf. Hier sind vorwiegend die Ohrspitzen bei weißen Tieren sowie Lippen und Augenlider, generell alle nicht pigmentierten Bezirke, betroffen. Der Verlauf ist oft chronisch-progredient.

Die Diagnose stützt sich auf die klinischen Symptome und den Vorbericht (Sonneneinwirkung!) und wird durch die histopathologische Untersuchung von Gewebeproben gesichert. Phototoxische Reaktionen müssen von Photosensibilität unterschieden werden, die beim Hund selten beschrieben ist. Klinisch können beide anhand des Schweregrades unterschieden werden, der nicht von der Länge und Intensität der Sonneneinwirkung abhängig ist. Im Frühstadium können die Vermeidung von Sonneneinwirkung oder die Anwendung von Sonnenschutz zur Rückbildung der Veränderungen führen. Wasserfeste Sonnenschutzmittel (gegen UV-A und UV-B) und Abdecken der betroffenen Bezirke durch geeignete „Schutzkleidung" sind empfehlenswert. Schwerere Veränderungen sollten mit topischen Corticosteroiden oder bei bakteriellen Infektionen mit Antibiotika behandelt werden. Präkanzeröse bzw. kanzeröse Bereiche benötigen eine spezifische Therapie.

Die meisten Besitzer kennen die Gefahren durch UV-Strahlen für die menschliche Haut, denken aber nicht daran, ihre Tiere gleichermaßen zu schützen. In Anbetracht der zunehmenden Langzeitwirkung der UV-Strahlen und der steigenden Intensität ihrer Einwirkung auf die Erdoberfläche ist allerdings auch mit einer Zunahme der daraus resultierenden Hautprobleme bei Hunden und Katzen zu rechnen.

4.2.3 Chemische und physikalische Faktoren

Chemische und physikalische Umweltfaktoren führen mitunter zu **Kontaktirritation** und **Kontaktallergie**. Irritation und Schädigung der Haut können durch Aufnahme von chemischen Substanzen aus der Umgebung durch die Haut entweder durch direkten Kontakt mit einer kontaminierten Oberfläche oder durch feste Stoffe hervorgerufen werden. Beispiele hierfür sind Zement, Teer, Textilien, Flohbänder, Desinfektionsmittel oder Rasendünger. Aber auch Flüssigkeiten wie topische Medikamente, Puder oder Shampoos sind mögliche Auslöser. Die Reaktion darauf besteht entweder in einer direkten Irritation oder – nach mehrfacher Exposition – in einer allergischen Reaktion, im klassischen Fall einer Allergie vom verzögerten Typ (Typ-IV-Reaktion).

Schwerwiegende, akute *Irritationen* können durch starke Säuren und Laugen oder Holzschutzmittel, z.B. Kreosot, hervorgerufen werden. Häufiger treten aber Veränderungen durch längerdauernden oder wiederholten Kontakt mit dem Auslöser auf. Dieser kann in der häuslichen Umgebung unverdächtig und daher oft unerkannt bleiben, da viele chemische Verbindungen zum Waschen, Saubermachen, Desinfizieren, Desodorieren und zur Ungezieferbehandlung routinemäßig eingesetzt werden.

Ein Beispiel für einen oft unerwarteten Auslöser einer Kontaktirritation sind Desinfektionsmittel, die auf den Fußboden aufgebracht werden und dort antrocknen. Die verwendete Verdünnung ist zwar korrekt, aber die Konzentration von Tröpfchen durch Evaporation kann zu höheren Restkonzentrationen der Substanz führen. Diese können dann das Tier schädigen, das auf dem vermeintlich sauberen Boden liegt.

Allergien auf zahlreiche Substanzen sind zwar beschrieben worden, doch selten gut dokumentiert. Sehr wahrscheinliche potentielle Auslöser sind aber manche Pflanzen (Tradescantia fluminensis, Hippeastrum-Blätter und -Knollen, Asiatischer Jasmin und Löwenzahnblätter) und synthetische Textilien. Die Art der Hautveränderungen richtet sich nach der Art der auslösenden Substanz und der Stärke der Exposition. Feste Stoffe verursachen Läsionen an der Kontaktstelle, wenn diese relativ schwach behaart ist, aber nicht an dicht behaarten Körperteilen. Flüssigkeiten dagegen können die Haut überall schädigen. Die Hautveränderungen sind im Regelfall juckende, makulopapuläre „Ausschläge", gelegentlich auch Blasenbildung, in chronischen Fällen Alopezie, Hyperpigmentierung und Lichenifikation. Starker Juckreiz kann auch zu Exkoriation und akuter, nässender Dermatitis führen. Bei der histopathologischen Untersuchung von Hautbiopsien kann nicht zwischen Kontaktirritation und -allergie unterschieden werden. Die Diagnose wird durch den Vorbericht (Kontakt mit der auslösenden Substanz) zusammen mit anschließender Vermeidung und dann Provokation mit der vermuteten Substanz oder durch einen Patchtest mit dem vermuteten Auslöser gestellt. Irritationen durch Substanzen verursachen oft die gleichen Probleme bei mehreren Tieren innerhalb einer Gruppe, Allergien normalerweise nicht.

Das Abheilen der Veränderungen ist innerhalb kurzer Zeit nach Beendigung des Kontaktes mit dem Auslöser zu erwarten. Topische und systemische Glukokortikoide sind in manchen Fällen erforderlich, um eine Irritation unter Kontrolle zu bringen. Eine Langzeitbehandlung ist in den Fällen angezeigt, in denen Kontakt mit dem Auslöser nicht vermieden werden kann. Nach neueren Untersuchungen kann das Präparat Pentoxifyllin sowohl Irritationen als auch allergische Reaktionen wirksam unterdrücken und ist daher zur Langzeitbehandlung möglicherweise geeignet. Man sollte nicht vergessen, daß Kontaktallergien bei Hund und Katze selten vorkommen, aber häufig „überdiagnostiziert" werden.

Wiederholte Schädigung durch andere Umweltfaktoren kann ähnliche Veränderungen hervorrufen wie die Kontaktirritation. Daher ist die gründliche Untersuchung der Wechselbeziehung zwischen Tier und Umgebung von großer Wichtigkeit.

4.3   Parasitosen und Mykosen

Ektoparasitenbefall ist der häufigste Grund für Haut- und Fellprobleme beim Hund.

Am wichtigsten ist der **Flohbefall**. Er hängt stark von den Haltungsbedingungen, dem Besitzer und dem Körperpflegeverhalten des Tieres selbst ab. In der westlichen Welt ist *Ctenocephalides felis felis* der häufigste Floh. In Österreich und Neuseeland, aber auch in Irland, soll dagegen *Ctenophalides canis* häufiger sein. Der Menschenfloh *Pulex irritans* kommt gelegentlich bei Hund und Katze in größerer Anzahl vor. Ein mäßiger Flohbefall verursacht bei gesunden Tieren keine gravierende Irritation, starker Befall kann zu Anämie führen. Bei *Flohstichallergie* dagegen reicht die juckende Hautreaktion von einer leichten Rötung bis zur ausgedehnten Ausbreitung mit verkrusteten Papeln, Schuppen und Alopezie (Abb. 4.2). In leichten Fällen können die einzigen Symptome verstärktes Putzen und leichte Rötung mit Haarverlust im Bauchbereich sein. Diese bleiben nicht selten für den Besitzer unerkannt. Flöhe können auf Patienten mit Flohstichallergie sehr schwierig nachzuweisen sein. Selbst bei sorgfältiger Untersuchung durch den Tierarzt können mitunter Flöhe oder Flohkot (Abb. 4.3) nur schwierig oder gar nicht nachgewiesen werden. Dann kann der Besitzer oft nur schwer davon überzeugt werden, daß sein Haus von Flöhen bewohnt wird und ein konsequentes Flohbekämpfungsprogramm durchgeführt werden muß. Voraussetzung für den Erfolg dieser Maßnahmen ist das Wissen um die Biologie des Flohs. Das Haus und alle darin lebenden Hunde und Katzen müssen behandelt werden. Das Problem in der Umgebung wird vorwiegend durch Floheier verursacht, die auf das Tier abgelegt werden und bei Bewegungen des Tieres auf den Boden fallen. Daher konzentrieren sich diese natürlich vorwiegend auf Plätze, wo das Tier springt oder sich schüttelt. Aus den Eiern schlüpfen Larven, die positiv geotrop und negativ phototrop sind, d.h. sie ziehen sich tief in den Teppich, in Ritzen und in dunkle Winkel zurück. Ein bevorzugter und oft heftig betroffener Bereich ist die Fläche unter dem Bett des Besitzers. Aus den Larven bilden sich Puppen, die im Teppich oder in Ritzen sitzen und daher gut vor der Wirkung von Sprays geschützt sind. Die Puppen können viele Monate im Ruhestadium verharren, bis sie durch die Anwesenheit von Tieren zum Schlüpfen stimuliert werden.

Durch die regelmäßige Anwendung von persistierenden Insektiziden, insektizid wirkenden Flohhalsbändern, systemischen Insektiziden, die von den Flöhen bei der Blutmahlzeit aufgenommen werden, und durch hygienische Maßnahmen wie rigoroses Staubsaugen kann die Flohpopulation niedrig gehalten werden. Allerdings bleibt die Umwelt immer eine Quelle für neue Infestationen, wenn die Umgebung nicht effektiv behandelt wird. Während des Winters, wenn die Außentemperatur unter 13°C bleibt, kommen erwachsene Flöhe im Freien nicht vor. In der übrigen Zeit können Hunde, die sich draußen aufhalten, dort Flöhe bekommen, die sie mit größter Wahrscheinlichkeit dann auch mit nach Hause bringen.

Häufige Behandlungen der häuslichen Umgebung sind notwendig, um sicherzustellen, daß die erwachsenen Flöhe abgetötet werden, sobald sie aus dem Puppenstadium geschlüpft sind. Bessere Langzeiterfolge werden durch Produkte wie Fenoxycarb oder durch Polyboratpuder erreicht. Eine Alternative stellt auch das oral verabreichte Lufenuron dar. Dieses wird von den

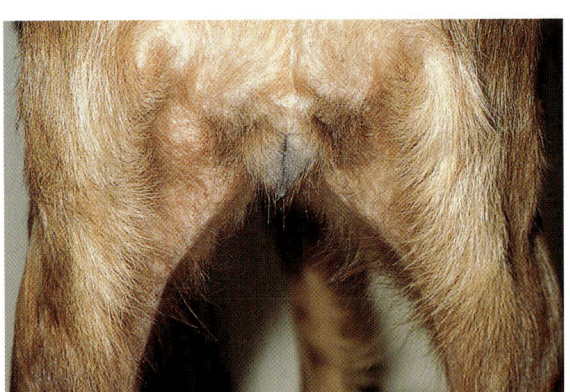

Abb. 4.2: Erythem, Hypotrichose und z.T. Alopezie an der Rückseite der Hintergliedmaßen, am Schwanzansatz sowie im Perinealbereich bei einem Mischling mit chronischer Flohallergie

Abb. 4.3: Flohkot im Fell eines Hundes (100fache Vergrößerung)

weiblichen Flöhen beim Blutsaugen aufgenommen und an die Eier weitergegeben, aus denen dann keine Larven mehr schlüpfen können. Allerdings muß das Produkt an alle Tiere im selben Haushalt und über einen langen Zeitraum verabreicht werden, bevor auf diesem Weg eine erfolgreiche Flohbekämpfung zu erwarten ist. Bei Patienten mit starker Flohstichallergie reicht Lufenuron als alleinige Behandlung nicht aus, da Flohstiche verhindert werden müssen. In diesen Fällen ist zu einer Kombinationstherapie aus einem topischen Präparat, das oft genug und bei allen Tieren desselben Haushalts angewendet wird, um Flohstiche zu verhindern, und einer Langzeit-Umgebungsbehandlung, die das Schlüpfen von Flöhen in der Umgebung unterdrückt, zu raten. Diese Maßnahmen sind dann wirksam, wenn das allergische Tier nicht in eine andere „flohhaltige" Umgebung gelangt, beispielsweise anläßlich eines Besuchs bei Bekannten. Ein anderer Schwachpunkt in der Flohbekämpfung ist der Kontakt zu verflohten Tieren: entweder bei einer Einladung von Freunden oder ungebeten durch deren Eindringen durch Hunde- oder Katzenklappen. Auch Wildtiere, die nahe am Haus leben, können ein dauerhaftes, beträchtliches Reservoir für Flöhe darstellen und jedes Flohbekämpfungsprogramm zum Scheitern verurteilen.

Läuse-, Milben- und Zeckenbefall kann entweder bei Besuchen in anderen Häusern oder bei Spaziergängen in Parks oder auf dem Land zustandekommen. Direkter Kontakt mit anderen Tieren ist hierbei nicht erforderlich – auch die Umgebung stellt eine Infestationsquelle dar. Einige dieser Probleme können bereits vorhergesagt werden: Beispielsweise rechnen Tierärzte, deren Praxis in einem Gebiet liegt, in dem die Herbstgrasmilbe *Neotrombicula autumnalis* endemisch ist, in jedem Herbst mit entsprechendem Befall. Ähnliches gilt für Urlauber in Gebieten, in denen Zecken zu vorhersehbaren Infestationen führen. Derartige Probleme können natürlich behandelt werden, sobald sie auftreten; es ist aber sinnvoller, sich darauf einzustellen und als Vorbeuge entweder die entsprechenden Gebiete zu meiden oder prophylaktisch zu behandeln. Die Anwendung langwirkender Akarizide vor Beginn der „Saison" kann hier helfen. Unerwartete Infestationen treten aber auch dann auf, wenn Tiere mit inapparentem Befall zu Besuch in einen Haushalt kommen. Beispielsweise kann der Befall junger Hunde mit der Milbe *Cheyletiella yasguri* sehr mild oder subklinisch verlaufen, aber auf andere Tiere übertragen werden, die dann möglicherweise klinisch manifest erkranken. Streßfaktoren zusammen mit schlechten Haltungsbedingungen oder gleichzeitig bestehende Krankheiten können subklinische Erkrankungen klinisch manifest werden lassen und somit wiederum zum Ausbruch unerwarteter Krankheiten führen.

Der Befall mit dem Bandwurm *Dipylidium caninum* ist beim Hund ein sicheres Zeichen für einen Flohbefall oder in selteneren Fällen auch für Läuse, die als Zwischenwirte dienen.

Hautpilzerkrankungen (Dermatophytosen), hervorgerufen durch *Microsporum canis*, stellen ein anderes Beispiel für Erkrankungen dar, die entweder durch eine kontaminierte Umgebung oder durch erkrankte Hunde oder Katzen übertragen werden. Katzen sind hier das wichtigste Reservoir. Streunende Katzen leiden häufig unter einer endemischen Mikrosporie, so daß sie eine stete Infektionsquelle für Heimtiere darstellen. Erwachsene Katzen, vor allem Langhaarrassen, können chronisch infiziert sein und nur leichte klinische Symptome zeigen oder sogar nur als Carrier dienen. Eine klinisch manifeste Erkrankung betrifft meistens Katzenwelpen. Die Übertragung auf den Menschen ist häufig. Die infektiösen Arthrosporen werden in großen Mengen abgegeben und können in der häuslichen Umgebung monatelang infektiös bleiben. Die wirksame Behandlung infizierter Hunde und Katzen, speziell von langhaarigen Tieren, kann zu einer echten Herausforderung werden. Das Therapiekonzept besteht in der Kombination von Scheren, örtlicher und systemischer Therapie und gründlichster Desinfektion der Umgebung. Andere Arten von *Microsporum* und auch *Trichophyton* können gelegentlich auch Hunde und Katzen befallen; die Infektionsquelle ist hier grundsätzlich die Umgebung des Tieres. Eine Übertragung auf andere Tiere oder Menschen ist nicht so leicht möglich wie bei *Microsporum canis*. *Microsporum gypseum* ist ein geophiler Dermatophyt, den man in manchen ländlichen Gebieten findet, wo er dann verhältnismäßig oft Hunde befällt, während er in anderen Gegenden völlig fehlen kann. Infektionen mit *Trichophyton mentagrophytes* stammen ebenfalls aus der Umgebung. Hier sind Nagetiere das Hauptreservoir. Vorwiegend treten diese Infektionen bei Hunden auf, die sich zu den Lebensräumen von wilden Nagern hingezogen fühlen, also beispielsweise Jack-Russell-Terrier. Derartige Erkrankungen werden mit der Gabe systemischer Antimykotika wie Griseofulvin oder Ketoconazol über einen längeren Zeitraum behandelt. Die Kontamination der Umgebung stellt hier in der Regel kein größeres Problem dar.

Bei Hunden und Katzen, die in Hochhauswohnungen leben und nicht ins Freie gelangen, können Parasitosen und Mykosen natürlich wesentlich leichter bekämpft werden. Aber auch bei ihnen kann selbst bei kurzen Besuchen anderer Tiere leicht ein Floh- oder Pilzbefall eingeschleppt werden. Die Besitzer vergessen solche kurzen Besuche meist schnell wieder. Nur durch einen sehr sorgfältigen Vorbericht kann der Tierarzt solche möglichen Ursachen ermitteln.

4.4   Haltungsbedingungen

Die Unterlage für den **Schlafplatz** des Tieres, Teppiche und Matten, können ebenfalls Haut- und Fellprobleme verursachen. *Kontaktreaktionen* können auf Naturfasern, aber häufiger auf Farbstoffe oder Chemikalien, zu denen auch Kunststoffe, Waschpulver, Flüssigwaschmittel und Weichmacher zählen, auftreten. *Atopische Reaktionen* auf Fasern und Füllmaterialien wie Kapok und Federn sind gleichfalls möglich. Der Schlafplatz kann auch als Reservoir für Hausstaubmilben dienen. Diese Arthropodengruppe stellt in Europa die häufigste Ursache für die *atopische Dermatitis* beim Hund dar. Auch Ektoparasiten kann der Schlafplatz beherbergen.

Die physikalischen Eigenschaften der Oberflächen, mit denen das Tier in Kontakt kommt, sind wichtig für die Entstehung von Kallus, Druckstellen und das Eindringen von Fremdkörpern.

Unter **Kallus** versteht man lokalisierte Bezirke von Hyperkeratose und Alopezie, die als Schutzmechanismen auf Druck, Reibung oder wiederholtes Trauma auftreten, vor allem über Knochenvorsprüngen wie Ellbogen (Abb. 4.4), Sprunggelenk und Brustbein. Auch andere Stellen können betroffen sein, falls das Tier eine ungewöhnliche Liegehaltung einnimmt, beispielsweise infolge Übergewichts, orthopädischer oder neuromuskulärer Probleme, oder wenn der Ruheplatz Mängel aufweist, also zu klein ist oder eine falsche Form hat. Schwere Hunde, die auf hartem Untergrund liegen müssen, sind prädisponiert für solche Probleme, gerade Neufundländer und Deutsche Doggen. Das Auftreten derartiger Veränderungen kann darauf hindeuten, daß der Schlafplatz des Tieres verändert werden muß – entweder schafft man ein weicheres Lager oder polstert die betroffenen Bezirke beim Hund ab. Eine Therapie ist oft nicht nötig, allerdings besteht die Neigung zur Bildung von Follikelzysten. Falls Fissuren entstehen oder Haarfollikel platzen und somit Haare und Keratin in die Dermis gelangen, führt die bakterielle Sekundärinfektion zur *Kalluspyodermie* (Abb. 4.5). Diese ist eine tiefe Infektion, bei der eine pyogranulomatöse Reaktion als Antwort auf Keratin in der Dermis, das als Fremdkörper wirkt, entsteht. Krusten, Erosionen, Ulzeration und Fistelbildung sind häufig die Folge. Falls die Haare über diesen Stellen verkleben, werden Tiefe und Schweregrad der Veränderungen nicht selten unterschätzt, zumal nicht in allen Fällen Schmerzen oder Juckreiz auftreten. Die Therapie besteht in der Langzeitgabe systemischer Antibiotika zusammen mit häufiger Reinigung und topischen antibiotischen Mitteln. Warme Umschläge und Verwendung einer milden hypertonen Magnesiumsulfatlösung haben sich sehr gut bewährt.

Wiederholte Traumatisierung kann auch zur Bildung von Hygromen führen. **Hygrome** sind flüssigkeitsgefüllte, zystenähnliche Gebilde, die subkutan über Druckstellen als Folge von nekrotischen oder entzündlichen Veränderungen entstehen. Abpolstern und das Schaffen weicher Liegeplätze führen zum Abklingen leichter Hygrome, schwerere oder sekundär infizierte müssen chirurgisch behandelt werden.

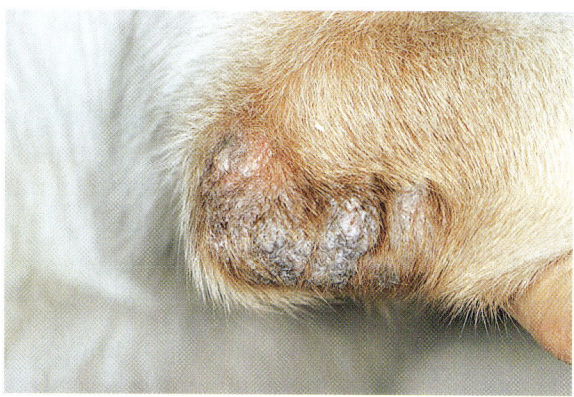

Abb. 4.4: Kallusbildung am Ellbogen eines Husky-Mischlings

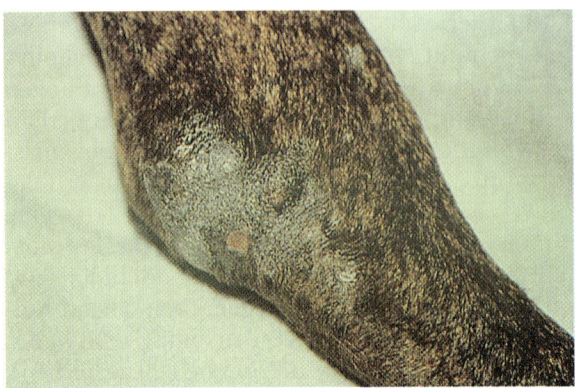

Abb. 4.5: Kalluspyodermie am Sprunggelenk eines Bullterriers

Tiere, die sich auf kleinem Raum hinlegen oder dort leben müssen, können – gerade wenn sie abgemagert sind – entzündete Druckstellen entwickeln. Diese entstehen durch nekrotische Veränderungen infolge Mangeldurchblutung der Haut durch längerdauernden Druck. Fokale Ulzera, die die gesamte Hautdicke betreffen, sind häufig, bakterielle Sekundärinfektionen die Regel. Die Korrektur der ursächlichen Faktoren und häufiges Säubern werden als Therapie empfohlen, aber die Heilung schreitet oft nur sehr zögernd voran.

Tiere, in deren Umgebung sich scharfe oder vorstehende Holzbretter oder andere spitze Gegenstände befinden, entwickeln oft Wunden und Hautinfektionen durch penetrierende Splitter. Tiefe *Pyodermien* mit *Fremdkörpergranulomen* sind häufige Folgeerscheinungen, und *Leckgranulome* können auftreten. Die Splitter müssen chirurgisch entfernt werden, aber es ist mitunter schwierig, kleine Teilchen zu entdecken. Die Gabe von systemischen Antibiotika über einen längeren Zeitraum ist hier indiziert.

4.5 Pflege

Die wichtigste Maßnahme, um Haut und Haarkleid gesund zu erhalten, ist die Pflege: durch das Tier selbst und durch den Besitzer. Die *Fellpflege* dient der Reinigung und dem Entfernen abgestorbener Haare, die abgestoßen werden, aber auch dem Entfernen abgebrochener oder abnormer Haare. Gleichzeitig wird Talg- und Keratinmaterial (Komedonen, Follikelzylinder) beseitigt, das sich in den Ausführungsgängen der Haarfollikel angesammelt hat. Lose Schuppen, Krusten, Exsudat und andere Debris werden gleichermaßen von der Hautoberfläche entfernt. Schweiß und Talg, die wichtig sind für die Aufrechterhaltung von Funktionen der Hautoberfläche und der Haare – sie liefern z.B. wasserdichten Schutz und Reibungswiderstand – werden durch die Pflege gleichmäßig verteilt.

Gesunde Tiere putzen sich regelmäßig und sehr wirksam und tragen damit wesentlich zur Erhaltung eines glänzenden, geschlossenen, schützenden Haarkleids bei. Gleichzeitig werden Ektoparasiten unter Kontrolle gehalten. Durch regelmäßige Pflege durch den Besitzer und sorgfältige Inspektion der

Haut können bereits erste Anzeichen für Hauterkrankungen erkannt werden. Mangelhaftes Putzverhalten und Veränderungen von Haut und Haarkleid sind oft Indikatoren für den Beginn einer systemischen Erkrankung.

Die Fellpflege durch den Besitzer ist gerade bei Rassen mit dichtem oder langem Fell wichtig, da diese Tiere Probleme beim effektiven Putzen haben können und bei ihnen das Verfilzen der Haare Anlaß zu Infektionen und Parasitenbefall bietet oder auch solche maskieren kann. Ein Verfilzen der Haare im Perinealbereich tritt bei Durchfall schnell auf und kann im Sommer rasch zu einer Myiasis (Ablegen von Fliegeneiern) führen. Besonders wichtig ist die Fellpflege auch zur Zeit des Fellwechsels im Frühjahr und Herbst, damit gewährleistet wird, daß die Belüftung der Hautoberfläche und die Temperaturkontrollmechanismen auch wirksam bleiben. In Bereichen, wo sich Feuchtigkeit entweder aus der Umgebung oder von natürlichen Sekreten oder Exkreten ansammelt (Speichel, Präputialsekret, Kot, Harn etc.), sollten die Haare geschoren werden. An Stellen, wo die Haarlänge bei der Bewegung Probleme bereitet, sollten die Haare gleichfalls gekürzt werden. Bei gesunden Hunden ist es nicht nötig, Conditioner für das Fell zu verwenden oder die Tiere zu baden, solange sie nicht schmutzig sind. Tiere mit trockenem oder fettigem Haarkleid oder mit anderen pathologischen Zuständen der Haut wie Talgdrüsenadenitis, Follikeldysplasie etc. müssen natürlich mit speziellen medizinischen Shampoos, Conditionern und evtl. mit Futterzusätzen behandelt werden, um den Zustand von Haut und Haarkleid zu bessern.

Literatur

Ananthaswamy, H.N., and Kripke, M.L. (1991): Experimental skin carcinogenesis by ultraviolet radiation. In: Pathophysiology of Dermatologic Diseases. 2nd Edition (Soter, N.A., and Baden, H.P., eds.), McGraw-Hill, New York, pp. 483–505.

Chesney, C.J. (1993): Water: its form, function and importance in the skin of domestic animals. J. Small Anim. Pract. 34, 65–71.

Chesney, C.J. (1995): Measurement of skin hydration in normal dogs and in dogs with atopy or a scaling dermatosis. J. Small Anim. Pract. 36, 305–309.

Chesney, C.J. (1996): Mapping the canine skin: a study of coat relative humidity in Newfoundland dogs. Vet. Dermatol. 7, 35–41.

Deboer, D.J., and Moriello, K.A. (1995): Clinical update on feline dermatophytosis. Part 1. Compendium on Continuing Education 17 (10), 1197–1203.

Deboer, D.L., Moriello, K.A., and Caurns, R. (1995): Clinical update on feline dermatophytosis. Part II. Compendium on Continuing Education 17 (12), 1471–1480.

Dryden, M., and Rust, M. (1994): The cat flea – biology, ecology and control. Vet. Parasitol. 52, 1–19.

Gilchrist, B.A. (1995): Photodamage. Blackwell Science, Cambridge.

Griffin, C.E., Kwochka, K.W., and MacDonald, J.M. (eds.) (1993): Current veterinary dermatology. The science and art of therapy. Mosby Year Book, St. Louis.

Habif, T.P. (1996): Clinical Dermatology. 3rd Edition. Mosby Publications, St. Louis, pp. 597–626, 649–720.

Hudson, W.E., and Florax, M.J.H. (1991): Photosensitization in foxhounds. Vet. Rec. 128, 618.

Jenkinson, D. McE. (1990): Sweat and Sebaceous glands and their function in domestic animals. In: von Tscharner, C., and Halliwell, R.E.W. (eds.), Advances in Veterinary Dermatology. Volume 1. Baillière and Tindall, London, pp. 229–251.

Lloyd, D.H. (1978): The effect of climate on the ecology of the microbial flora of the skin of cattle and sheep. Ph.D. Thesis, University of Glasgow, U.K.

Lloyd, D.H. (1980): The inhabitants of the mammalian skin surface. Proceedings of the Royal Society of Edinburgh 79B, 25–42.

Mason, I.S., and Lloyd, D.H. (1990): Factors influencing the penetration of bacterial antigens through canine skin. In: von Tscharner, C., and Halliwell, R.E.W. (eds.), Advances in Veterinary Dermatology. Volume 1. Baillière and Tindall, London, pp. 370–374.

Mason, I.S., and Lloyd, D.H. (1996): Evaluation of compound 48/80 as a model of immediate hypersensitivity in the skin of dogs. Vet. Dermatol. 7, 81–83.

McBride, M.E. (1993): Physical factors affecting the skin flora and skin disease. In: Noble, W.C. (ed.): The skin flora and microbial skin disease. Cambridge University Press, Cambridge, pp. 73–101.

Rosencrantz, W.S. (1993): Solar dermatitis. In: Griffin, C.E., Kwochka, K.W., and MacDonald, J.M. (eds.): Current veterinary dermatology. The science and art of therapy. Mosby Year Book, St. Louis, pp. 302–315.

Scheuplein, R.J. (1991): Temperature regulation in the skin. In: Soter, N.A., and Baden, H.P. (eds.) Pathophysiology of dermatologic disease. McGraw-Hill, New York, pp. 67–82.

Schwartz, A., et al. (1993): Pentoxifylline suppresses irritant and contact hypersensitivity reactions. J. Invest. Dermatol. 101, 549.

Scott, D.W. (1980): Feline dermatology 1900–1978: a monograph. *Ameri. Anim. Hosp. Assoc.*, 16, 331.

Scott, D.W. (1990): The biology of hair growth and its disturbances. In: von Tscharner, C., and Halliwell, R.E.W. (eds.): Advances in Veterinary Dermatology. Volume 1. Baillière and Tindall, London, pp. 3–33.

Scott, D.W., Miller, W.H., and Griffin, C.E. (1995): Muller and Kirk's small animal dermatology. 5th Edition. W.B. Saunders, Philadelphia.

Sparkes, A.H., Werrett, G., Stokes, C.R., and Gruffydd-Jones, T.J. (1994): Microsporum canis: inapparent carriage by cats and the viability of arthrospores. J. Small Anim. Pract. 35, 397–401.

Vink, A.A., Strickland, F.M., Bucana, C., Cox, P.A., Roza, L., and Yarosh, D.B. (1996): Localization of DNA damage and ist role in altered antigen-presenting cell function in ultraviolet-irradiated mice. J. Exper. Med. 183, 1491–1500.

Yager, J.A. (1993): The skin as an immune organ. In: Advances in Veterinary Dermatology. Volume 2 (Ihrke, P.J., Mason, I.S., and White, S.D., eds.). Pergamon Press, Oxford, pp. 3–31.

Yager, J.A., and Wilcock, B.P. (1994): Color atlas and text of surgical pathology of the dog and cat. Wolfe Publishing, London.

5 Pharmakologische Aspekte der Therapie von Hauterkrankungen

(Manfred Kietzmann)

5.1 Einleitung

Im Gegensatz zu den meisten anderen Organen und Geweben bietet sich bei der Behandlung von Hauterkrankungen neben der systemischen Applikation von Arzneimitteln auch die topische Anwendung als effektive Behandlungsmöglichkeit an. Der behandelnde Tierarzt ist daher bei der Festlegung des Therapieplans vor die grundsätzliche Entscheidung gestellt, ob eine topische und/oder systemische Behandlung durchgeführt werden soll. In Abhängigkeit von der diagnostizierten Erkrankung muß entschieden werden, ob durch eine lokale Arzneimittelwirkung auf bzw. in der Haut eine ausreichende Wirkung erreichbar ist oder aber nur eine systemische Applikation, wie sie bei verschiedenen Autoimmunerkrankungen oder bakteriell bedingten Hautkrankheiten immer notwendig ist, erfolgreich sein kann.

Ein systemisch verabreichter Wirkstoff wird in Abhängigkeit von seinen physikalisch-chemischen Eigenschaften im gesamten Organismus verteilt, so daß nur ein Teil der Wirkstoffmenge das Zielorgan Haut erreicht. Dem Organismus ist somit insgesamt eine höhere Wirkstoffmenge zuzuführen, um in der Haut im Vergleich zur lokalen Behandlung eine entsprechend wirksame Konzentration zu erreichen. Die bereits bei einer ersten Leberpassage mögliche Metabolisierung kann bei systemischer Behandlung weiterhin bedeuten, daß in der Haut eine unzureichende Konzentration erreicht wird.

Einige der derzeit gebräuchlichen Behandlungsstrategien sind in verschiedenen Punkten zu überdenken bzw. neueren Entwicklungen anzupassen. Beispielsweise kann die Häufigkeit des systemischen Einsatzes von Glukokortikoiden in nicht wenigen Einzelfällen durch die lokale Anwendung dieser Wirkstoffe ersetzt oder zumindest reduziert werden, was die Belastung des Patienten durch systemisch verabreichte Glukokortikoide reduzieren würde. Im Einzelfall ist eine lokale Behandlung für den Tierbesitzer oft leichter durchführbar als die Eingabe von Tabletten, obwohl auch der lokalen Hautbehandlung praktische Erwägungen entgegenstehen können. Zahlreiche Formulierungen zur topischen Anwendung – wie zum Beispiel Salben – sind beim Tier wegen des Haarkleides nur begrenzt bzw. nicht anwendbar; auch sind wiederholte Ganzkörperbehandlungen mit einem Shampoo, welche zur Behandlung von Hauterkrankungen des Hundes eine sehr geeignete moderne Darreichungsform darstellen, für einzelne Tierbesitzer kaum durchführbar. Eine sehr großflächige lokale Arzneimittelanwendung, die nicht als Ganzkörperbehandlung (Bad) durchgeführt werden kann, ist ebenfalls nicht praktikabel.

Die angeführten Beispiele zeigen, daß keine allgemeingültige Regel bezüglich der Entscheidung zwischen topischer und systemischer Behandlung aufgestellt werden kann, da beide Darreichungsformen in Abhängigkeit vom Einzelfall sinnvoll sein können.

5.2   Systemisch wirkende Therapeutika

Wird eine systemische Behandlung einer Hauterkrankung erwogen, so ist vorab auch abzuschätzen, über welchen Behandlungszeitraum die Behandlung durchzuführen ist. Viele Hauterkrankungen machen eine längerfristige, teilweise sogar lebenslange systemische Behandlung erforderlich. Damit wird eine orale Gabe des Arzneimittels durch den Tierbesitzer erforderlich. Eine regelmäßig wiederholte parenterale Applikation bedeutet für das Tier eine erhebliche Belastung und ist auch durch den Besitzer in der Regel nicht durchführbar. Ein parenteraler Arzneimitteleinsatz bleibt bei der Behandlung von Hauterkrankungen damit Fällen vorbehalten, in denen kurzfristig ein erwünschter Effekt erreicht werden soll oder aber mit oral verabfolgtem Medikament nicht erzielt werden kann.

Vor Behandlungsbeginn sind weiterhin die pharmakokinetischen Eigenschaften des einzusetzenden Wirkstoffes zu bedenken, um zu gewährleisten, daß im Zielgewebe Haut über den Behandlungszeitraum ausreichende Konzentrationen aufrechterhalten werden. Der Behandlungsplan beinhaltet damit die Auswahl des geeigneten Wirkstoffes und der geeigneten Darreichungsform sowie die Festlegung der im Einzelfall notwendigen Dosierung, des Behandlungsintervalls und der Behandlungsdauer. Der Behandlungserfolg ist regelmäßig zu kontrollieren.

Von den in der dermatologischen Therapie eingesetzten Arzneistoffen stehen Glukokortikoide, Antibiotika, Antiparasitika, Antimykotika und in zunehmendem Maße Immunsuppressiva im Vordergrund. Zahlreiche andere Wirkstoffe und Wirkstoffgruppen haben im Einzelfall ebenfalls ihren Platz bei der systemischen Behandlung von Hauterkrankungen.

5.2.1 Glukokortikoide

Glukokortikoide werden in der Dermatologie bei Mensch und Tier sehr häufig – oftmals jedoch leider auch zu häufig – eingesetzt. Die Einführung der Glukokortikoide bedeutete für die dermatologische Therapie einen wesentlichen Durchbruch, insbesondere als gezeigt werden konnte, daß auch die lokale Anwendung wirkungsvoll ist.

Während in der Humandermatologie der topische Glukokortikoideinsatz überwiegt, erfolgt die Behandlung der Patienten in der Veterinärdermatologie nach wie vor zumeist systemisch, obwohl eine topische Anwendung im Einzelfall Vorteile bietet. Grundsätzlich ist festzustellen, daß Glukokortikoide fast immer ohne einen Behandlungsabbruch bedingende unerwünschte Wirkungen angewendet werden können, wenn eine geeignete Behandlungsstrategie gewählt wird. Im Einzelfall sollte stets geprüft werden, ob statt einer systemischen Glukokortikoid-Behandlung eine topische Behandlung durchgeführt werden kann.

Bei zahlreichen entzündlichen und immunologisch bedingten Hauterkrankungen sind Glukokortikoide aufgrund ihrer pharmakodynamischen Wirkungen Mittel der Wahl. Beispielhafte Indikationen sind in der Veterinärdermatologie verschiedene Ekzemformen, die atopische Dermatitis und Autoimmunerkrankungen der Haut. Die Erkrankungen machen teilweise eine lebenslange Applikation von Glukokortikoiden erforderlich, so daß bei den die Behandlung begleitenden Kontrollen neben dem Therapieerfolg insbesondere den unerwünschten Wirkungen besonderes Augenmerk zu schenken ist.

Glukokortikoide wirken in pharmakologischer Dosierung antiinflammatorisch, antiproliferativ und immunsuppressiv. Eine rasch einsetzende Juckreizlinderung ist bei der Behandlung von Patienten mit juckenden Dermatosen oftmals das klinisch vorherrschende Bild. Gerade dieser Effekt verführt jedoch auch oft zum kritiklosen Einsatz von Glukokortikoiden. Obwohl scheinbar ein rascher und für den Tierbesitzer überzeugender Therapieerfolg auffällt, ist die Wirkung lediglich symptomatisch; die Ursache des Juckreizes bleibt unbehandelt. Glukokortikoide sollen erst eingesetzt werden, wenn diagnostisch notwendige Maßnahmen durchgeführt bzw. eingeleitet sind (z.B. Entnahme von Biopsiematerial für pathologisch-histologische Untersuchungen). Selbstverständlich muß die gestellte Diagnose den Einsatz der Glukokortikoide rechtfertigen; dies beinhaltet auch, daß keine – evtl. auch zusätzlich durchzuführende – alternative kausale Behandlung möglich ist.

Das natürliche Glukokortikoid *Hydrocortison* (Cortisol) ist pharmakologisch nur schwach wirksam, so daß heute überwiegend *synthetische Glukokortikoide* zum Einsatz kommen. Mit diesen stehen Stoffe zur Verfügung, bei denen die erwünschte antiinflammatorische Wirkung, jedoch auch das Ausmaß unerwünschter Wirkungen erheblich gesteigert ist. Eine Wirkungssteigerung wurde durch Einführung einer zusätzlichen Doppelbindung im Ring A (C1–C2), Halogenierung (C6, C7, C9), Hydroxylierung (C16) und/oder Methylierung (C16) des Moleküls erreicht. Die Wirkungspotenz der Glukokortikoide hängt von der Bindungsaffinität des Steroids an spezifische Steroidrezeptoren der Zelle ab, wobei zusätzlich pharmakokinetische Gesichtspunkte eine wichtige Rolle spielen. Bei der Beurteilung der Wirkungspotenz eines Steroids muß berücksichtigt werden, daß der Wirkungseintritt auf zellulärer Ebene zwar bereits nach etwa 20 Minuten nachweisbar ist, der erwünschte klinische Effekt jedoch erst mit zeitlicher Verzögerung eintritt. Der Grund dieses „verzögerten" klinischen Wirkungseintrittes ist im Wirkungsmechanismus von Steroidhormonen begründet (Beeinflussung der Transkription und Bildung spezifischer mRNA mit nachfolgender Synthese von Proteinen, z.B. Enzyme des intermediären Glucosestoffwechsels). Die Glukokortikoidwirkung stellt sich damit als zeitabhängig, rezeptorvermittelt und von der RNA- und Proteinsynthese abhängig dar.

Tabelle 5.1 zeigt die glukokortikoide und die mineralokortikoide Wirkungspotenz einiger Glukokortikoide einschließlich deren glukokortikoider Äquivalenzdosis im Vergleich. In verfügbaren Injektionspräparaten sind Glukokortikoide oft als Salze oder Ester enthalten. Es ist zu beachten, daß die Veresterung eines Glukokortikoids durch einen Anstieg der Lipophilie eine verbesserte Diffusion durch Biomembranen bedingt. Damit gelangt das Glukokortikoid leichter in die Zielzelle, wo es über Glukokortikoid-Rezeptoren seine für das jeweilige Gewebe charakteristische Wirkung entfalten kann.

Tabelle 5.1: Vergleichende Angaben zur Wirkungspotenz verschiedener synthetischer Glukokortikoide

Glukokortikoid	Gluko-kortikoide Potenz	mineralo-kortikoide Potenz	glukokortikoide Äquivalenzdosis (mg)
Hydrocortison	1	1	25
Prednisolon	4	0	5
Methylprednisolon	5	0	4
Triamcinolon	5	0	4
Betamethason	25	0	0,60
Dexamethason	30	0	0,75

Glukokortikoide hemmen die Phospholipase A_2 und die Cyclooxygenase. Unter der Einwirkung von Glukokortikoiden kommt es so zu einer Verminderung der Bildung von Eicosanoiden und inflammatorischen Zytokinen (IL-1, IL-6, TNF). Eicosanoide führen als wichtige Mediatoren der Entzündung zur Vasodilatation und zu einer Steigerung der Gefäßpermeabilität (Ödembildung); sie sind zudem an der Entstehung von Schmerz und Juckreiz beteiligt. Leukotrien B_4 wirkt chemotaktisch sowie gefäßpermeabilitätssteigernd; es stellt damit einen wesentlichen Faktor im Rahmen der Leukozyteninfiltration bei entzündlichen Reaktionen dar. Es ist davon auszugehen, daß die antiinflammatorische Glukokortikoidwirkung zwar zu einem wesentlichen Teil mit der Hemmung der Bildung und Freisetzung proinflammatorischer Eicosanoide zusammenhängt, daß aber davon unabhängig weitere Effekte an der antiinflammatorischen Wirkung beteiligt sind.

Die Stoffgruppe der Glukokortikoide entfaltet neben den erwünschten eine Reihe unerwünschter Wirkungen, die beim therapeutischen Einsatz stets zu beachten sind (Tabelle 5.2). Eine systemische Wirkung von Glukokortikoiden ist in Abhängigkeit von ihrer Wirkungspotenz auch nach großflächiger topischer Applikation möglich (s.u.).

Damit eine Behandlung mit Glukokortikoiden nebenwirkungsfrei bzw. nebenwirkungsarm zu gestalten ist, ist es erforderlich, daß die Behandlung steuerbar ist. Aus diesem Grund sollte auf den Einsatz von Depotpräparaten verzichtet werden. Bei der systemischen Anwendung ist daher oral applizierbaren Glukokortikoiden mit kürzerer Wirkungsdauer der Vorzug zu geben. Die Dosierung ist individuell festzulegen. Für die systemische Therapie bietet sich bei Hund und Katze die orale Gabe von Prednisolon oder Methylprednisolon an. Die niedrigste noch wirksame Dosis sollte verabreicht werden. Beispielsweise kann eine Behandlung der atopischen Dermatitis des Hundes mit etwa 1 mg/kg begonnen werden; nach Linderung der Symptome (Juckreiz) wird die Dosis dann stufenweise auf eine gerade noch wirksame Menge abgesenkt, so daß der Hund nur mit einer möglichst geringen Glukokortikoidmenge belastet wird. Bei der Katze reicht die Wirkung von Prednisolon im Einzelfall möglicherweise nicht aus; dies macht eine Erhöhung der Dosis bzw. die Auswahl eines stärker wirksamen Glukokortikoids (wie Dexamethason) erforderlich.

Eine Glukokortikoidbehandlung kann bei entsprechender Anpassung des Dosierungsplanes nahezu nebenwirkungsfrei gestaltet werden. Neben der Absenkung der Dosis im Behandlungsverlauf besteht auch die sinnvolle Möglichkeit der **Intervalltherapie,** bei der das Dosierungsintervall auf zwei oder drei Tage verlängert wird, wobei die Dosis zusätzlich so niedrig wie möglich gewählt wird.

Tabelle 5.2: Unerwünschte Glukokortikoidwirkungen

Organsystem	unerwünschte Wirkungen
Auge	Katarakt, Glaukom
Herz-Kreislauf-System	Bluthochdruck
Gastrointestinaltrakt	Magen-Darm-Ulcera, Pankreatitis
Endokrines System, Stoffwechsel	sekundäre Nebenniereninsuffizienz, Hirsutismus, Amenorrhoe, Hyperglykämie, diabetische Ketoazidose, Hyperlipoproteinämie, Stammfettsucht, diabetisches Koma, negative Stickstoffbilanz, Natriumretention, Polyurie, Polydipsie, Hypokaliämie, metabolische Alkalose
Muskulatur, Skelett	Wachstumsstörungen, Myopathien, Osteoporose, aseptische Nekrose des Femur- und Humeruskopfes
Nervensystem	Euphorie, Unruhe, Depression, Appetitsteigerung
Haut	Gesichtserythem, Hautverdünnung, Striae, Petechien, Ekchymosen, Störung der Wundheilung
Immunsystem	Immunsuppression, erhöhte Infektionsanfälligkeit
Hämatopoetisches System	Leukozytose, Eosinopenie, Lymphopenie, Thrombopenie, Thrombose

5.2.2 Antihistaminika

Die Antihistaminika werden nach ihrem Angriffspunkt an Rezeptoren in H_1- und H_2-*Rezeptor-Antagonisten* unterteilt. Während eine Beteiligung von H_2-Rezeptoren an der Entstehung des Juckreizes ausgeschlossen wurde, muß die über H_1-Rezeptoren vermittelte Wirkung von Histamin im Zusammenhang mit Juckreiz gesehen werden. Beispielsweise sind beim Hund jedoch mit Prostaglandinen und Leukotrienen andere Mediatoren maßgeblich an der Entstehung des Juckreizes beteiligt, so daß Histamin nicht den zentralen Mediator des Juckreizes darstellt. Ein therapeutischer Erfolg kann somit beim Einsatz von H_1-*Antihistaminika* nur selten überzeugend sein. Es fehlen zudem ausreichende Informationen zur Pharmakokinetik der Antihistaminika beim Hund. Dennoch werden H_1-Antihistaminika in einer zu beachtenden Anzahl von Fällen erfolgreich eingesetzt, wie im Schrifttum belegt wird. Es ist einschränkend jedoch festzustellen, daß die sedierende Wirkung, die eine unerwünschte Wirkung älterer Antihistaminika darstellt, eine juckreizlindernde Wirkung vortäuschen kann. So ist es auffällig, daß neue, nicht sedierend wirkende Antihistaminika, z.B. Terfenadin, ohne den für ältere Stoffe beschriebenen klinischen Erfolg bleiben. Tabelle 5.3 faßt Dosierungsangaben zu in verschiedenen Studien eingesetzten Stoffen zusammen.

Tabelle 5.3: Dosierungsangaben für Wirkstoffe gegen Juckreiz

Wirkstoff	Dosis	Dosierungsintervall (Stunden)
Amitriptylin	1–3 mg/kg	12
Astemizol	2,5–10 mg/Hund	24
Chlorpheniramin	2–12 mg/Hund	8
	2 mg/Katze	8
Clemastin	0,5 mg/Hund (< 10 kg)	
	1,0 mg/Hund (10–25 kg)	
	1,5 mg/Hund (> 25 kg)	
Cyproheptadin	0,05–0,1 mg/kg	12
Diphenhydramin	1–2 mg/kg	8–12
Doxepin	10–12 mg/kg	12
Hydroxyzin	2,2 mg/kg	8
Trimeprazin	0,5–2 mg/kg	12
Terfenadin	5–8 mg/kg	12

In diesem Zusammenhang ist auch auf *mastzell-stabilisierende Stoffe*, z.B. Chromoglicinsäure, Ketotifen, hinzuweisen, die die Histaminfreisetzung hemmen. Den Stoffen wird ebenfalls eine juckreizlindernde Wirkung zugeschrieben. Die vorliegenden klinischen Erfahrungen sind jedoch für eine sichere Beurteilung des therapeutischen Wertes dieser Wirkstoffgruppe bei Hund und Katze nicht ausreichend.

5.2.3 Antibiotika

Antibiotika sollen zur Behandlung von Hauterkrankungen nur systemisch eingesetzt werden, um die Entstehung und das Fortschreiten von Resistenzen nicht weiter zu fördern. Auch bedeutet ein lokaler Einsatz oftmals eine erhöhte Gefahr des Auftretens von Sensibilisierungen.

Für die Auswahl eines für die dermatologische Therapie geeigneten Antibiotikums sind folgende Faktoren bestimmend:

1. Der Erreger muß gegenüber dem Antibiotikum empfindlich sein (gezielte Behandlung nur nach Resistenztest).

2. Bei der Behandlung muß in der Haut ein ausreichend hoher und anhaltender antibakteriell wirksamer Spiegel erreicht werden (ausreichend hohe Dosierung bei sinnvollem Dosierungsintervall, ausreichende Behandlungsdauer).

3. Es muß eine galenische Formulierung verfügbar sein, die den praktikablen oralen Einsatz durch den Tierbesitzer erlaubt.

4. Die Kosten der zumeist längerfristigen Behandlung sind vor Behandlungsbeginn abzuschätzen und mit dem Tierbesitzer zu besprechen.

Zahlreiche derzeit angebotene Kombinationen von Antibiotika mit anderen Wirkstoffen sind für eine längerfristige sinnvolle Therapie nicht geeignet. Dies gilt beispielsweise für Kombinationen von antibakteriell wirksamen Chemotherapeutika, Antiparasitika, Antimykotika und Glukokortikoiden. Die richtige Dosierung der einzelnen Inhaltsstoffe ist bei Verwendung in fixer Kombination nicht möglich.

In Anbetracht der oben genannten Kriterien werden bei nachgewiesener Erregerempfindlichkeit in Tabelle 5.4 aufgeführte antibakteriell wirksame Chemotherapeutika zur Behandlung bakteriell bedingter Dermatosen eingesetzt.

Sulfonamide, Trimethoprim: Die Sulfonamide stellen eine allgemein recht gut verträgliche und zudem auch preisgünstige Wirkstoffgruppe mit einem breiten, grampositive und gramnegative Keime erfassenden Wirkungsspektrum dar. Die zahlreichen Stoffe dieser Gruppe unterscheiden sich nicht in ihrem Wirkungsspektrum und ihrer Wirkungspotenz, jedoch deutlich in ihren pharmakokinetischen Eigenschaften. Nach einer ausreichend hohen Initialdosis kann die Behandlung in der Regel mit einer Erhaltungsdosis, die etwa zwei Drittel der Initialdosis entspricht, fortgesetzt werden. Während der Behandlung ist insbesondere zur Vermeidung unerwünschter renaler Nebenwirkungen (Ausfällung von Kristallen insbesondere im sauren Harn von Fleischfressern) auf eine ausreichende Flüssigkeitszufuhr zu achten. Bei oraler Applikation können weiterhin gastrointestinale Nebenwirkungen auftreten.

Die Monotherapie mit Sulfonamiden ist heute weitgehend durch die Verwendung von *Sulfonamid/Trimethoprim-Kombinationspräparaten* abgelöst. Sulfonamide und Trimethoprim wirken synergistisch (sog. Sequentialeffekt). Die verfügbaren Handelspräparate enthalten die Wirkstoffkombination im Verhältnis 5:1. Aufgrund der im Vergleich zum Menschen raschen Elimination von Trimethoprim und der unterschiedlichen Verteilung im Organismus werden über den Behandlungszeitraum bei Verwendung der in Packungsbeilagen vorgegebenen Dosierungen in der Regel keine ausreichenden Wirkstoffspiegel beider kombinierten Chemotherapeutika erreicht. Die Kombination von Sulfonamid und Trimethoprim erscheint beim Tier daher zumeist nur sinnvoll, wenn die Dosierung so gewählt wird, daß über den gesamten Behandlungszeitraum eine therapeutisch wirksame Konzentration aufrechterhalten wird (s. Tabelle 5.4).

Tabelle 5.4: Dosierung antibakterieller Wirkstoffe zur Behandlung bakteriell bedingter Dermatosen beim Hund

Wirkstoff	Applikationsart	Dosis (mg/kg)	Dosierungsintervall (Stunden)
Amoxycillin, mit Clavulansäure	oral	12,5	12
Cephalexin	oral	25	12
Chloramphenicol	oral	50	8
Enrofloxacin	oral	5	24
Erythromycin	oral	15	8
Lincomycin	oral	15	8
Sulfonamid/ Trimethoprim	oral	25/5	12

Aminopenicilline: Ampicillin und Amoxycillin werden parenteral und oral zur Behandlung von Infektionen durch gegenüber diesen Antibiotika empfindliche grampositive und gramnegative Erreger eingesetzt. *Da Staphylokokken als häufigste Erreger bakteriell bedingter Dermatosen gegenüber Penicillinen zumeist resistent sind (Penicillinase-bildende Keime), ist in der Regel nur der kombinierte Einsatz von Amoxycillin mit Clavulansäure erfolgreich.*

Cephalosporine: Wie Penicilline sind Cephalosporine allgemein als gut verträglich einzustufen. In die Veterinärdermatologie hat Cefalexin Eingang gefunden, welches beim Hund oral in Dosierungen von zweimal täglich 25 mg/kg KG zur Behandlung bakterieller Infektionen der Haut verwendet wird. Begrenzte veterinärmedizinische Erfahrungen liegen mit verschiedenen anderen parenteral und oral zu verabreichenden Cephalosporinen, die Bestandteil von Humanpräparaten sind, vor. Höhere Dosierungen von Cephalosporinen wirken bei längerfristiger Verabreichung nephrotoxisch.

Chloramphenicol: Das Breitspektrum-Antibiotikum Chloramphenicol soll bei Jungtieren in der ersten Lebensphase nicht eingesetzt werden. Auf die enzymhemmenden Eigenschaften von Chloramphenicol bleibt hinzuweisen; diese können Ursache der verzögerten Elimination anderer gleichzeitig verabreichter Arzneimittel sein.

Makrolide: Das Wirkungsspektrum der Makrolide umfaßt im wesentlichen grampositive Erreger und Mykoplasmen. Der Einsatz soll auf Fälle beschränkt bleiben, in denen die Erregerempfindlichkeit nachgewiesen wurde. Erythromycin wird in verschiedenen Geweben angereichert. In Lunge, Leber, Niere und Haut werden teilweise höhere Konzentrationen als im Serum erreicht. Das Antibiotikum wird parenteral und in veresterter Form oral eingesetzt. Als unerwünschte Wirkung wird im Einzelfall über gastrointestinale Unverträglichkeit mit Erbrechen berichtet.

Lincomycin stellt ein allgemein gut verträgliches Antibiotikum mit einem grampositive Keime erfassenden Wirkungsspektrum dar. Die Bioverfügbarkeit nach oraler Gabe ist gering.

Enrofloxacin: Aus der Gruppe der Gyrasehemmer findet in der Veterinärmedizin derzeit das Chinolon Enrofloxacin, welches nach oraler Gabe rasch resorbiert wird, in großem Umfang Anwendung. Das Antibiotikum ist in unterschiedlichen Formulierungen zur oralen und parenteralen Anwendung zugelassen. Der Hauptmetabolit von Enrofloxacin ist Ciprofloxacin mit vergleichbarer Wirkungspotenz, welches in der Humanmedizin verwendet wird. Als mögliche unerwünschte Wirkung sind gastrointestinale Störungen und zentralnervale Erregungserscheinungen zu nennen. Aufgrund einer möglichen Knorpelschädigung soll die Anwendung von Enrofloxacin beim Hund bis zum Alter von 12 Monaten nicht erfolgen.

5.2.4 Antiparasitika

Die überwiegende Zahl der verfügbaren Ektoparasitika wird topisch verwendet. Jedoch können auch topisch applizierte Stoffe eine systemische Wirkung entfalten. Zur systemischen Behandlung (oral, Pour-on-Verfahren) werden Avermectine, bestimmte Organophosphate und Lufenuron eingesetzt.

Avermectine: Für die antiparasitäre Behandlung bedeutete die Einführung von Ivermectin als erstem Avermectin einen wesentlichen Fortschritt. Heute sind weitere Avermectine (z.B. Doramectin) mit entsprechendem Wirkungsspektrum gegen Ekto- und Endoparasiten im Handel bzw. befinden sich im Zulassungsverfahren.

Die Avermectine wirken GABA-erg und führen so zu einer Lähmung des Parasiten. Für den Wirtsorganismus entfällt dieser Angriffspunkt, da die Blut-Hirn-Schranke für die Avermectine nicht durchlässig ist. Eine Ausnahme stellen Hunderassen wie Collies und Shelties dar, die gegenüber den Avermectinen besonders empfindlich sind. Es ist darauf hinzuweisen, daß Ivermectin nicht für den Hund zugelassen ist. Das Arzneimittel wurde dennoch auch bisher in recht weitem Umfang beim Hund eingesetzt, indem es vom behandelnden Tierarzt „umgewidmet" wird. Der Tierarzt übernimmt damit die vollständige Verantwortung und Haftungspflicht für diese Arzneimittelanwendung. Gerade in diesem Zusammenhang ist es wichtig, auf die besondere Empfindlichkeit verschiedener Hunderassen (s.o.) hinzuweisen.

Organophosphate: Von den Organophosphaten wird Cythioat in Form von Tabletten oder als Lösung in einer Dosis von 3 mg/kg (zweimal wöchentlich) systemisch verwendet. Auch Fenthion, welches im Pour-on-Verfahren angewendet wird, entfaltet einen systemischen Effekt (s.u.).

Lufenuron: Mit Lufenuron steht heute ein Wirkstoff zur Verfügung, der sich hinsichtlich seines Wirkungsmechanismus von den bisher verwendeten Antiparasitika unterscheidet. Über eine Hemmung der larvalen Chitinbildung kommt es zu einer Unterbrechung des Entwicklungszyklus des Flohs, so daß eine Flohinfestation verhindert wird. Die Behandlung richtet sich damit nicht gegen einen bereits bestehenden Flohbefall, sondern dient der Verhinderung des Flohbefalls. Lufenuron wird einmal monatlich als Tablette beim Hund und als Suspension bei der Katze verabreicht.

5.2.5 Antimykotika

Griseofulvin stellt zur Behandlung von Mykosen, die durch Dermatophyten *(Microsporum, Trichophyton)* bedingt sind, einen effektiven Arzneistoff dar. In mikronisierter Form wird Griseofulvin in einer Dosis von 20–50 mg/kg, verteilt auf zwei Behandlungen pro Tag, angewendet. Formulierungen mit Polyethylenglycol werden einmal täglich in einer geringeren Dosis von 5–10 mg/kg angewendet. Als unerwünschte Wirkungen sind Störungen im Bereich des Gastrointestinaltraktes und Blutbildveränderungen vorherrschend. Griseofulvin wirkt zudem teratogen.

Ketoconazol (10 bis 20(–30) mg/kg) stellt einen weiteren wirksamen Arzneistoff zur Behandlung von Mykosen dar. Als unerwünschte Wirkung sind Veränderungen des Haarkleides bis hin zu Haarausfall beschrieben worden.

5.2.6 Immunsuppressiva

Autoimmunbedingte Hautkrankheiten bedürfen einer sorgfältig abgewogenen Therapie. Die Absicherung der klinischen Diagnose durch geeignete Verfahren ist die wichtigste Voraussetzung der immunsuppressiven Behandlung. Die einsetzbaren Immunsuppressiva weisen zahlreiche, zum Teil sehr schwere Nebenwirkungen auf, die bei der Entscheidung, eine Behandlung zu beginnen, unter Berücksichtigung der Heilungschancen eine wichtige Rolle spielen.

Als Initialtherapie wird in der Regel die hochdosierte Verabreichung von Glukokortikoiden gewählt, wobei kurzwirksamen Glukokortikoiden der Vorzug gegeben wird (s.o.). Im Gegensatz zu anderen Immunsuppressiva, die erst nach mehrwöchiger Anwendung einen Therapieerfolg zeigen, tritt bei Glukokortikoiden üblicherweise bereits in den ersten zwei Wochen eine Besserung ein.

Am häufigsten wird neben Glukokortikoiden *Azathioprin* (2,2 mg/kg einmal täglich mit einer Verlängerung des Behandlungsintervalles auf schließlich 2 Tage) angewendet. Bei notwendiger Abstimmung auf den Einzelfall werden Glukokortikoide und Azathioprin auch in täglichem Wechsel eingesetzt. Auch *Cyclophosphamid* (50 mg/m^2) und *Chlorambucil* (2,2 mg/m^2) kommen zum Einsatz; die Behandlung wird über 4 Tage mit anschließender dreitägiger Behandlungspause durchgeführt. Alternativ werden in Einzelfällen auch Mercaptopurin, Fluorouracil, Melphalan, Vinblastin, Ciclosporin (Cyclosporin A), Aurothiomalat, Aurothioglucose und andere Stoffe eingesetzt.

Die Nebenwirkungen der einzelnen Stoffe sind in unterschiedlichem Maß ausgeprägt. Besonders erwähnenswert sind die Myelosuppression, Leber- und Nierenschädigungen, gastrointestinale Beschwerden und bei Cyclophosphamid eine hämorrhagische Zystitis. Zudem wirken die Substanzen teratogen, so daß ihr Einsatz beim tragenden Tier nicht erfolgen soll bzw. der besonderen Indikationsstellung bedarf. Die immunsuppressive Therapie bedarf begleitender intensiver Kontrolluntersuchungen des Patienten (z.B. Blutbild, Blutzellzahl, klinisch-chemische Serum- und Harnuntersuchung). Es ist dabei wichtig, vor Beginn der Therapie bereits entsprechende Untersuchungen durchzuführen.

Mit Ciclosporin, welches in der Transplantationsmedizin als Immunsuppressivum zur Vermeidung von Abstoßungsreaktionen eingesetzt wird, liegen in der Veterinärmedizin noch keine ausreichenden Erfahrungen vor. Allerdings erweist sich Ciclosporin bei topischer Anwendung am Auge als ein sehr wirkungsvolles und sicheres Arzneimittel.

5.3 Diätetika (Ergänzungsfuttermittel)

Nachtkerzen- und Fischöl: In den letzten Jahren kommen bei der Behandlung von Hauterkrankungen in zunehmendem Maß Präparate zum Einsatz, die Nachtkerzen- und Fischöl enthalten. Diese Präparate werden als Diätetika vertrieben. Der Grundgedanke dieser Behandlung liegt in der Tatsache begründet, daß ein Mangel an essentiellen Fettsäuren zu charakteristischen Veränderungen der Haut führt. Beim Hund sind dies eine trockene, schuppende Haut, glanzloses Fell, Alopezie, Pruritus, Otitiden und schließlich Infektionen und Seborrhoe. Bei verschiedenen Hauterkrankungen (atopische Dermatitis, Psoriasis vulgaris, Acrodermatitis enteropathica) wurde eine veränderte Zusammensetzung der epidermalen Lipide festgestellt. Die in den Ölen enthaltenen ungesättigten Fettsäuren sollen durch eine Beeinflussung der Prostaglandin- und Leukotriensynthese eine Besserung der Krankheitsbilder herbeiführen. Nachtkerzenöl („Evening Primrose Oil"), welches aus *Oenothera*-Arten gewonnen wird, enthält etwa 70% Linolsäure sowie 10% γ-Linolensäure.

Die Wirkung dieser ungesättigten Fettsäuren wird durch die Bildung von Prostaglandinen der 1-Serie (PGE_1 und $PGF_{1\alpha}$) erklärt, da diese im Gegensatz zu den Prostaglandinen der 2-Serie weniger proinflammatorisch wirksame Mediatoren darstellen. γ-Linolensäure wird in 15-Hydroxy-γ-Linolensäure umgewandelt, welche zudem die Leukotriensynthese hemmt.

Das verwendete Fischöl enthält die ω3-Fettsäuren *Eicosapentaensäure* und *Docosahexaensäure.*

Eicosapentaensäure kann in einer durch die Delta-6-Desaturase katalysierten Reaktion in Docosahexaensäure umgewandelt werden. Die ω3-Fettsäuren verdrängen die ω6-Substrate von der Cyclo- und Lipoxygenase; es entstehen mit Prostaglandinen der 3-Serie und den Leukotrienen LTB_5 sowie LTC_5, LTD_5 und LTE_5 weniger proinflammatorisch aktive Metaboliten. Die entzündungshemmende Wirkung von LTB_5, welches in einer durch die 5-Lipoxygenase katalysierten Reaktion aus Eicosapentaensäure entsteht, wird auf seine Affinität zu LTB_4-Rezeptoren und die Verdrängung des proinflammatorischen LTB_4 vom Rezeptor zurückgeführt.

Die im Schrifttum für diese Öle, die oft in Kombination eingesetzt werden, erwähnten Behandlungserfolge variieren in weitem Umfang.

Es wird auch über den in verschiedenen Fällen erfolgreichen kombinierten Einsatz von essentiellen Fettsäuren und Antihistaminika, Glukokortikoiden, Ascorbinsäure, Vitamin E und Zinkmethionin berichtet. Zu derartigen Kombinationsbehandlungen fehlen jedoch valide klinische Untersuchungen, so daß eine Beurteilung derzeit nicht möglich ist.

Biotin: Biotin wird zur Verbesserung des Haarkleides und zur Festigung der Krallen als Futterzusatz eingesetzt. Experimentelle Studien belegen die Wirksamkeit einer zusätzlichen oralen Biotinbehandlung.

5.4 Topisch wirksame Therapeutika und Pflegemittel

Bei der Therapie von Hauterkrankungen bietet sich, wie oben beschrieben wurde, oftmals die vorteilhafte Möglichkeit einer topischen Behandlung an. Beim lokalen Arzneimitteleinsatz kommt man im Vergleich zur systemischen Behandlung in der Regel mit geringeren Wirkstoffmengen aus, da der Wirkstoff direkt am Ort der Wirkung appliziert wird. Es ist dennoch stets die Möglichkeit einer systemischen Wirkung auch nach topischer Anwendung gegeben. Dies wird beispielsweise durch zum Teil tödlich verlaufene Salicylatvergiftungen bei Katzen belegt.

Eine topische Applikation soll nach Scheren und Reinigen der Haut in dem zu behandelnden Bezirk erfolgen. Der galenischen Formulierung kommt besondere Bedeutung zu. Es ist abzuwägen, ob lediglich ein oberflächlicher Effekt angestrebt wird oder der Wirkstoff auch in tiefere Hautschichten penetrieren soll. Für die Penetration durch die Hornschicht ist die galenische Formulierung besonders wichtig.

Der Erfolg einer topischen Behandlung ist im Einzelfall – insbesondere bei akuten Prozessen – teilweise nur auf die verwendete Grundlage zurückzuführen. So kann bereits ein verdunstungsbedingter Kühlungseffekt (Verdunstung von Wasser) eine deutliche Linderung herbeiführen.

5.4.1 Transdermale Penetration und Resorption

Der Begriff Penetration beschreibt das Passieren der oberen Hautschichten, während die Resorption die Aufnahme in Blut- und/oder Lymphgefäße bedeutet.

Das *Stratum corneum* stellt ein hochdifferenziertes, lebenswichtiges physikochemisches Speicher- und Barrieresystem dar, dessen Struktur und Funktion durch die Differenzierung der Keratinozyten erhalten wird. Im Verlauf der Differenzierung flachen die Zellen ab und wandern zur Oberfläche der Epidermis, wo sie schließlich als Korneozyten an der Ausbildung der Hornschicht beteiligt sind. Die zunehmende Keratinisierung der Strukturproteine, die Bildung von Keratohyalin, die Entstehung und schließlich die Exozytose von Keratinosomen (Odland Bodies) sind Charakteristika der Keratinozytendifferenzierung. Die Aggregation der Keratinfilamente wird durch die im oberen *Stratum granulosum* ablaufende Bildung von Filaggrin aus Profilaggrin, welches im *Stratum spinosum* gebildet wird, eingeleitet. Das in unteren Zellagen synthetisierte Involucrin lagert sich im Übergangsbereich zur Hornschicht an der Innenseite der Zellen an und wird durch die epidermale Transglutaminase zu einer stabilen Auskleidung der Zellen (Cornified Envelope) vernetzt.

Im Übergangsbereich vom lebenden Teil der Epidermis zur Hornschicht ist ein massiver Abfall des Wassergehaltes des Gewebes auffällig. Dies belegt die wichtige Funktion der Hornschicht bei der Regulation der transepidermalen Wasserabgabe. Neben der Steuerung des transepidermalen Wasserverlustes spielt die Hornschicht als Penetrationsbarriere und Reservoir eine besonders wichtige Rolle, die bei der dermalen Arzneimittelapplikation beachtet werden muß. Die Korneozyten sind in der Hornschicht in eine lipophile Matrix eingebettet, deren Lipide (insbesondere Ceramide) den lipidhaltigen Keratinosomen, die bereits in den lebenden Epidermisschichten gebildet werden, entstammen. Die Lipide gelangen im Übergangsbereich zur Hornschicht durch Exozytose in den Interzellularraum. Die Ceramide repräsentieren als besonders wichtige Lipide der Hornschicht eine heterogene Gruppe von Sphingolipiden, die maßgeblich an der Verzahnung benachbarter Lipiddoppelschichten beteiligt sind.

Ein weiterer wichtiger Bestandteil der Hornschicht ist Cholesterol. Dieses wird in den unteren Epidermisschichten gebildet, im Stratum spinosum und im Stratum granulosum durch eine Sulfotransferase unter Energieverbrauch zu einem bedeutenden Anteil sulfatiert und im Grenzbereich zur Hornschicht als Cholesterolsulfat in den Interzellularraum abgegeben. In der Hornschicht spaltet eine Steroidsulfatase den Sulfatrest ab. Die interkorneozytären Lipidlamellen werden damit destabilisiert; Hornschuppen schilfern ab.

Regionen mit besonderer mechanischer Beanspruchung weisen ein erheblich verdicktes Stratum corneum und damit eine deutlich geringere Wirkstoffpenetration auf. Störungen der Keratinisierung gehen mit biochemisch nachweisbaren Veränderungen der aufgeführten Differenzierungsreaktionen und einer Beeinträchtigung der Barrierefunktion der Hornschicht einher.

Aufgrund des Aufbaus der Hornschicht penetrieren lipophile Stoffe gut durch die Hornschicht. Dies gilt im Sinne einer erwünschten Wirkung für Arzneistoffe und auch für toxikologisch relevante Stoffe. Neben der passiven Diffusion durch die Lipidmembran kommt der Aufnahme durch „Poren" (z.B. Haarfollikel, Drusen) Bedeutung zu, da hier die Barrierefunktion der Hornschicht teilweise umgangen werden kann.

Nach der topischen Applikation eines Wirkstoffes besteht zunächst ein großes Konzentrationsgefälle zwischen Vehikel (Lösungsmittel, Salbengrundlage) und Stratum corneum, so daß die Substanz gemäß ihrer physikalisch-chemischen Eigenschaften durch passive Diffusion in die Hornschicht gelangt. Die Hornschicht fungiert nun im Sinne eines Reservoirs, aus dem der Wirkstoff durch passive Diffusion in tiefer gelegene Hautschichten gelangt. In diesen Schichten ist ein exponentieller Abfall der Wirkstoffkonzentration meßbar. Wegen der Reservoirfunktion der Hornschicht kann die Wirkstoffkonzentration in der Haut oft über eine längere Zeit aufrechterhalten werden. Dies ist insofern beachtenswert, als daß oftmals zu kurze Behandlungsintervalle bei topischer Behandlung mit Wirkstoffen gewählt werden. Es ist beispielsweise nicht sinnvoll, ein Glukokortikoid mehrmals täglich auf die Haut aufzutragen, da nachgewiesen werden konnte, daß topisch verabreichte Glukokortikoide noch über Tage aus dem Hornschichtdepot freigesetzt werden und in die tieferen Hautschichten diffundieren. Ein durch die Epidermis diffundierender Stoff kann bereits hier und in der Dermis metabolischen Veränderungen unterworfen sein.

Geschwindigkeit und Menge der Aufnahme einer Substanz in das Stratum corneum wird nur in begrenztem Umfang durch die im Vehikel vorhandene Konzentration des Wirkstoffes bestimmt. Es ist bei der Beurteilung der dermalen Resorption wichtiger, der als Vehikel verwendeten Grundlage Rechnung zu tragen, da diese sowohl die Barrierefunktion der Hornschicht maßgeblich beeinflussen kann als auch den Wirkstoff in unterschiedlichem Ausmaß freisetzt. Nach topischer Applikation erfolgt die Resorption einer lipophilen Substanz in der Regel am schnellsten aus einer hydrophilen Grundlage und umgekehrt. Die dermale Penetrationsrate kann durch Penetrationsförderer wie Dimethylsulfoxid und Azone oder auch durch Salicylsäure und Harnstoff maßgeblich gesteigert werden.

Beispielhafte Zubereitungsformen für Lokaltherapeutika sind Lösung, Creme, Salbe, Schüttelmixtur, Paste und Puder. Tabelle 5.5 gibt einen Überblick über die Anwendung verschiedener Formulierungen bei akuten bis chronischen Krankheitsprozessen. Bei der Verwendung von Dermatika ist den Eigenwirkungen enthaltener Grund- und Hilfsstoffe Rechnung zu tragen, von denen hier als Beispiel die okklusive Wirkung von Vaselin erwähnt sei. Insbesondere bei akuten Krankheitsprozessen der Haut kommt der Grundlage besondere Bedeutung zu. Durch Auswahl einer falschen Grundlage kann trotz Verwendung geeigneter Wirkstoffe ein Therapieerfolg in Frage gestellt sein. Zur Behandlung einer Hautfläche von 100 cm^2 sind etwa 2 g Lösung, 0,8 g Puder oder 4 g Salbe oder Creme notwendig.

Tabelle 5.5: Effekte der verschiedenen Grundlagen bei akuten bis chronischen Hauterkrankungen

Grundlage	Erkrankung	Effekt	Tiefenwirkung
feuchter Umschlag	akut	kühlend,	geringer
Puder	↑	trocknend,	↑
Schüttelmixtur		entzündungs-	
Lotio		hemmend	
Paste			
Lösung			
Gel	subakut		
Creme			
Kühlsalbe			
Salbe	↓	wärmestauend	
Fettsalbe	chronisch	mazerierend	↓
Pflaster		aktivierend	
Okklusion			höher

Puder werden auch bei langhaarigen Tieren als Vehikel für Insektizidbehandlung mit Residualeffekt verwendet.

5.4.2 Hautreinigungsmittel

Ist eine schonende Reinigung der Haut von Hunden erforderlich, so sollten, wenn eine alleinige Verwendung von Wasser nicht ausreicht, gut hautverträgliche Shampoos (z.B. Baby-Shampoos) eingesetzt werden. Als Inhaltsstoffe von Shampoos sind z.B. Alkylsulfate weniger gut hautverträglich als Alkylsulfonate. Shampoos mit Zusätzen von Wirkstoffen sind zur alleinigen Hautreinigung nicht indiziert. Es ist nicht vorteilhaft, für die Anwendung beim Menschen bestimmte Präparate, die den Säureschutzmantel der Haut erhalten sollen, einzusetzen, da der Hund keinen derartigen Säureschutzmantel der Haut besitzt.

Die Verwendung von Wasser erfolgt in erster Linie zu Reinigungszwecken. Wasser hat auch Wirkungen, die therapeutisch relevant sind. Einerseits führt die verdunstungsbedingte Kühlung der Haut (Anwendung feuchter Kompressen) zu einer Linderung. Bei wiederholter Wasseranwendung kommt es zur Dehydratation der Haut. Wird die Wasserverdunstung durch Anwendung öliger Hautpflegemittel verhindert, so resultiert dagegen eine Hydratation der Haut.

Zur Reinigung eingesetzte Seifen und Shampoos können die Haut reizen. Eine Irritation ist auch mechanisch durch Schaum möglich. Die emulgierende und damit Fette aus der Hornschicht lösende Wirkung der Seifen und Shampoos kann eine Beeinträchtigung der Barrierefunktion der Hornschicht herbeiführen. Alkalische Seifen und Detergentien wirken besser reinigend und schaffen ein für Mikroorganismen ungünstigeres Milieu. Es ist bei der Anwendung von Seifen und Shampoos zur Minderung der Möglichkeit einer Hautirritation notwendig, stets ausreichend mit Wasser nachzuspülen. Der pH-Wert eines Reinigungsmittels (Seife, Shampoo) im alkalischen Bereich führt durch ein Abspreiten der Cuticula-Schuppen des Haares schließlich zum Verfilzen der Haare.

Shampoos enthalten allgemein 10–15% eines Basistensids und 3–5% eines Cotensids. Zusätzlich sind neben Wasser Verdickungsmittel (0–10%) sowie Konservierungsmittel, Farbstoffe und Duftstoffe (1–3%) enthalten. Nichtionische Tenside bilden im Vergleich zu ionischen Tensiden, wie Natriumlaurethsulfat, einen feineren Schaum, der eine gute Handhabung des Shampoos gewährleistet. In Anbetracht der vergleichsweise guten Hautverträglichkeit werden die nicht-ionischen Tenside daher heute als Cotenside oder auch als Haupttensid neben amphoteren Tensiden benutzt. Bei Shampoos für trockenes Haar werden weniger waschaktive Substanzen und milde Tenside verwendet; wichtig sind rückfettende Eigenschaften des Shampoos. Shampoos für feines Haar enthalten Eiweißhydrolysate oder kationenaktive Tenside, um eine Festigung des Haares zu gewährleisten. Shampoos für fettiges Haar werden mit Zusatz von Abietinsäure-Eiweißkondensat angeboten. Shampoos gegen Schuppen enthalten als aktiven Inhaltsstoff beispielsweise Zinkpyrithion; Tenside mit hoher Fettlösekraft spielen eine wesentliche Rolle. Zahlreiche Shampoos oder Badezusätze mit Wirkstoffzusatz (Salicylsäure, Schwefel, Selendisulfid) sind im Handel; derartige Shampoos können bei der Behandlung der Seborrhoe erfolgreich zum Einsatz kommen (s. Kap. 6).

5.4.3 Glukokortikoide zur externen Anwendung

Glukokortikoide werden topisch wegen ihrer antiinflammatorischen und juckreizlindernden Wirkung appliziert, die durch eine Hemmung der Bildung und Freisetzung von Entzündungsmediatoren zustandekommt (z.B. Eicosanoide, Zytokine).

Zur lokalen Anwendung stehen zahlreiche Dermatokortikoide zur Verfügung, die nach dem beim Menschen durchgeführten Vasokonstriktionstest als schwach, mittelstark, stark und sehr stark wirksam eingestuft werden. Beim Vasokonstriktionstest wird die durch die Glukokortikoide verursachte Abblassung der Haut mit einem Score-System eingestuft. Die durch eine Vasokonstriktion im Behandlungsgebiet bedingte Abblassung der Haut ist mit der Wirkungsstärke der Dermatokortikoide korreliert; sie wird allerdings durch die verwendete galenische Formulierung erheblich beeinflußt. Tabelle 5.6 zeigt eine Einordnung von Dermatokortikoiden nach ihrer Wirkungspotenz im Vasokonstriktionstest. Halogenierte Glukokortikoide sind wirkungsstärker als nicht halogenierte Steroide. Eine Veresterung des Steroidmoleküls hat eine Wirkungssteigerung unterschiedlichen Ausmaßes zur Folge, die zum Teil durch die veränderten pharmakokinetischen Eigenschaften (gesteigerte Lipophilie) erklärt werden kann.

Sehr potente Glukokortikoide dürfen zur Vermeidung systemischer Nebenwirkungen nur in begrenzten Hautbereichen eingesetzt werden; bei großflächigen Dermatosen sind schwächere Glukokortikoide zu verwenden bzw. ist eine systemische Behandlung vorzuziehen. Eine beachtenswerte lokale Nebenwirkung ist die Hautverdünnung, die mit einfachen Methoden der Hautdickenmessung erfaßt werden kann. Diese hautverdünnende Wirkung ist allen topisch verabreichten Glukokortikoiden in unterschiedlichem Ausmaß zu eigen. Die Abnahme der Hautdicke ist vornehmlich durch eine Verminderung der Grundsubstanz in der Dermis begründet, während die antiproliferative Wirkung aufgrund der geringen Dicke der Epidermis nur unwesentlich zur Abnahme der Dicke der Gesamthaut beiträgt.

Die antiproliferative Wirkung der Glukokortikoide in der Epidermis stellt einen wesentlichen pharmakologischen Effekt dar, der bei der Behandlung hyperproliferativer Hauterkrankungen genutzt wird. Aus der Hautverdünnung resultieren eine gesteigerte Verletzbarkeit der Haut und auch die Möglichkeit des vermehrten Auftretens infektiös bedingter Hauterkrankungen. Nach Beendigung der Glukokortikoidapplikation erreicht die Haut binnen einiger Tage (bis zu etwa zwei Wochen) wieder die Ausgangsdicke.

Eine Reduktion lokaler unerwünschter Wirkungen ist durch die Verwendung schwächer wirksamer Glukokortikoide und durch die Verlängerung des Applikationsintervalls möglich. Bei der **Sequentialtherapie** wird die Therapie nach Einleitung mit einem stärker wirksamen Glukokortikoid mit einem weniger potenten Wirkstoff fortgesetzt (z.B. Einleitung der Behandlung mit Diflorason-17,21-diacetat und Fortsetzung mit Hydrocortison). Bei der **Intervalltherapie** wird das behandlungsfreie Zeitintervall, teilweise unter fortgesetzter Behandlung mit wirkstofffreien Basispräparaten, verlängert.

Tabelle 5.6: Einstufung der Glukokortikoide zur topischen Anwendung nach ihrer Wirkungspotenz

Freiname	Prozent in der Formulierung
• **schwach wirksam** (Gruppe I)	
Hydrocortison	1,0
Hydrocortisonacetat	1,0
Prednisolon	0,4
Fluocortinbutylester	0,75
Clobetasonbutyrat	0,05
• **mittelstark wirksam** (Gruppe II)	
Hydrocortisonaceponat	0,1
Dexamethason	0,1
Alclomethasondipropionat	0,05
Flumethasonpivalat	0,02
Triamcinolonacetonid	0,025
Fluprednidenacetat	0,15
Hydrocortisonbutyrat	0,1
Hydrocortisonbutyrat-propionat	0,1
Betamethasonbenzoat	0,025
Fluocortolonpivalat plus -hexanoat je	0,1
Clocortolonpivalat plus -hexanoat je	0,1
Desonid	0,1
Fluoroandrenolon	0,05
Betamethasonvalerat	0,05
Triamcinolonacetonid	0,1
Prednicarbat	0,25
Fluocinolonacetonid	0,01
Desoximetason	0,05
Fluocinonid	0,01
Halcinonid	0,025
• **stark wirksam** (Gruppe III)	
Betamethasonvalerat	0,1
Halomethason	0,05
Betamethasondipropionat	0,05
Fluocortolon plus -hexanoat je	0,25
Fluocinolonacetonid	0,025
Diflorasondiacetat	0,05
Desoximetason	0,25
Fluocinonid	0,05
Amcinonid	0,1
Halcinonid	0,1
Diflucortolonvalerat	0,1
• **sehr stark wirksam** (Gruppe IV)	
Fluocinolonacetonid	0,2
Diflucortolonvalerat	0,3
Clobetasolpropionat	0,05

Selbst bei einem dreitägigen Behandlungsintervall konnte beim Menschen noch eine signifikante Verdünnung der Haut gemessen werden.

Der überwiegende Teil eines topisch applizierten Glukokortikoids penetriert nicht in und durch die Haut. Es bestehen jedoch erhebliche Unterschiede der Resorptionsrate bei verschiedenen Spezies und in einzelnen Körperregionen. Während bei kleinen Labortieren teilweise 20% eines lokal auf die Haut applizierten Glukokortikoids resorbiert werden, liegt der resorbierte Anteil bei den Haussäugetieren und beim Menschen allgemein bei weniger als 1%.

Im Einzelfall sollte – insbesondere bei lokal begrenzten Hautveränderungen – der lokale Einsatz von Glukokortikoiden erwogen werden, wobei sich zur Anwendung alkoholische Lösungen anbieten. Bei der lokalen Anwendung dürfen sehr stark wirksame Glukokortikoide (z.B. Clobetasolpropionat) nur in begrenzten Bereichen eingesetzt werden.

Als neuere und praktikable Behandlungsform, die zunehmend Eingang in die Therapie bei Hund und Katze findet, sind *glukokortikoidhaltige Shampoos* zu nennen. Der Vorteil der Anwendung derartiger Shampoos ist darin zu sehen, daß eine topische Ganzkörperbehandlung einfach durchführbar ist. Diese kann eine systemische Applikation mit unerwünschten systemischen Wirkungen ersetzen. Die Verwendung von Liposomen als Arzneistoffträger, die eine Steigerung der in die Haut aufgenommenen Wirkstoffmenge herbeiführen sollen, stellt eine in der klinischen Prüfung befindliche und daher noch nicht für den therapeutischen Einsatz verfügbare Alternative dar.

5.4.4 Kombinationen von Glukokortikoiden und Antibiotika zum lokalen Einsatz

Zahlreiche Kombinationspräparate zur topischen Anwendung, wie sie in vielfältiger Form angewendet werden, sind aus verschiedenen Gründen für einen längerfristigen Einsatz nicht sinnvoll; im Einzelfall können sie bei der Einleitung einer Behandlung hilfreich sein. Dies gilt für Kombinationen von Glukokortikoiden mit Chemotherapeutika, Antiparasitika und Antimykotika, wie sie zur Behandlung der Otitis externa im Handel sind. Neben der Resistenzproblematik, die sich bei der topischen Applikation von Chemotherapeutika stellt, kommt der Schwierigkeit einer adäquaten Dosierung der einzelnen Bestandteile derartiger fixer Kombinationen Bedeutung zu. Wie angeführt wurde, muß die applizierte Glukokortikoidmenge individuell angepaßt werden. Dies ist bei Verwendung fixer Kombinationen nicht möglich, da die anderen enthaltenen Wirkstoffkomponenten bei Verminderung der Dosis zu gering dosiert werden würden. Weiterhin ist die lokale Anwendung von Antibiotika bei zahlreichen bakteriell bedingten Hauterkrankungen (z.B. Pyodermien) nicht sinnvoll; eine systemische Behandlung mit einem entsprechend wirksamen Antibiotikum (s.o.) ist erforderlich. Hierbei ist die Anwendung von Glukokortikoiden in der Regel kontraindiziert, so daß entsprechende Kombinationspräparate nicht zur Anwendung kommen sollten. Eine Ausnahme stellt lediglich die Einleitung einer Behandlung dar, z.B. bei der Otitis externa, wobei eine initiale Linderung für den Patienten erreicht wird.

5.4.5 Antiseptika

Zur Erzielung einer lokalen antiseptischen Wirkung werden Alkohole (Isopropylalkohol und Ethanol 70% oder Propylenglycol 40–50%), Chlorhexidin (0,5–2%), Akridinfarbstoffe, Detergentien wie Benzalkoniumchlorid und Iod enthaltende Formulierungen (als alkoholische Iodlösung, Lugolsche Lösung oder als Polyvinylpyrrolidon-Iod verwendet. Auch Benzoylperoxid besitzt antibakterielle Eigenschaften (s.u.). Der lokale Einsatz von Antibiotika sollte weitestgehend vermieden werden.

Das Iodophor Polyvinylpyrrolidon-Iod wird in der Veterinärdermatologie häufig zur Haut- und Schleimhautdesinfektion sowie auch zur Wundbehandlung eingesetzt. Es enthält etwa 10% verfügbares Iod. Nach lokaler Anwendung können unerwünschte Wirkungen bei bestehender Iod-Allergie auftreten. Einen positiven Effekt im Sinne einer Beschleunigung der Wundheilung entfaltet Polyvinylpyrrolidon-Iod bei Verwendung von Zubereitungen mit einem Wirkstoffgehalt von 1%, während in Präparaten zur Desinfektion zur Erzielung der antiseptischen Wirkung in der Regel 10% Wirkstoff enthalten sind.

5.4.6 Antiparasitika

Als lokal anwendbare Antiparasitika sind neben den Pyrethroiden chlorierte Kohlenwasserstoffe, Carbamate und Organophosphate zu nennen.

Alkylphosphate: Als Vertreter dieser Wirkstoffgruppe sind in Flohhalsbändern für Hund und Katze Dichlorvos und Diazinon enthalten. Fenthion wird zur Flohbekämpfung in öliger Lösung mit systemischer Wirkung auf den Rücken von Hund und Katze aufgetropft. Heptenophos und Phoxim werden als Bade, Wasch- und Sprühlösung zur Ektoparasitenbekämpfung verwendet.

Vergiftungen durch Organophosphate sind nicht selten. Als Cholinesterasehemmstoffe führen die Stoffe zu einer endogenen Acetylcholinvergiftung, die durch eine extreme Steigerung der Aktivität des parasympathischen Systems gekennzeichnet ist. Auffällige Vergiftungssymptome, die binnen Minuten bis Stunden auftreten, sind Speicheln, Miosis, Tränenfluß und Muskelzittern. Aus forensischer Sicht ist zum Nachweis einer Vergiftung die Giftbestimmung in Blut und/oder Urin sowie, wenn möglich, im aufgenommenen Futter oder Köder und im Mageninhalt wichtig.

Bei der Behandlung vergifteter Tiere steht die Erhaltung der Vitalfunktionen im Vordergrund. Zur Beseitigung der muscarinartigen Wirkungen ist Atropinsulfat in hohen Dosen das Mittel der Wahl (Hund 0,3 mg/kg, Katze: 0,1–0,2 mg/kg). Zeigt sich binnen einiger Minuten keine Wirkung (erkennbar am Nachlassen des Speichelns und an einer Pupillenerweiterung), so ist eine erneute Behandlung durchzuführen. Im schweren Vergiftungsfall wird zusätzlich versucht, die Cholinesterase durch Applikation von Obidoxim (2–5 mg/kg i.v. oder auch i.m., Wiederholungsbehandlung nach 2 Stunden) zu reaktivieren. Die Applikation von Obidoxim darf nicht vor der Atropingabe erfolgen. Später als 24 Stunden nach Aufnahme des Giftes ist der Einsatz von Obidoxim sinnlos. Zusätzlich ist – abhängig vom Zeitpunkt der

Aufnahme des Giftes – durch allgemeine Behandlungsmaßnahmen zu versuchen, das Gift aus dem Organismus zu entfernen bzw. eine weitere Resorption einzuschränken (medizinische Kohle, Glaubersalz, keine Milch!). Weitere Maßnahmen umfassen eine symptomatische Behandlung von Krämpfen und einer Azidose.

Carbamate: Carbaryl und Propoxur sind in Flohhalsbändern und Puder, Propoxur auch in einem Shampoo enthalten. Das Bild der Carbamatvergiftung ähnelt der Vergiftung durch Alkylphosphate. Die Cholinesterasehemmung hält kürzer an. Die Behandlung einer Vergiftung erfolgt mit Atropinsulfat; Obidoxim wird nicht eingesetzt.

Chlorierte Kohlenwasserstoffe: Verwendet wird Lindan (γ-Hexachlorcyclohexan) als Wasch-, Bade- und Sprühlösung sowie als Emulsion gegen Flöhe, Haarlinge, Zecken und Milben. Der lipidlösliche Stoff kann in toxikologisch relevanter Menge auch durch die Haut resorbiert werden. Klinische Symptome einer Vergiftung setzen binnen Stunden ein; sie umfassen Hyperästhesie, Festliegen, gesteigerte Reaktion auf äußere Reize, Muskelzuckungen bis hin zu intermittierenden tonisch-klonischen Krämpfen. Die Körpertemperatur ist erhöht. Die Behandlung einer Vergiftung ist symptomatisch (Diazepam, Barbiturate). Gegenüber chlorierten Kohlenwasserstoffen sind Katzen besonders empfindlich.

Bromociclen: Bromociclen ist ein Inhaltsstoff von Lösungen zur Ektoparasitenbekämpfung, die versprüht oder zur Badebehandlung eingesetzt werden. Bisher bestehen keine Hinweise auf Resistenzen. Die Verträglichkeit von Bromociclen ist im Vergleich zu chlorierten Kohlenwasserstoffen als günstiger zu beurteilen. Die Substanz wirkt bei unsachgemäßer Anwendung insbesondere bei Katzen neurotoxisch. Ganzkörperbehandlungen sollen bei Katzen daher vermieden werden.

Pyrethrum-Extrakt und Pyrethroide: Für die Anwendung bei Hund und Katze stehen Sprühlösungen, Shampoos, Emulsionen und Puder mit Pyrethrum-Extrakt sowie mit synthetischen Pyrethroiden (Tetramethrin, Permethrin) zur Verfügung.

Obwohl die Pyrethroide bei bestimmungsgemäßer Anwendung als sichere Arzneimittel einzustufen sind, ist darauf hinzuweisen, daß Vergiftungen durch Inhalation und Dauerkontakt durchaus möglich sind. Inhalative Vergiftungen können besonders bei Kleintieren bei eingeschränkter Luftzirkulation in geschlossenen Räumen, in denen Pyrethroide eingesetzt wurden, auftreten. Die Behandlung der mit Erregungserscheinungen einhergehenden Vergiftung erfolgt symptomatisch. Das in den meisten Präparaten zusätzlich enthaltene Piperonylbutoxid steht im Verdacht, kanzerogen zu wirken. Es sollten daher Präparate verwendet werden, die keinen Zusatz von Piperonylbutoxid enthalten.

Amitraz: Amitraz ist als Inhaltsstoff von Flohhalsbändern und als Waschlösung zur Bekämpfung von Ektoparasiten beim Hund zugelassen. Die Substanz wirkt beim Säugetier über eine Beeinflussung des Sympathikustonus sedativ und blutdrucksenkend. Schwerwiegende Nebenwirkungen treten allgemein nicht auf. Eine gute Belüftung des Behandlungsraumes ist zu gewährleisten. Wegen der Fischtoxizität von Amitraz muß vermieden werden, daß der Wirkstoff in Abwässer gelangt.

Als weitere Stoffe, die zur Ektoparasitenbekämpfung eingesetzt werden, sind Fipronil, Benzylbenzoat, welches bei der Katze kontraindiziert ist, und Repellentien (Dibutylphthalat, Dimethylphthalat und Diethyltoluamid; nicht als Tierarzneimittel verfügbar) zu nennen. Die genannten Repellentien wirken an Schleimhäuten (insbesondere den Augen) stark reizend; Schleimhautkontakt muß daher vermieden werden.

5.4.7 Antimykotika

Eine lokale antimykotische Wirkung kann mit Clotrimazol (1%), Econazol (1%), Miconazol (2%), Enilconazol (0,2%) erzielt werden. Amphotericin B (3%) und Nystatin wirken nur bei *Candida*-Infektionen.

5.4.8 Benzoylperoxid

Benzoylperoxid ist ein in der Veterinär- und Humanmedizin häufig eingesetzter Wirkstoff. Während beim Menschen die Behandlung der Akne im Vordergrund steht, findet der Stoff in der Veterinärmedizin bei der Behandlung der Seborrhoe des Hundes und als zusätzliche Maßnahme bei der Behandlung der Pyodermie Anwendung. Der therapeutische Effekt von Benzoylperoxid beruht auf seiner antiseptischen, sebosuppressiven und die Keratinozytenproliferation hemmenden Wirkung.

Benzoylperoxid wird bereits in der Haut vollständig zu Benzoesäure metabolisiert. Beim Hund wirkt Benzoylperoxid in Konzentrationen von mehr als 3% hautirritierend. Humanspezialitäten, die 5–10% Benzoylperoxid enthalten, sollten daher beim Tier nicht verwendet werden. Für die Anwendung beim Hund finden in der Regel Shampoos und Gelformulierungen mit bis zu 3% Benzoylperoxid Anwendung.

Benzoylperoxid ist bei Katzen aufgrund der eingeschränkten Verträglichkeit von Benzoesäure kontraindiziert.

5.4.9 Selendisulfid, Schwefel

Das nur wenig wasserlösliche Selendisulfid verringert bei lokaler Anwendung eine gesteigerte epidermale Zellproliferation. Es hemmt Sulfhydrylgruppen enthaltende Enzyme. Selendisulfid wird zudem eine antimykotische und eine antiseptische Wirkung zugeschrieben. Als Indikationsgebiet gilt beim Hund die Behandlung von hyperproliferativen Keratinisierungsstörungen wie der Seborrhoe. Nach Anwendung von Selendisulfid, welche zumeist mit 2,5% Wirkstoff enthaltenden Formulierungen als Badbehandlung erfolgt, sind Hautirritationen nicht selten. Eine dem Selendisulfid vergleichbare pharmakologische Wirkung entfaltet Schwefel (2–10%), welcher in verschiedenen Zubereitungen zur Badbehandlung enthalten ist. Schwefel beeinflußt die Keratinozytenproliferation; er wirkt keratolytisch, antibakteriell und auch antimykotisch.

5.4.10 Retinoide

Es ist lange bekannt, daß ein Mangel an Vitamin A Verhornungsstörungen der Haut zur Folge hat. Daher fanden in der Vergangenheit zahlreiche Versuche statt, Keratinisierungsstörungen mit Retinol zu behandeln. Die zur Erzielung therapeutischer Wirkungen systemisch zu verabreichende Vitamin-A-Dosis war jedoch so hoch, daß eine Hypervitaminose herbeigeführt wurde. Für die dermatologische Therapie stehen heute in zunehmendem Maß verschiedene *synthetische Retinoide* zur Verfügung, die systemisch oder lokal appliziert werden. Vitamin-A-Säure (Tretinoin, 0,05 %) wird zur topischen Behandlung eingesetzt; Tretinoin hat lokal reizende Wirkung.

Zur Behandlung verschiedener Hauterkrankungen des Menschen (Psoriasis, schwere Akneformen) werden Retinoide auch oral eingesetzt (z.B. Etretinat). Auch bei der Behandlung von Keratinisierungsstörungen des Hundes liegen mit Etretinat Erfahrungen vor. Es ist allerdings auf das hohe teratogene Wirkungspotential der Vitamin-A-Derivate hinzuweisen, welche daher nur bei äußerst strenger Indikationsstellung zum klinischen Einsatz kommen dürfen. Der Einsatz der systemisch zu verabreichenden Retinoide ist aufgrund des hohen teratologischen Wirkungspotentials bei Hund und Katze nicht anzuraten. Entsprechende Informationen werden auch vom Hersteller gegeben.

5.4.11 Harnstoff, Milchsäure, Ethyllactat

Harnstoff, Milchsäure, Ethyllactat und auch andere Stoffe sind keratolytisch wirksam. Harnstoff ist in Konzentrationen von bis zu 20 % in Mono- und Kombinationspräparaten (z.B. mit Glukokortikoiden) enthalten, wo er als Keratolytikum sowie als Penetrationsförderer dient. Er steigert den Wassergehalt der Epidermis. Milchsäure und Ethyllactat, welches bereits auf der Hautoberfläche zu Milchsäure und Ethanol zerfällt, wirken keratolytisch und zudem antiseptisch.

5.4.12 Salicylsäure und Methylsalicylat

Salicylsäure wirkt keratolytisch und kommt daher in erster Linie bei Hyperkeratosen zum Einsatz. Salicylsäure wird durch die Haut gut resorbiert. Die keratolytische Wirkung erklärt sich einerseits durch die Spaltung von Disulfid- und Wasserstoffbrücken. Zusätzlich kommt es über eine Aktivierung der Cholesterolsulfatase zu einer verminderten Adhärenz der Korneozyten. Die Keratinozytenproliferation bleibt unbeeinflußt. Insbesondere bei großflächiger Applikation sind Vergiftungen mit teilweise letalem Ausgang möglich. Besondere Vorsicht ist bei der Katze geboten.

Methylsalicylat wirkt bei lokaler Anwendung hautreizend und hyperämisierend. Die Substanz wird insbesondere bei entzündlichen Gelenkerkrankungen eingesetzt. Bereits in der Haut wird Methylsalicylat zu Salicylsäure demethyliert.

5.4.13 Campher, Thymol, Menthol

Die aus etherischen Ölen gewonnenen Substanzen Campher, Thymol und Menthol werden in der Dermatologie vorwiegend aufgrund ihres juckreizlindernden (0,25%) Effekts eingesetzt. Zudem wirken die Substanzen in höheren Konzentrationen von bis zu 10% hyperämisierend (Hitzegefühl, sog. Counterirritants). Die kühlende Wirkung wie auch das Hitzegefühl erklären sich durch die spezifische Wirkung auf Nervenendigungen.

5.4.14 Schieferölsulfonate

Ammoniumbituminosulfonat wird durch trockene Destillation aus schwefelreichem Schieferöl gewonnen, gereinigt und in eine wasserlösliche Salzform überführt. Helles Ammoniumbituminosulfonat hat eine im Vergleich zum dunklen Ammoniumbituminosulfonat stärkere Wirkung. Das Stoffgemisch wirkt antiseptisch, resorptionsfördernd, juckreizlindernd, entzündungshemmend und phagozytosefördernd.

Ichthyol induziert eine Akkumulation von neutrophilen Granulozyten im Behandlungsgebiet. Es hemmt eine durch chemotaktische Faktoren induzierte Migration von Leukozyten. Eine Verminderung der Freisetzung von Leukotrien B_4 aus polymorphkernigen Leukozyten wurde nachgewiesen. Als Indikationen zur Anwendung von Ichthyol sind Abszeßreifung, Furunkulose, Phlegmone, verschiedene entzündliche Hauterkrankungen und – in niedriger Konzentration von weniger als 2% angewendet – eine Beschleunigung der verzögerten Wundheilung zu nennen.

5.4.15 Teer

In Teeren (Steinkohlenteer, Holzteer) enthaltene Inhaltsstoffe wirken juckreizlindernd, antiphlogistisch und antiseptisch. Die epidermale Zellproliferation wird gehemmt. Eine durch Teer induzierte Kanzerogenese wurde beim Hund bisher epidemiologisch nicht nachgewiesen. Die Anwendung von Teer sollte aber kritisch beurteilt werden und nur nach tierärztlicher Verordnung erfolgen.

5.4.16 Lebertran

Lebertran enthält hauptsächlich Glyceride ungesättigter Fettsäuren und die Vitamine A und D. Lebertran, dem eine wundheilungsfördernde Wirkung zugeschrieben wird, wird äußerlich zumeist in Kombination mit Zink (Zinkoxid) in Salben zur Förderung der Wundheilung verwendet. Die heilungsfördernde Wirkung konnte in experimentellen Studien belegt werden.

Dem Tierarzt stehen zahlreiche Arzneimittel mit verschiedenen systemisch und topisch anwendbaren Formulierungen vieler Arzneistoffe zur Verfügung, die eine wirkungsvolle Therapie von Hauterkrankungen gestatten. Es bedarf im Bereich der Arzneimittelentwicklung weiterer intensiver Bemühungen der experimentellen und klinischen Forschung, um die Therapie von Hauterkrankungen effektiver und praktikabler gestalten zu können und um noch bestehende Therapielücken zu schließen.

6 Der praktische Einsatz von Dermatika in der Behandlung und Pflege

(Stefanie Peters und Hans-Joachim Koch)

6.1 Einleitung

In den letzten Jahren finden Hauterkrankungen zunehmend Beachtung, und die Bereitschaft der Tierbesitzer, in sorgfältige Diagnostik und Behandlung zu investieren, hat deutlich zugenommen. Auch die Einsicht, daß viele dieser Erkrankungen nicht nur in der Diagnostik zeitaufwendig sind, sondern auch einer langwierigen und mitunter arbeitsintensiven Behandlung bedürfen, setzt sich immer mehr durch. Zahlreiche Tierhalter sind mittlerweile sehr gut über die möglichen Nachteile und Nebenwirkungen bestimmter Behandlungsmethoden informiert und kritischer geworden. Sie verlangen von ihrem Tierarzt genaue Aufklärung über die Art der Erkrankung ihres Tieres, die Behandlungsmöglichkeiten sowie deren Vor- und Nachteile. Mehr und mehr Besitzer tendieren dann auch nicht mehr zu Therapiemethoden, die schnell und bequem anzuwenden sind, aber relativ starke Nebenwirkungen haben (z.B. Cortisonspritzen gegen Juckreiz bei Allergien), sondern sie sind auch bereit, aufwendigere, aber nebenwirkungsärmere Alternativen zu akzeptieren. Für diesen Zweck bieten sich Mittel zur örtlichen Behandlung an, in den meisten Fällen medizinische, d.h. wirkstoffhaltige Shampoos. Eine kontinuierlich wachsende Zahl an Produkten zur Haut- und Fellpflege, ebenso wie zur Therapie von Hauterkrankungen, spiegelt diese Entwicklung wider.

Wegen der Vielfalt der angebotenen Produkte sind Tierbesitzer häufig unsicher, ob, wie oft und womit sie ihre Tiere baden bzw. shampoonieren dürfen. Hartnäckig hält sich die Auffassung, mehr als ein oder zwei Badebehandlungen pro Jahr seien schädlich für Haut und Haarkleid. Zudem wird es immer schwieriger für den Laien, bei dem ständig größer werdenden Angebot an Produkten zur Haut- und Fellpflege zwischen notwendigen und geeigneten und unnützen oder sogar schädlichen Produkten zu unterscheiden. Dieses Kapitel soll zur Klärung dieser Problematik beitragen.

Es gibt verschiedene Gründe, ein Tier zu baden oder zu shampoonieren.

Anmerkung: Im täglichen Sprachgebrauch werden „baden" und „shampoonieren" meist synonym verwendet. Tatsächlich ist in Deutschland aber fast nur Shampoonieren gebräuchlich. Das echte Baden, also Verbringen des Tieres in eine Wanne oder gar einen Whirlpool, in dem das Wasser normalerweise mit einem Zusatz versehen ist, ist oft umständlich und deshalb nicht üblich. Daher wird hier auch nur auf das

Shampoonieren eingegangen, bei dem in das nasse Fell Shampoo einmassiert und nach einer vorbestimmten Einwirkzeit mit klarem Wasser ausgespült wird. Unter unseren Haustieren sind Bade- oder Shampoobehandlungen sowie andere topische Therapien vorwiegend beim Hund von Bedeutung. Auch Katzen können zwar grundsätzlich gebadet, shampooniert und anders örtlich behandelt werden, doch müssen wegen des ihnen eigenen Pflegeverhaltens gewisse Einschränkungen in Kauf genommen werden.

6.2 Indikationen für die topische Behandlung

6.2.1 Reinigung

Die Zellerneuerung ist, wie bereits in Kapitel 1 beschrieben, ein durch unterschiedlichste Faktoren gesteuerter und somit komplexer, kontinuierlich ablaufender Vorgang. Beim gesunden Hund ist die Hautoberfläche von einem Film aus Sekreten der Hautdrüsen, abgestoßenen Zellen und Schmutzpartikeln bedeckt. Wird dieser Oberflächenfilm zu dick oder kommen gar andere Bestandteile wie Blut, Krusten, Exsudate oder starke Verschmutzung hinzu, können Irritationen der Haut und Hauterkrankungen entstehen oder bereits bestehende Probleme verschlimmert werden. Eine mechanische Entfernung dieses Films von der Hautoberfläche ist ein wesentlicher Bestandteil der Fellpflege und erst recht der Therapie und wird am zweckmäßigsten durch Shampoonieren erreicht.

Wie oft nun shampooniert wird, richtet sich nach mehreren Gesichtspunkten: Bei Hunden ohne Haut- und Fellprobleme gilt der Grundsatz, daß sie shampooniert werden können und sollen, so oft dies erforderlich ist, vorausgesetzt, es werden einige Grundregeln beachtet. Hier spielen rassetypische Besonderheiten ebenso wie individuelle Lebensgewohnheiten eine wesentliche Rolle: Beispielsweise müssen Tiere mit langem, dichtem Fell, Tiere mit kurzen Beinen, die bei ungünstiger Witterung schnell verschmutzt sind, oder Tiere, die sich mit Vorliebe in irgendwelchem Unrat wälzen, natürlich ziemlich häufig, im Extremfall sogar jeden Tag, mittels Shampoonieren gereinigt werden. Damit dies ohne Schaden für Haare und Haut bleibt, ist es entscheidend, den Hund mit einem milden, für **Hunde** konzipierten Mittel zu shampoonieren (s. später) und dieses auch gründlich auszuspülen. Da sich die Haut des Hundes wesentlich von der des Menschen unterscheidet – sie ist erheblich dünner, hat weniger Schweißdrüsen und ist von neutralem statt saurem pH-Wert, hat also keinen „Säureschutzmantel" –, muß diesem Umstand gerade bei häufigerem Shampoonieren Rechnung getragen werden. Ein mildes, hypoallergenes Shampoo, das speziell für Hunde entwickelt wurde, ist hierzu am besten geeignet. Manche Besitzer verwenden Baby-Shampoos, weil sie als besonders mild gelten. Auch diese sind nicht auf die Besonderheiten der Hundehaut abgestimmt, ihre Reinigungswirkung ist nur begrenzt und ihr Preis i.d.R. hoch. Um Irritationen und Schädigungen von Haarkleid und Haut beim Hund zu vermeiden, sollten solche Mittel nicht häufiger als zwei- bis dreimal jährlich verwendet werden, sind also für die Routinereinigung nicht geeignet.

6.2.2 Geruchsbildung

Wird der Hund shampooniert, weil er in der Wohnung gehalten wird und der Geruch „nach Hund" gerade bei feuchtem Wetter einfach zu penetrant wird, gilt das gleiche Prinzip, d.h., ein auf die Besonderheiten der Hundehaut abgestimmtes Shampoo sollte verwendet werden, wann immer es erforderlich ist. Allerdings muß sichergestellt sein, daß der störende Geruch nicht andere, möglicherweise krankhafte Ursachen hat. Beispielsweise kommen Erkrankungen der Haut selbst (Pyodermien, Seborrhoen, Lefzenekzeme usw.), evtl. auch Zahnfleischentzündungen, vereiterte Zähne, Ohrentzündungen, angeschoppte oder gar vereiterte Analbeutel als mögliche Ursachen in Frage. Auf sie sollte sorgfältig untersucht werden, damit nötigenfalls eine gezielte Therapie durchgeführt werden kann.

6.2.3 Kosmetische Fellpflege

Je nach Rasse und Behaarungstyp werden an Fell- und Haarqualität unterschiedliche Anforderungen, meist nach ästhetischen Gesichtspunkten, gestellt. Dies gilt natürlich in besonderem Maße für pflegeintensive Exemplare wie Hunde mit besonders langem und/oder dichtem Haarkleid, vor allem, wenn sie ausgestellt werden. Um die gewünschte kosmetische Wirkung zu erzielen, beispielsweise das Haar gut kämmbar, glänzend oder „füllig" zu machen oder bei festerem Haar das Verwirren zu verhindern, sind verschiedene Maßnahmen möglich.

● „Normale" Shampoos

Meist auf der Basis von oberflächenaktiven Substanzen oder Detergentien, s. später und Kapitel 5.

● Trockenshampoos

Trockenshampoos werden manchmal von Besitzern „wasserscheuer" oder langhaariger Hunde als Alternative zum normalen Shampoonieren angewandt. Sie bestehen aus einer Mischung aus adsorbierendem Puder und milden Alkalien und müssen lediglich aufgestäubt und wieder ausgebürstet werden. Ihr Vorteil gegenüber dem „normalen" Shampoonieren besteht in einer erheblichen Arbeits- und Zeitersparnis, was vor allem vor oder bei Ausstellungen ins Gewicht fällt. Zudem läßt sich diese Behandlung normalerweise jeder Hund gut gefallen. Leider ist die Reinigungswirkung solcher Produkte nur sehr gering, und durch das verstärkte Bürsten lädt sich das Haar i.d.R. sehr stark statisch auf. Solche Produkte sind daher nur in Ausnahmefällen zu empfehlen, beispielsweise zum schnellen „Styling" vor Ausstellungen o.ä. Eine Alternative zur Behandlung mit medizinischen Shampoos stellen sie natürlich in keinem Fall dar.

● Conditioner

Conditioner bestehen aus Substanzen, die entweder positiv geladen und oberflächenaktiv oder amphoter sind. Sie verringern aufgrund dieser Eigenschaften die statische Aufladung des Einzelhaares und damit das Abstoßen der Haare untereinander: Normales Haar ist zwar elektrisch neutral, kann sich aber – gerade bei niedriger Luftfeuchtigkeit oder bei häufigem Bürsten – elektrisch aufladen und ist dann negativ geladen. Da die Nachbarhaare ebenfalls negativ geladen sind, werden sie abgestoßen, die Haare „fliegen". Dieser Effekt wird durch die Conditioner verhindert. Darüber hinaus enthalten sie fettige oder ölige Inhaltsstoffe, die für Glanz sorgen und das Haar gleichzeitig glatt anliegend und leicht kämmbar machen. Da sie das Einzelhaar mit einem feinen Film überziehen, erscheint das Haarkleid auch fülliger. Auch Conditioner gelangen i.d.R. nur als „Kosmetika" vor Ausstellungen o.ä. zum Einsatz.

6.2.4 Erkrankungen von Haut und/oder Haaren

Neben der Reinigung und Pflege ist der häufigste Grund, einen Hund zu shampoonieren, medizinischer Natur, d.h. normalerweise eine Erkrankung der Haut, bei der auch das Haarkleid beteiligt sein kann. Der Einsatzbereich von speziell für den Hund entwickelten, medizinischen Shampoos läßt sich in mehrere Indikationsgruppen gliedern, die sich mitunter überlappen. Beispielsweise kann der Patient gleichzeitig eine Behandlung mit einem antibakteriell und mit einem antiseborrhoisch (gegen Schuppen) wirkenden Shampoo benötigen. Erkrankungen wie die Epidermale Dysplasie des Westhighland White Terriers (s. dort) erfordern gar ein ausgeklügeltes, dem Verlauf angepaßtes Behandlungs-Management, bei dem unterschiedlich wirkende Shampoos eingesetzt werden. Nicht ohne Grund wies der amerikanische Veterinärdermatologe Schwartzman bereits 1977 darauf hin, daß die Therapie von Hauterkrankungen sowohl eine Kunst als auch eine Wissenschaft sei. Dies gilt natürlich ganz besonders für den Einsatz von wirkstoffhaltigen Shampoos.

Unter dem Begriff **seborrhoische Erkrankungen** werden traditionsgemäß praktisch alle schuppenbildenden Hauterkrankungen mit oder ohne Vermehrung der epidermalen Lipide (Fette) zusammengefaßt (s. Kapitel 2). Die Ursachen für die Entwicklung seborrhoischer Hautveränderungen sind ausgesprochen vielfältig, und eine vermehrte Schuppenbildung stellt eine besonders häufige Indikation zur Anwendung von Shampoos dar. Je nach Ursache der Hautveränderung kann die Shampoobehandlung entweder die Therapie der Grunderkrankung, beispielsweise bei der Schilddrüsenunterfunktion die Substitution mit Schilddrüsenhormonen in Tablettenform, unterstützen, oder sie stellt sogar die alleinige Therapie dar, z.B. in leichten Fällen einer primären Seborrhoe.

6.2.4.1 Primäre (idiopathische) Seborrhoe

Die normale Keratinisierung (Zellerneuerung und Hornbildung) sowie die primären, genetisch bedingten Keratinisierungsstörungen wurden bereits an anderer Stelle beschrieben. Die **Seborrhoea sicca** (trockene Seborrhoe) tritt als primäres Problem v.a. beim Irish Setter und beim Dobermann auf. In den meisten Fällen ist sie allerdings eine sekundäre Erscheinung infolge anderer Erkrankungen, so daß die Diagnose „primäre Seborrhoe" auch bei diesen beiden Rassen erst nach Ausschluß möglicher Primärerkrankungen gestellt werden kann. Auch die **Seborrhoea oleosa** (ölige Seborrhoe) ist meist sekundär und dann nicht auf bestimmte Rassen beschränkt. Als primäre Erkrankung wird sie bei Cocker-Spaniel, Springer-Spaniel, Shar-Pei, Westhighland White Terrier, Basset und Labrador beschrieben, wobei auch hier die Diagnose der primären Form nach Ausschluß möglicher anderer Grunderkrankungen erfolgt.

Ergänzend zu den in Kapitel 2 beschriebenen Erkrankungen mit trockener und öliger Seborrhoe soll hier noch auf weitere spezifische Keratinisierungs- (d.h. Verhornungs-)störungen einzelner Rassen eingegangen werden. Da bei den meisten dieser genetisch bedingten Erkrankungen derzeit (noch ?) keine ursächliche Behandlung möglich und meist die gesamte Hautoberfläche betroffen ist, die wiederum mit einer örtlichen Therapie sehr gut erreicht werden kann, stellen diese Erkrankungen eines der klassischen Einsatzgebiete der Therapie mit wirkstoffhaltigen Shampoo dar.

6.2.4.2 Rassetypische primäre Keratinisierungsstörungen

● **Epidermale Dysplasie des West Highland White Terriers**

Diese Erkrankung tritt ausschließlich bei West Highland White Terriern auf. Sie beginnt während des ersten Lebensjahres. Erste Symptome sind normalerweise Rötungen und Juckreiz im Bereich von Gliedmaßen (Abb. 6.1) und Bauch (Abb. 6.2), die sich weiter ausbreiten. Meist kommt es bald zu hochgradigem Juckreiz, begleitet von Haarverlust, Hyperpigmentierung, Lichenifikation (Verdickung der Haut), starker öliger Seborrhoe und bakterieller Sekundärinfektion. Der Hund riecht i.d.R. penetrant wie nach ranzigem Fett. Die tastbaren Lymphknoten sind häufig vergrößert, und das Allgemeinbefinden des Tieres ist zunehmend gestört. Eine sekundäre starke Besiedlung der Haut mit dem überall vorkommenden Hefepilz *Malassezia pachydermatis* (s. Kapitel 1) tritt in den meisten Fällen auf und trägt zu einer Verschlimmerung der Symptome, in erster Linie des Juckreizes, bei. Bei den betroffenen Tieren sind „unterstützende", in leichten Fällen auch ausschließliche Shampoobehandlungen mit einer Kombination aus antiseborrhoischen, antibakteriellen und „entfettend" wirkenden Shampoos unentbehrlich (s. Tabelle 6.1).

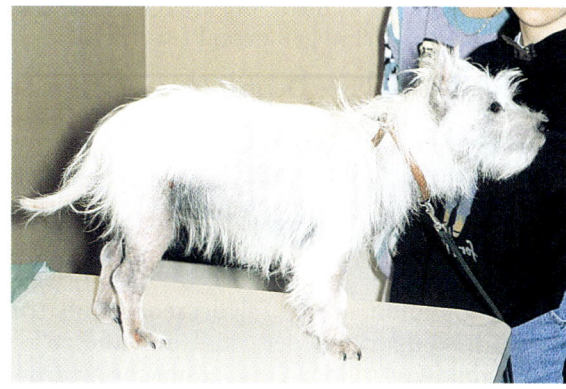

Abb. 6.1: Epidermale Dysplasie bei einem 9 Monate alten West Highland White Terrier. Erythem, z.T. Hyperpigmentierung und Alopezie an den Gliedmaßen

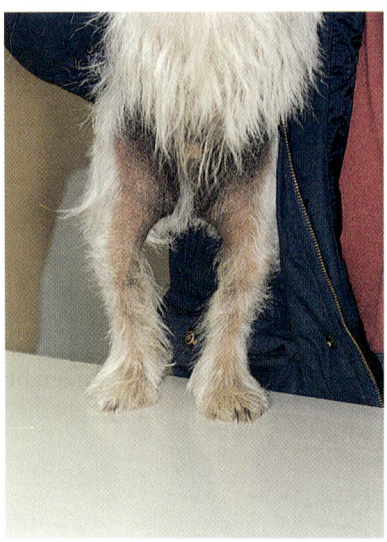

Abb. 6.2: Epidermale Dysplasie bei einem 9 Monate alten West Highland White Terrier. Erythem, z.T. Hyperpigmentierung und Alopezie in der Gliedmaßen- und Bauchregion

Die Epidermale Dysplasie kann i.d.R. sehr gut durch regelmäßige Shampoobehandlungen gelindert werden. Es gelingt bei vielen Patienten, die Erkrankung durch diese konsequente Behandlung über einen längeren Zeitraum, evtl. sogar lebenslang, unter Kontrolle zu halten. Sie kann jedoch wie alle anderen primären Keratinisierungsstörungen nicht geheilt, sondern nur kontrolliert werden und bedarf damit einer lebenslangen Behandlung. Mit Rezidiven, vor allem durch erneute Ausbreitung der Hefepilz- und der bakteriellen Besiedlung der Haut, muß gerechnet und dann möglichst frühzeitig eine gezielte Behandlung eingeleitet werden, bei der wiederum auf Shampoos nicht verzichtet werden kann. Die chronische Natur der Erkrankung und die Schwierigkeiten, die mit der Behandlung verbunden sein können, müssen dem Besitzer eines solchen Tieres natürlich bewußt sein. Dabei kann er gerade durch die regelmäßige Shampoobehandlung sowohl die Rezidivneigung verringern als auch den Behandlungserfolg einer oralen Therapie der bakteriellen und Hefepilz-Infektion (mit Antibiotika und Antimykotika-Tabletten) verbessern oder in leichteren Fällen sogar ganz ohne orale Behandlung auskommen. Somit können die medikamentösen Behandlungskosten ebenso wie die Nebenwirkungen gesenkt werden.

● **Vitamin-A-reaktive Dermatose des Cocker-Spaniels**
s. Kapitel 3

● **Zink-reaktive Dermatose des Husky und Malamute**
s. Kapitel 3 (Abb. 6.3)

● **Granulomatöse Talgdrüsenadenitis**
Bei der granulomatösen Talgdrüsenadenitis tritt eine entzündliche Reaktion gegen die Talgdrüsen der Haut auf, die zu ihrer Zerstörung und späterer Narbenbildung führen kann. Zunächst wurde sie nur bei wenigen Rassen,

Abb. 6.3: Zink-reaktive Dermatose bei einem 9 Monate alten Husky. Hyperkeratose, Hyperpigmentierung, Krustenbildung und Alopezie um Auge, Nase und Lefzen sowie an der Innenseite der Ohrmuschel

vor allem Pudel (Abb. 6.4), Akita-Inu, Viszla und Samojeden, beschrieben. Mittlerweile wird sie aber auch bei zahlreichen anderen Rassen diagnostiziert. Betroffen sind vorwiegend junge oder mittelalte Hunde beiderlei Geschlechts.

Klinisch können zwei Erscheinungsformen unterschieden werden:

Bei **langhaarigen Hunden** (vor allem Pudel, Samojede und Akita-Inu) treten als erste Symptome deutliche Schuppenbildung und dünner werdendes Fell bzw. Alopezie entlang der Rückenlinie auf, die später, bei einigen Tieren auch gleichzeitig, mit ähnlichen Veränderungen an Nasenrücken, Kopf, Ohrmuscheln, Hals und Rumpf einhergehen können. Die Haare erscheinen trocken und glanzlos und regelrecht miteinander verklebt und verfilzt. Beim Auszupfen eines kleinen Haarbüschels bleiben die Einzelhaare im typischen Fall an den Wurzeln miteinander verbunden. Die Schuppenbildung verstärkt sich im weiteren Verlauf. Die Erkrankung kann in „leichten" Fällen hier zum Stillstand kommen, in schwereren kommen Juckreiz, bakterielle Sekundärinfektionen und sogar Allgemeinstörungen hinzu. Die Diagnose der Talgdrüsenadenitis kann gerade im frühen Stadium sehr schwierig sein, vor allem, weil der Verlauf nicht vorhersehbar ist: Die Symptome können wechselhaft auftreten und sogar zyklisch verlaufen. Zwischenzeitlich können sie sich auch spontan bessern, unabhängig von der jeweiligen Behandlung. Einen besonderen Verlauf nimmt die Talgdrüsenadenitis häufig bei Pudeln: Hier wird oft lange vor Beginn anderer Symptome ein Verlust der Lockenbildung beobachtet, so daß die Haare strähnig erscheinen (Abb. 6.5). Auch eine Veränderung der Fellfarbe ist möglich. Speziell Pudel neigen zu einer Generalisierung der Symptome bereits in einer frühen Phase der Erkrankung.

Bei **kurzhaarigen Rassen,** vor allem beim Viszla, sehen die Symptome derselben Krankheit ganz anders aus: Als erstes treten „mottenfraßähnliche", runde oder miteinander verschmelzende haarlose Bezirke unterschiedlicher Größe auf, die in der Regel nur geringe Schuppenbildung zeigen und ohne Juckreiz sind. Ihre Neigung zu bakteriellen Sekundärinfektionen ist gleichfalls gering. Betroffen sind bei dieser Form in erster Linie Kopf, Rumpf und Ohren.

Abb. 6.4: Granulomatöse Talgdrüsenadenitis bei einem Pudel. Hypotrichose und trockene Seborrhoe

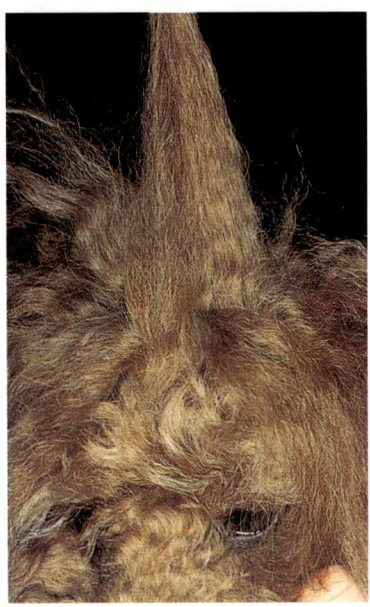

Abb. 6.5: Granulomatöse Talgdrüsenadenitis bei einem Pudel. Verlust der Lockenbildung beim Tier von Abb. 6.4

Beide Formen der Talgdrüsenadenitis können mit antiseborrhoischen, falls erforderlich auch mit antibakteriellen Shampoos deutlich gebessert werden. Diese können auch unterstützend zu einer oralen Behandlung, beispielsweise mit Retinoiden in Tablettenform, angewendet werden.

● Follikeldystrophie, „Farbmutantenalopezie"
(s. auch Kapitel 2)

Diese (primäre) Keratinisierungsstörung wurde zunächst bei den Farbmutanten unterschiedlicher Rassen, nämlich beim blauen Dobermann, Chow-Chow und Deutscher Dogge sowie beim isabellfarbenen Irish Setter, beobachtet. Mittlerweile wurde das auch bei weiteren Rassen und „Normalfärbungen" festgestellt. Diagnostiziert wird sie vor allem bei jungen Tieren (Beginn i.d.R. in den ersten drei Lebensjahren), wobei keine Geschlechtsprädisposition festzustellen ist.

Erste Symptome sind dünner werdendes Haarkleid (Hypotrichose) bis hin zur Alopezie, verbunden mit deutlicher trockener Seborrhoe. Bakterielle Sekundärinfektionen sind häufig. Besonders stark betroffen ist der Rumpf. Gliedmaßen und Kopf hingegen sind am wenigsten verändert (Abb. 6.6). Bei „Black-and-Tan"-Färbung sind üblicherweise nur die dunklen Farbbereiche betroffen, und der Übergang zu den normal erscheinenden hellen Bezirken ist scharf begrenzt. Diese sind nur in Ausnahmefällen ebenfalls verändert. Der Verlauf der „Farbmutantenalopezie" ist unterschiedlich schnell progressiv, und mit einem Nachwachsen der Haare ist nicht zu rechnen. Wegen der starken Neigung zu bakteriellen Sekundärinfektionen ist der Einsatz von antibakteriell wirkenden Shampoos im Wechsel mit antiseborrhoischen, evtl. in Kombination mit Humektantien/Emollientien, angezeigt. Benzoylperoxid-Shampoos sind prinzipiell wegen ihrer „follikelspülenden" Wirkung, die zur Verringerung der bakteriellen Infektion beiträgt, gut geeignet. Wegen ihrer austrocknenden Wirkung sollten sie in Anbetracht der ohnehin schon sehr trockenen Haut dieser Patienten grundsätzlich durch Nachspülen mit Feuchtigkeitsspendern oder Emollientien nach dem Shampoonieren ergänzt werden. Sehr gut wirksam, aber nicht austrocknend, ist auch Ethyllactat-Shampoo zur Behandlung von bakteriellen Sekundärinfektionen.

● **Schnauzer-Komedonen-Syndrom**

Bei dieser Erkrankung, von der ausschließlich Zwergschnauzer betroffen sind, treten entlang der Rückenlinie multiple Komedonen („Mitesser") auf. Erste Symptome zeigen normalerweise gerade erwachsen gewordene Tiere beiderlei Geschlechts. Das Schnauzer-Komedonen-Syndrom wird vom Besitzer nicht selten mit allergischen Reaktionen verwechselt, da sich die Komedonen bei Sekundärinfektion mit Bakterien so vergrößern können, daß sie sich wie Quaddeln anfühlen. In den meisten Fällen läßt sich die Erkrankung allein mit Shampoobehandlung ausgezeichnet unter Kontrolle halten. Bewährt hat es sich, die Erkrankung zunächst mit Benzoylperoxid-Shampoo wegen der „follikelspülenden" Wirkung zu behandeln und evtl. später zu dem ebenso antibakteriell wirkenden Ethyllactat, falls erforderlich auch im Wechsel mit antiseborrhoischen Shampoos, überzugehen.

Abb. 6.6: Follikeldystrophie bei einer zweijährigen Dobermannhündin

● **Lichenoid-psoriasiforme Dermatose des Springer-Spaniels**

Diese Erkrankung wurde bislang ausschließlich beim Englischen Springer-Spaniel festgestellt. Sie ist sehr selten und äußert sich in geröteten, dicken, schuppenden Papeln und Plaques im Bereich von Ohrmuscheln, äußerem Gehörgang, zwischen Augen und Ohren, um Augen, Lefzen und Präputium sowie am Innenschenkel. Eine ölige Seborrhoe kann hinzukommen und den Verlauf komplizieren. Während des Krankheitsverlaufs wechseln sich Phasen der Besserung und Phasen der spontanen Verschlechterung miteinander ab. Meist reichen zur Kontrolle der Erkrankung antiseborrhoische Shampoos im Wechsel mit Benzoylperoxid oder Ethyllactat allein nicht aus. Sie sind aber zur Unterstützung anderer Therapien, z.B. mit Retinoiden, gut geeignet.

● **Canine Ichthyose**

Die canine Ichthyose ist eine extrem seltene primäre Keratinisierungsstörung, die vor allem bei Terriern und deren Kreuzungen beschrieben wurde. Die betroffenen Tiere zeigen bereits von Geburt an eine hochgradige, schuppende Hyperkeratose (übermäßige Hornbildung), für die eine z.T. extrem verdickte Haut (ichthys = griech.: Fisch) charakteristisch ist und die vorwiegend den Bauchbereich, Hautfalten bzw. Beugeflächen der Gelenke und die Ballen betrifft. Die topische Therapie mit antiseborrhoischen Shampoos plus Feuchtigkeitsspender/Emollientien bzw. mit einer Propylenglycol-Humilac-Mischung ist nur bei ganz milden Verlaufsformen ausreichend. Anders als bei den meisten anderen Keratinisierungsstörungen erfolgt hier die äußerliche Behandlung *zweimal täglich* und nach Besserung der Symptomatik alle zwei bis drei Tage, je nach Ansprechen auf die Behandlung dann evtl. in größeren Intervallen.

● **Ohrrandseborrhoe des Dackels**

Bei der Ohrrandseborrhoe, die vor allem beim Dackel auftritt, sind zunächst die Ränder beider Ohrmuscheln mit öligen, festhaftenden Schuppen bedeckt, später kann es auch zu Haarverlust kommen. In seltenen Fällen können die Blutgefäße der betroffenen Bezirke des Ohrrandes durch Thrombosen verschlossen werden, so daß im Versorgungsgebiet dieser Gefäße Nekrosen und Fissuren (Risse), in extremen Fällen sogar regelrechte Löcher entsprechend der Größe und dem Verlauf des verschlossenen Blutgefäßes auftreten können. Die Behandlung von unkomplizierten, leichteren Fällen besteht in der lokalen Anwendung von antiseborrhoischen Shampoos so oft wie erforderlich (in täglichen bis wöchentlichen Abständen).

Bei Sekundärinfektionen können antibakterielle Shampoos, z.B. mit Ethyllactat oder Benzoylperoxid, angewendet werden. Extreme Fälle, bei denen der Ohrrand regelrechte Risse aufweist, die sehr empfindlich und für Verletzungen sehr anfällig sind, bedürfen einer chirurgischen Korrektur. Auch diese Keratinisierungsstörung kann durch eine konsequente Behandlung kontrolliert, aber nicht geheilt werden.

● **Idiopathische nasodigitale Hyperkeratose**

Diese durch übermäßig starke Verhornung von Nasenspiegel und/oder Ballen gekennzeichnete Erkrankung wird vorwiegend bei Cocker- und Springer-

Spaniel diagnostiziert. Da das gebildete Horn meist extrem trocken und festhaftend ist, sind Fissuren, Ulzera oder Erosionen häufige Folgeerscheinungen (Abb. 6.7). Einige schwerwiegende, möglicherweise sogar lebensbedrohliche Erkrankungen wie beispielsweise Autoimmunerkrankungen können mit gleich aussehenden Veränderungen einhergehen. Daher soll beim Auftreten der geschilderten Symptome unbedingt ein Tierarzt aufgesucht werden, der mit entsprechenden Untersuchungen die Unterscheidung zwischen einer (Autoimmun-)Erkrankung und einem vielleicht eher kosmetischen Problem vornehmen kann. Die Therapie der idiopathischen nasodigitalen Hyperkeratose besteht zunächst in der Erweichung der Hornschicht und anschließender vorsichtiger chirurgischer Entfernung. In schwereren Fällen können evtl. keratolytische Gele (z.B. mit Salicylsäure, Milchsäure oder Harnstoff) oder Retinoide (0,025–0,01%iges Tretinoin-Gel) zunächst zwei-, später einmal täglich aufgetragen werden.

● **Canine Akne**

Die canine Akne ist eine besonders häufige Keratinisierungsstörung. Sie betrifft vorwiegend kurzhaarige Rassen und Rüden und setzt etwa mit Beginn der Geschlechtsreife ein. Typisch sind Komedonen („Mitesser"), Papeln und Pusteln am Kinn, evtl. auch im gesamten Lefzenbereich. In schweren Fällen entwickeln sich tiefe bakterielle Infektionen mit Fistelbildung. Leichtere Fälle bilden sich nach der Pubertät oft spontan zurück. Die örtliche Behandlung der leichten und mittelschweren Fälle erfolgt mit Benzoylperoxid-Shampoo oder -Gel zunächst zweimal täglich für ca. eine Woche, dann einmal täglich oder dem Verlauf angepaßt evtl. in größeren Intervallen. Ein örtliches Antibiotikum kann zusätzlich im Wechsel vom Tierarzt verordnet werden. Gut geeignet ist hierzu Mupirocin, da es auch in tiefe, granulomatöse Veränderungen eindringen kann und sich gerade bei tiefen bakteriellen Infektionen mit Fistelbildung hervorragend bewährt hat. Kombiniert man beide Präparate, sollten sie in täglichem Wechsel angewendet werden. In therapieresistenten Fällen werden Antibiotika systemisch (i.d.R. oral) eingesetzt. Falls diese nicht die gewünschte Wirkung zeigen, können auch topische Retinoide zunächst zwei-, dann einmal täglich meist mit gutem Erfolg aufgetragen werden.

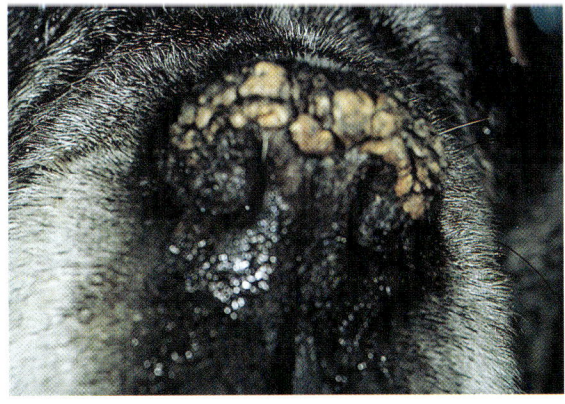

Abb. 6.7: Idiopathische nasale Hyperkeratose bei einem 12jährigen Boxer-rüden

6.2.4.3 Sekundäre Keratinisierungsstörungen

Eine Abhandlung sämtlicher als Folge anderer Grunderkrankungen auftretender sekundärer Keratinisierungsstörungen würde den Rahmen dieses Buches sprengen. Hier sollen nur die wichtigsten in Kurzform vorgestellt werden.

Prinzipiell gilt für alle sekundären Keratinisierungsstörungen, daß die Primärerkrankung diagnostiziert und – wenn irgend möglich – durch eine spezifische Therapie beeinflußt werden muß. Zur Unterstützung dieser Behandlung muß dann i.d.R. eine topische Therapie durchgeführt werden, die je nach Art der Erkrankung vorwiegend in antiseborrhoisch, antibakteriell oder antimykotisch wirksamen Shampoos, deren kombinierter Anwendung und/oder Feuchtigkeitsspendern oder Emollientien besteht.

Zu den häufigsten **Ursachen** für sekundäre Keratinisierungsstörungen zählen:
– Parasitosen,
– Pyodermien,
– Dermatomykosen,
– hormonelle Störungen,
– Allergien,
– Autoimmunerkrankungen,
– Umweltfaktoren (Hitze, zu hohe Luftfeuchtigkeit etc.),
– Störungen des Lipidstoffwechsels (Malabsorptions-/Maldigestionssyndrom, Lebererkrankungen, Fettstoffwechselstörungen etc.),
– Tumorerkrankungen, chronisch katabole Stoffwechselzustände.

● **Ektoparasitosen**

Zu den Hautparasiten, die am häufigsten zu seborrhoischen Hautveränderungen führen, zählen die Milbenarten *Cheyletiella*, *Sarcoptes* und *Demodex*, Haarlinge und Flöhe. Diese Parasiten haben unterschiedliche Lebensräume auf bzw. in der Haut ihrer Wirtstiere und lösen Reaktionen aus, die von einer Irritation der Haut, Juckreiz und Schuppenbildung bis zu allergischen Reaktionen gegen die Parasiten bzw. ihre Bestandteile oder Exkremente reichen können. Letzterer Reaktion liegt eine Sensibilisierung gegen den Parasiten mit unterschiedlich heftigen Reaktionen bei erneutem Kontakt mit ihm zugrunde.

Cheyletiellen sind Milben, die ihren gesamten Entwicklungszyklus auf der Hautoberfläche ihres Wirtstieres verbringen und sich von Exsudaten, die die Haut bildet, ernähren. Sie sind relativ wenig wirtsspezifisch, hochkontagiös und befallen neben Hunden auch Katzen, Kleinnager etc. und evtl. Menschen, auf denen sie sich aber nicht weiterentwickeln können. Sie werden sowohl durch direkten Kontakt als auch indirekt, d.h. über die Umgebung, übertragen. Ihre bevorzugten Plätze am Wirtstier sind Rücken, Kruppe und Außenseite der Ohrmuscheln, wo sie als häufigste Symptome Schuppenbildung und Juckreiz verursachen (Abb. 6.8). Bei derartigen Hautproblemen vor allem bei jungen Hunden wird häufig nicht an Cheyletiellen als mögliche Ursache gedacht, oder sie werden als „Milchschorf" bei Welpen fehlinterpretiert. Erschwert wird die Diagnose „Cheyletiellose" mitunter dadurch, daß die Milben bei ihren Wirtstieren individuell unterschiedlich starken Juckreiz und andere Hautsymptome auslösen und die befallenen Tiere sogar völlig symptomfrei bleiben können. Diese sog. „asymptomatischen Carrier" bleiben unerkannt und sind so eine besondere Ansteckungsquelle für andere Tiere (s. auch Kapitel 4). Obwohl die Cheyletiellen ihren gesamten Lebenszyklus auf dem Wirtstier verbringen, können sie auch verhältnismäßig lange in der Umgebung überleben und müssen dort ebenfalls bekämpft werden, um ständige Wiederansteckungen zu vermeiden.

Die **Sarcoptes-Milben** sind ebenfalls hochkontagiös, dabei jedoch erheblich wirtsspezifischer als Cheyletiellen. Beim Hund kommt besonders *Sarcoptes scabiei* variatio *canis* vor. Neben Hunden sind vor allem Füchse und – in Alpenländern – auch Gamswild empfänglich. Die Milben werden meist durch direkten Kontakt von einem Tier zum anderen übertragen, eine indirekte Übertragung ist gleichfalls möglich. Menschen können als sog. *Fehlwirte*, auf denen sich die Milben nicht weiterentwickeln können, befallen werden (Abb. 6.9). Sarcoptes-Milben leben über große Teile ihres Lebens innerhalb der Epidermis, wo die weiblichen Tiere Bohrgänge graben und in diese ihre Eier ablegen. Juckreiz und Hautveränderungen treten meistens generalisiert auf, doch sind Ohrmuscheln und -ränder, die Haut über Knochenvorsprüngen (Ellbogen, Sprunggelenken etc.) und im Gegensatz zur Cheyletiellose das Abdomen meist früh und stark betroffen (Abb. 6.10).

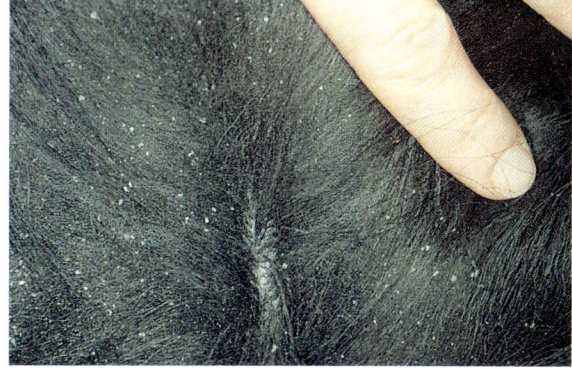

Abb. 6.8: Cheyletiellose am Rücken eines Tibet-Mastiffs. Massive Schuppenbildung und Veränderung der Fellqualität

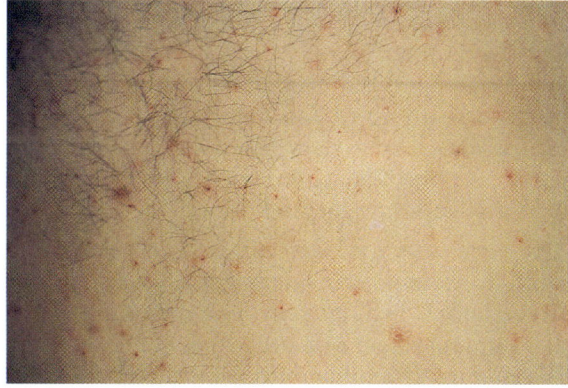

Abb. 6.9: Stark juckende Papeln am Bauch eines Besitzers von Hunden mit Sarcoptes-Räude (Mensch als Fehlwirt für die Milben)

Abb. 6.10: Sarcoptes-Räude bei einem Deutschen Schäferhund. Alopezie, Erythem, z.T. Hyperpigmentierung und Lichenifikation sowie sekundäre Pyodermie und Abmagerung

Der Juckreiz ist im Regelfall *sehr* stark und tritt nachts und in warmer Umgebung verstärkt auf. Die befallenen Hunde kratzen sich häufig sogar während des Spaziergangs, im Behandlungsraum des Tierarztes oder in anderen Situationen, wo sie normalerweise durch andere Reize abgelenkt sind und nur hochgradiger Juckreiz stärker als diese Stimuli ist. Wie auch bei Cheyletiellen läßt sich die Ansteckungsquelle in vielen Fällen durch einen sorgfältigen Vorbericht mit Hinweis auf Ausstellung, Welpentreffen, Deckakt, Hundefriseur, bei jagdlich geführten Hunden auch Kontakt mit Füchsen/Fuchsbauten etc. ermitteln.

Der Nachweis der Milben selbst ist schwieriger als bei allen anderen Parasiten. Gelingt er trotz Untersuchung zahlreicher (12–15) Hautgeschabsel nicht direkt unter dem Mikroskop – dies gilt für etwa 50% der betroffenen Tiere –, kann auch eine serologische (d.h. Blut-) Untersuchung auf Sarcoptes-Antikörper durchgeführt werden. Auch bei Sarcoptes-Räude oder dem Verdacht darauf müssen neben dem eigentlichen Patienten auch alle anderen Tiere, die sich anstecken können, sowie die Umgebung mitbehandelt werden. Es versteht sich von selbst, daß bei übertragbaren Milbenerkrankungen die Parasitenträger (auch „asymptomatische Carrier") von empfänglichen anderen Tieren für die gesamte Behandlungsdauer isoliert werden müssen!

Die **Demodex~Milbe** hingegen gehört zu den „normalen" Bewohnern der Hundehaut, wo sie in kleiner Zahl in den Haarbälgen lebt. Kommt es zu einer Verminderung der körpereigenen Abwehrmechanismen gegen diese Milben, können sie sich ungebremst und somit stark vermehren. Sichtbare Symptome sind dann Hautveränderungen, entweder generalisiert und meist beginnend an Kopf und/oder (Vorder-) Gliedmaßen, oder lokalisiert. Zunächst entwickeln sich neben örtlich begrenztem Haarverlust meist schuppende, oft erythematöse Hautveränderungen und i.d.R. erst später aufgrund bakterieller Sekundärinfektionen auch Juckreiz.

Eine *generalisierte Demodikose* (Abb. 6.11 und 6.12) kann entweder „spontan" auftreten oder „iatrogen", d.h durch bestimmte immunsuppressive Arzneimittel, bedingt sein. Von „spontaner" Erkrankung spricht man, wenn das Immunsystem vor allem bei Jungtieren erblich bedingt oder bei älteren Tieren durch immunsupprimierende Erkrankungen wie beispielsweise Hyperkortizismus oder Tumorerkrankungen unterdrückt ist. Bei generalisierter Demodikose sind tiefe bakterielle Infektionen mit Fistelbildungen häufig, die für den Patienten sogar lebensbedrohlich sein können (Tod durch Sepsis, d.h. Blutvergiftung).

Die *lokalisierten Formen* bestehen aus umschriebenen, mehr oder weniger kreisförmigen, meist schuppigen und erythematösen, haarlosen Stellen, die von seborrhoischen Veränderungen unterschieden werden müssen (Abb. 6.13). Im Gegensatz zu den beiden zuvor genannten Milbenarten sind Demodex-Milben nach heutigem Wissensstand *nicht* ansteckend für Tiere und Menschen. Allerdings werden sie auf Hundewelpen von der Mutter innerhalb der ersten zwei oder drei Lebenstage übertragen.

Haarlinge sind erheblich größer als Milben und viel einfacher nachzuweisen. Sie leben auf der Hautoberfläche, von wo aus sie Blut saugen. Sie verursachen fast immer eine trockene Seborrhoe und unterschiedlich stark ausgeprägten Juckreiz. Durch Kratzen, Beißen oder Lecken entstehen Veränderungen wie Haarverlust und sekundäre bakterielle Infektionen. Die Nissen haften normalerweise fest an den Haaren. Haarlinge können relativ leicht behandelt werden. Je nach Länge des Haarkleids und betroffener Körperregion kann es notwendig werden, die Haare vor Beginn einer topischen

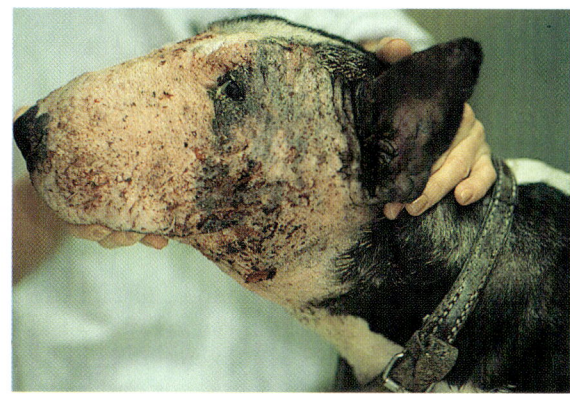

Abb. 6.11: Generalisierte Demodikose bei einem Bullterrier. Alopezie, Erythem und Lichenifikation und tiefe Pyodermie mit Fistelbildung

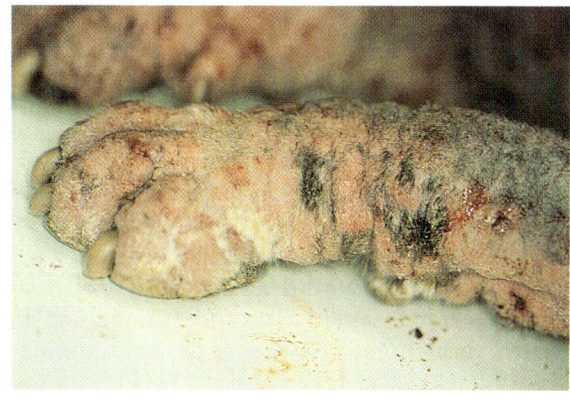

Abb. 6.12: Generalisierte Demodikose bei einem Bullterrier. Tiefe Pyodermie mit Fistelbildung (gleicher Hund)

Abb. 6.13: Lokalisierte Demodikose im Gesicht eines 8 Monate alten Appenzeller Sennenhundes mit hochgradiger Verwurmung. Alopezie, Erythem und Schuppenbildung. Spontanes Abheilen der Hautveränderungen nach konsequenter Behandlung der Darmparasiten

Behandlung zu scheren, so z.B. die Ohrmuscheln beim Cocker-Spaniel. Eine Umgebungsbehandlung ist i.d.R. nicht notwendig, jedoch sollten alle empfänglichen Kontakttiere sorgfältig auf Haarlinge untersucht und im Zweifelsfall mitbehandelt werden.

Auch **Flöhe** gehören zu den Parasiten, die *auf* der Haut leben und Blut saugen. Flöhe bzw. Flohkot können zwar mit bloßem Auge erkannt werden, jedoch ist ihr Nachweis besonders bei flohallergischen Tieren mitunter sehr schwierig (s. Kapitel 4). Sie sind die häufigste Ursache für Hauterkrankungen bei Hund und Katze und können auf der Haut sowohl örtliche Irritationen als auch allergische Reaktionen auslösen (s. Kapitel 4). Allergische Reaktionen sind beim Hund durch Rötungen, Quaddelbildung und Papeln, vorwiegend an Rückenende, Rutenoberseite und Hinterschenkeln, gekennzeichnet. In chronischen Fällen sind Lichenifikation, Hyperpigmentierung, trockene Seborrhoe und Alopezie häufig.

● **Endoparasitosen**

Darmparasiten wie **Spul-, Band- und Hakenwürmer** gehören bei uns zu den Endoparasiten, die bei Hund und Katze zu Hautveränderungen führen können. Gleichzeitig mit Schuppenbildung können Symptome wie Juckreiz, diffuse Ausdünnung des Haarkleids und bakterielle Sekundärinfektionen auftreten. Besteht Verdacht auf diese Parasiten, sollten grundsätzlich mindestens 3 bis 5 Kotproben von aufeinanderfolgenden Tagen mikroskopisch untersucht werden, da die Wurmeier nicht kontinuierlich ausgeschieden werden und so ein einziger negativer Befund nicht aussagekräftig genug ist.

Die klassische **Hautform der Leishmaniose** ist durch die Bildung sehr großer, fest auf der Haut haftender Schuppen (sog. „Asbestschuppen") vor allem im Bereich von Gesicht, Ohren und Pfoten gekennzeichnet. Sehr häufig kommt es zu einer „Brillenbildung" um die Augen; i.d.R. ist die Schuppenbildung mit einer Ausdünnung des Haarkleids bis zur Alopezie verbunden, Juckreiz fehlt. Übertragen wird der Parasit *Leishmania donovani* nur über bestimmte blutsaugende Insekten (Sandfliegen), die sich ausschließlich in wärmeren Klimaten vermehren. Daher tritt die Erkrankung bei uns fast nur bei Hunden aus Südeuropa oder nach einem Aufenthalt dort auf, doch wurde in den letzten Jahren in Deutschland auch vereinzelt von Leishmaniosefällen ohne vorherigen Auslandsaufenthalt berichtet, so daß möglicherweise auch andere Überträger, vielleicht sogar andere Übertragungswege in Frage kommen. Die Leishmaniose gilt als nicht ansteckend durch normalen Kontakt. Die Inkubationszeit der Leishmaniose kann sehr lang sein (bis zu drei Jahren!). Bei derartigen Hautveränderungen, die in den meisten Fällen mit zusätzlichen (Organ-) Symptomen und Allgemeinstörungen einhergehen, muß daher auch an einen schon länger zurückliegenden Aufenthalt in einem Risikogebiet bzw. an einen Import des Tieres aus einem Risikogebiet gedacht werden.

Eine in Deutschland verhältnismäßig seltene Erkrankung stellt die **Dirofilariose** (Herzwurmerkrankung) dar. Sie kann zu unterschiedlichen Hautveränderungen, u.a. zu einer Seborrhoe mit Ulzerationen und Juckreiz, führen. Da sich der Parasit *Dirofilaria immitis* vorwiegend in den großen, herznahen Blutgefäßen aufhält, sind die Hautsymptome normalerweise von anderen Symptomen, wie z.B. Atemnot, Husten oder schneller Ermüdung, begleitet. Die Vorgeschichte ist im Verdachtsfall sehr wichtig – Aufenthalt des Hundes in bzw. Import des Tieres aus einem „herzwurmverdächtigen" Gebiet.

● **Pyodermien**

Unter Pyodermie versteht man eine bakterielle Infektion der Haut, beim Hund meist mit *Staphylococcus intermedius. Alle* primären und sekundären Seborrhoen können *sowohl Ursache als auch Folge* einer solchen Pyodermie sein.

Man unterscheidet je nach Tiefe und Schweregrad verschiedene Pyodermieformen: Zu den **oberflächlichen Pyodermien** zählen die sog. Intertrigo, d.h. Hautfaltendermatitis, sowie die oberflächliche pyotraumatische Dermatitis, auch oberflächlicher „Hot spot" genannt. Oberflächliche Pyodermien sind die Impetigo und die bakterielle Follikulitis (Haarbalgentzündung), **tiefe Pyodermien** schließlich sind Furunkulose und Zellulitis, tiefe pyotraumatische Dermatitis (tiefer „Hot spot"), Pododermatitis, die sog. „Schäferhundpyodermie", Kalluspyodermien etc.

Der Juckreiz als Folge einer **oberflächlichen Pyodermie** ist sehr variabel ausgeprägt und kann auch völlig fehlen. Als Ursachen bzw. Auslöser solcher bakterieller Infektionen kommen praktisch alle unter Seborrhoen aufgeführten Ursachen in Betracht, besonders häufig die verschiedenen Allergien, Parasitosen, Seborrhoen und hormonelle Störungen. Eine topische oder systemische Behandlung der Erkrankung mit Corticosteroiden infolge einer Fehldiagnose der Pyodermie führt i.d.R. zu deren Weiterbestehen und ihrer Verschlimmerung durch eine Immunsuppression und kann aus einer zunächst oberflächlichen eine tiefe Pyodermie werden lassen (Abb. 6.14).

Oberflächliche Pyodermien sprechen auf die Behandlung mit antibakteriell wirkenden Shampoos meist gut und rasch an. Bei der sog. „juvenilen Impetigo" treten beim jungen Hund Papeln und Pusteln im Bereich von Achseln, Innenschenkeln und Bauch auf, oft als Folge von Ernährungs- oder Hygienemängeln, Endo- oder Ektoparasitosen (Abb. 6.15). Durch Überprüfung und nötigenfalls Beseitigung solcher Faktoren zusammen mit der Anwendung eines antibakteriellen Shampoos kann die Erkrankung in den meisten

Fällen ohne eine zusätzliche orale Antibiotikatherapie schnell zur Abheilung gebracht werden. Empfohlen wird die Shampoobehandlung zunächst alle zwei bis drei Tage, bis die Symptome unter Kontrolle sind, dann einmal wöchentlich bzw. sogar in größeren Abständen. Wie bei allen Pyodermien sind Corticosteroide in *jeder* Form, also auch als Bestandteile von Kombinationspräparaten zur örtlichen „Allround-Behandlung", kontraindiziert, da sie durch ihre immunsupprimierende Wirkung die Neigung der Haut zu bakteriellen Infektionen vergrößern bzw. bereits bestehende bakterielle Infektionen verschlimmern (Abb. 6.16).

Bei **tiefen bakteriellen Infektionen,** auch bei Furunkulose und Zellulitis, stellt die Behandlung mit antibakteriell wirkenden Shampoos eine wesentliche unterstützende Maßnahme der gezielten, meist oralen antibiotischen Behandlung dar, aber natürlich nicht mehr die alleinige Therapie. Bei tiefen Pyodermien mit großflächigen offenen Hautveränderungen dürfen Shampoos aber nur unter tierärztlicher Anleitung eingesetzt werden, da solche Läsionen zu einer erhöhten Resorption von Wirkstoffen und damit zu Unverträglichkeiten oder gar toxischen Reaktionen führen können (s. auch Abb. 6.11 und 6.12).

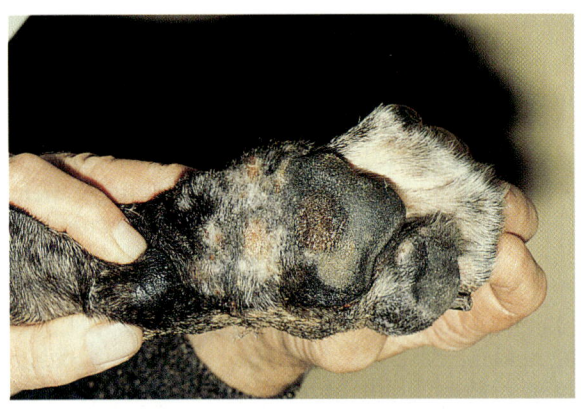

Abb. 6.14: Allergische Hautreaktion auf Futterbestandteile. Tiefe bakterielle Entzündung an der Pfote eines Fila Brasiliero

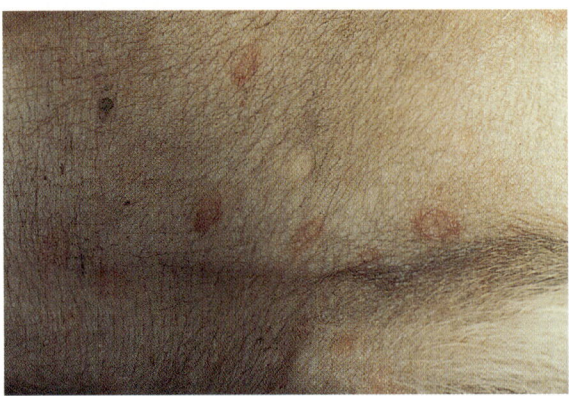

Abb. 6.15: Juvenile Impetigo

Abb. 6.16: Längerdauernde topische Behandlung mit einem hochpotenten Corticosteroid am Bauch eine Boxers. Alopezie, Pusteln, Komedonen, Erytheme und dünne Haut; zusätzlich massive Entzündungsreaktionen durch corticosteroid-induzierte Verkalkungen in der Haut, die als Fremdkörper wirken

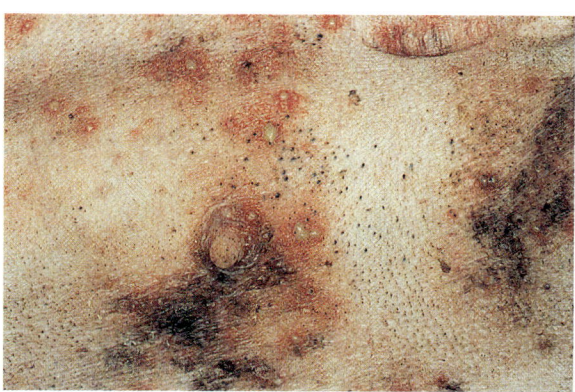

● **Dermatomykosen**

Pilzinfektionen der Haut sind beim Hund meist durch *Microsporum canis* verursacht und können ebenfalls zu seborrhoischen Veränderungen führen. Sie sind auf Mensch und Tier durch direkten Kontakt sowie durch Vektoren übertragbar, kommen aber viel seltener vor, als allgemein angenommen wird. In den meisten Fällen einer vom Besitzer befürchteten Pilzinfektion handelt es sich in Wirklichkeit um eine oberflächliche Staphylokokken-Pyodermie, deren Veränderungen sehr ähnlich aussehen können.

Lokalisierte Hautveränderungen heilen teilweise spontan ab, d.h. ohne Behandlung. Größere oder gar generalisierte Hautveränderungen müssen therapiert werden. In größeren Tierbeständen wie Tierheimen, Zuchten usw. müssen alle Tiere untersucht und behandelt werden. Langhaarkatzen, speziell Perserkatzen, können Träger von Pilzsporen sein, ohne irgendwelche Hautveränderungen zu zeigen. Damit sind sie hochkontagiös für andere Tiere, insbesondere Hunde und Katzen, sowie für Menschen. Ähnlich wie bei der generalisierten Demodikose bei erwachsenen Hunden sollte bei schweren oder generalisierten Pilzerkrankungen grundsätzlich nach der Ursache für eine mögliche Immunsuppression, z.B. schwere Erkrankungen oder eine medikamentöse Behandlung, gesucht werden (Abb. 6.17). Die Sporen von *Microsporum canis* können in der Umgebung bis zu 18 Monate lang infektiös bleiben und sind sehr widerstandsfähig, so daß eine gründliche Umgebungsbehandlung enorm wichtig ist (s. auch Kapitel 4). Die topische Behandlung des Patienten kann z.B. mit 0,2%igem Enilconazol (Imaverol®) oder mit Miconazol (Daktar®) bei lokalisierten Veränderungen beim Hund allein versucht werden. Zur systemischen Behandlung sind Griseofulvin, Ketoconazol und andere Conazole geeignet, die aber grundsätzlich tierärztlicher Verordnung und Verlaufskontrolle, beispielsweise engmaschiger Kontrolle der Leberwerte, bedürfen (s. auch Kapitel 5). Zur Umgebungsbehandlung ist die oben genannte Enilconazol-Verdünnung ebenfalls geeignet.

● **Hormonelle Störungen**

Wie in Kapitel 2 beschrieben, nehmen diverse Hormone auf Haarwachstum, Talgdrüsenaktivität usw. Einfluß.

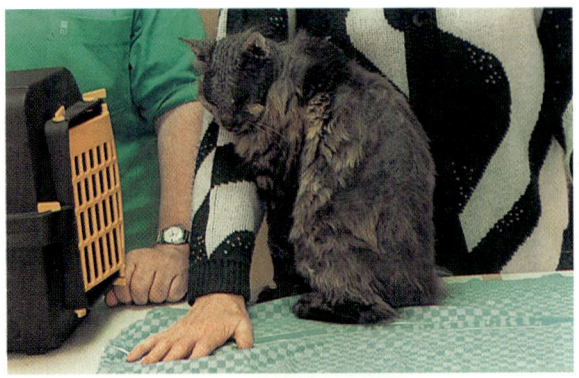

Abb. 6.17: Generalisierte Dermatomykose (*Microsporum* canis) bei einem 5jährigen Europäisch-Kurzhaar-Kater. Alopezie, Hyperpigmentierung und Lichenifikation bei gleichzeitiger Immunsuppression durch FIV-Infektion – die übrigen Katzen und Hunde im selben Haus zeigten keine Hautveränderungen

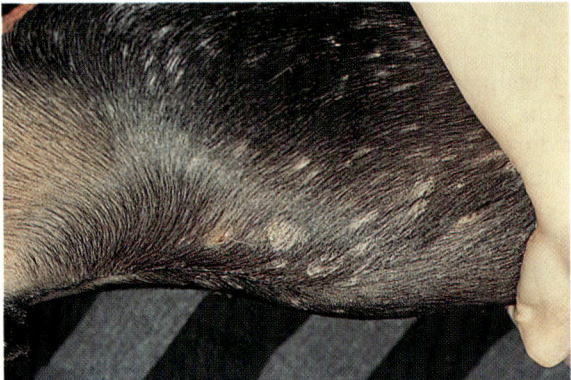

Abb. 6.18: Hypothyreose bei einem Kurzhaardackel. Follikulitis und mottenfraßähnliches Aussehen

Allgemein gilt die **Hypothyreose** (Unterfunktion der Schilddrüse) als häufigste Hormonstörung. Sie kann entweder angeboren sein oder – in den allermeisten – Fällen spontan auftreten und mit einer Zerstörung des hormonproduzierenden Schilddrüsengewebes einhergehen. In letzter Zeit mehren sich kritische Stimmen, die die Hypothyreose in vielen Fällen für „überdiagnostiziert" halten, nicht zuletzt wegen der zunehmenden Erkenntnis, daß eine sichere Diagnose in der Praxis sehr schwierig sein kann. Als häufig betroffen gelten die Rassen Chow-Chow, Deutsche Dogge, Irish Wolfhound, Boxer, Englische Bulldogge, Dackel, Afghane, Neufundländer, Malamute, Dobermann, Britanny Spaniel, Pudel, Golden Retriever und Zwergschnauzer. Häufige Symptome der Haut sind trockene Seborrhoe, symmetrischer Haarausfall, Neigung zu Ohrentzündungen, Neigung zu bakteriellen Hautentzündungen (Abb. 6.18), schlechte Fellqualität, Entwicklung eines sog. „Rattenschwanzes" usw., die in unterschiedlicher Ausprägung und Kombination auftreten können. Die Kombination einer Substitution mit Schilddrüsenhormonen in Tablettenform mit einer unterstützenden antiseborrhoischen Shampoobehandlung, evtl. auch in Kombination mit Feuchtigkeitsspendern oder Emollientien und im Bedarfsfall mit antibakteriellen Shampoos, ist sehr wirksam.

Das Hormon Cortisol wird bekanntlich durch die Nebennierenrinde gebildet. Als Medikament wird es zur Behandlung zahlreicher (Haut-)Erkrankungen erfolgreich eingesetzt. Von der spontan auftretenden Überproduktion von körpereigenem Cortisol (**Hyperkortizismus**) sind vor allem Dackel, Pudel, Yorkshire-Terrier und Boxer ab dem mittleren Lebensalter betroffen. Ein länger anhaltender zu hoher Cortisolspiegel kann an der Haut zu trockener Seborrhoe, Neigung zu bakteriellen Sekundärinfektionen und Haarausfall führen (Abb. 6.19). Außerdem werden verringerte Hautdicke und -elastizität, Bildung von Komedonen, Verkalkungsherde in der Haut und verzögerte Wundheilung sowie verzögertes Nachwachsen von Haaren nach Scheren o.ä. beobachtet. Da beim Hyperkortizismus nicht nur Hautveränderungen auftreten, sondern der erhöhte Cortisolspiegel Auswirkungen auf alle Organsysteme hat (s. Kapitel 5) und lebensbedrohlich sein kann, muß im Verdachtsfall eine sorgfältige diagnostische Abklärung und ggf. spezifische Therapie zur Senkung des Cortisolspiegels durchgeführt werden.

Zur Behandlung der Hautveränderungen können unterstützend Shampoos eingesetzt und mit ihnen der Behandlungserfolg deutlich verbessert werden. Je nach Symptomatik kommen insbesondere antibakterielle und antiseborrhoische Shampoos, evtl. in Verbindung mit Feuchtigkeitsspendern/Emollientien, zum Einsatz.

Eine seltenere Hormonstörung, über deren Ursache noch relativ wenig bekannt ist, stellt der sog. **Hyposomatotropismus** (Wachstumshormonmangel) beim *erwachsenen Hund* dar. Die Symptome dieser Erkrankung, die vorwiegend bei Zwergspitz (Abb. 6.20), Wolfsspitz, Pudel und Samojeden vorkommt, ähneln den Hautsymptomen der beiden zuvor genannten Erkrankungen. Dabei kommt es beim Hyposomatotropismus aber häufig zu einer Farbveränderung der Haare; sie können heller *oder* dunkler werden. Falls Biopsien (Gewebeproben) zur histopathologischen Untersuchung entnommen werden, wächst das Fell an diesen Stellen (und nur dort!) plötzlich wieder nach, oft in Form eines Haarbüschels, das auch eine andere Haarfarbe haben kann. Dieses Phänomen führt man auf eine Stimulation der örtlich in der Haut gebildeten Wachstumsfaktoren zurück. Der Hyposomatotropismus wird wahrscheinlich häufig überdiagnostiziert, wird kontrovers diskutiert und ist

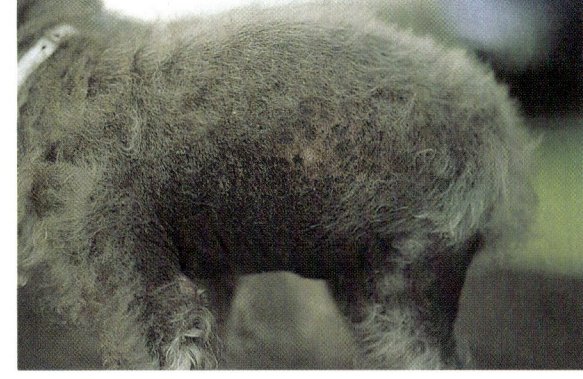

Abb. 6.19: Hyperkortizismus bei einer 10jährigen Pudelhündin. Alopezie, Hyperpigmentierung und Seborrhoea sicca

derzeit mit großen Problemen in der Diagnostik verbunden, da selbst einzelne Rassen unterschiedliche Normalwerte bei den Wachstumshormonspiegeln zu haben scheinen und somit eine Interpretation der ermittelten Werte teilweise kaum möglich ist. Auch die Therapie ist problematisch, da sie sehr kostenaufwendig ist, i.d.R. nicht den gewünschten Erfolg zeigt und bei Mehrfachbehandlung mit gravierenden Nebenwirkungen gerechnet werden muß, die bis hin zu anaphylaktischem Schock auf das Fremdeiweiß und Auslösung eines Diabetes mellitus reichen.

Schließlich soll hier noch auf die Störungen der **Sexualhormone** (Überproduktion oder Mangel) und ihren Einfluß auf Talgproduktion und Keratinisierung eingegangen werden. Generell gilt, daß Androgene einen (direkten) fördernden Einfluß auf die Talgdrüsenaktivität haben, Gestagene und Östrogene sie aber (indirekt) hemmen.

Die sog. „ovarielle Imbalance Typ I" bei der nicht kastrierten Hündin verläuft mit seborrhoischen Veränderungen, Hyperpigmentierung, Hyperkeratose, evtl. Alopezie und Juckreiz im Bereich von Flanken, Abdomen und Anogenitalregion. Auch eine oft chronische Otitis externa kann auftreten. Gynäkomastie (Schwellung der Gesäugeleiste) und Hypertrophie (Vergrößerung) der Vulva sind gleichfalls häufig. Die genannten Symptome können zeitlich variieren und in Abhängigkeit von der Läufigkeit stärker oder schwächer werden.

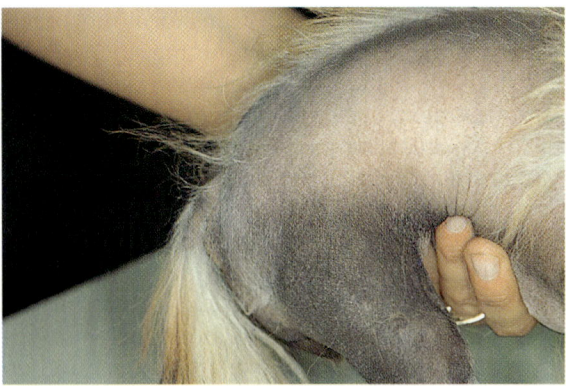

Abb. 6.20: Hyposomatotropismus bei einem Zwergspitz. Alopezie und Hyperpigmentierung am Rumpf ohne sekundäre Entzündung; gut sichtbar ist die verstärkte, deutlich begrenzte Hyperpigmentierung am Hinterbein durch UV-Strahlen – der Hund trägt am Körper ein Mäntelchen und ist damit vor UV-Strahlen geschützt

Abb. 6.21: Alopezie und Hyperpigmentierung am Rumpf eines Foxterriers mit Hodentumor. Komplette Wiederbehaarung innerhalb von drei Monaten nach der Kastration

Die Hautveränderungen beim sog. „hypoandrogenen Syndrom" des Rüden sind ähnlich, auch eine Gynäkomastie tritt meistens auf. Auch Östrogen(!)-produzierende Hodentumoren führen zu derartigen Symptomen, zusammen mit Veränderungen der Fellfarbe (meist rötliche Verfärbung) und Fellqualität (strohig und trocken), bei Alopezie auch Hyperpigmentierung (Abb. 6.21). Hunde reagieren selbst auf kleine Östrogenmengen extrem empfindlich, vor allem mit einer Hemmung der Produktion der Vorstufen von roten und weißen Blutkörperchen und der Blutplättchen im Knochenmark. Dadurch kann es zu einer verzögerten oder fehlenden Blutgerinnung kommen, die zum Tod durch Verbluten aus kleinen Verletzungen nach außen oder aus normalerweise harmlosen Blutergüssen in das körpereigene Gewebe führen kann. Gegenmittel zur gezielten Behandlung einer solchen Knochenmarkdepression gibt es nicht, Bluttransfusionen können zur Überbrückung eingesetzt werden. Daher sollten diese sonst als gutartig einzustufenden östrogenproduzierenden Tumoren sehr ernst genommen und möglichst frühzeitig durch Kastration entfernt werden. Eine Therapie mit antiseborrhoischen oder falls erforderlich antibakteriell wirkenden Shampoos ist bis zum Abklingen der Hautsymptome empfehlenswert.

Bei der sog. „ovariellen Imbalance Typ II" der *kastrierten* Hündin hingegen treten symmetrische Alopezie vor allem im Flankenbereich, im Anogenitalbereich, an den Hinterschenkeln sowie unter dem Bauch auf, während die Zitzen und die Vulva sehr klein erscheinen. Eine Hyperkeratose kommt im Gegensatz zum hypoandrogenen Syndrom normalerweise nicht vor. Sekundäre Pyodermien sind relativ häufig und können mit antibakteriell wirkenden Shampoos unterstützend behandelt werden.

Bei sexuell hyperaktiven Rüden werden gelegentlich eine ölige Seborrhoe mit oder ohne zeruminöse Otitis externa diagnostiziert, die wahrscheinlich auf eine verstärkte Produktion bestimmter männlicher Geschlechtshormonfraktionen zurückzuführen sind. Der gemessene Testosteronspiegel im Blut liegt meist im Normbereich. Die ursächliche Behandlung besteht in der Kastration des Tieres. Eine nachfolgende Besserung der Hautsymptome bestätigt die Diagnose. Vorübergehend können antiseborrhoische Shampoos (Teer-Schwefel-Salicylsäure), evtl. auch Benzoylperoxid-Shampoos, erfolgreich eingesetzt werden.

● **Allergien**

Auch bei Haustieren, in erster Linie beim Hund, werden immer häufiger allergische Erkrankungen diagnostiziert. Die Allergie kann sich dabei gegen mit dem Futter aufgenommene, eingeatmete oder über die Haut eindringende Allergene oder gegen Insekten, bei uns meist Flöhe, richten. Das erste und hauptsächliche Symptom ist normalerweise Juckreiz, dem dann bakterielle Sekundärinfektionen, seborrhoische Veränderungen, Alopezie etc. folgen können.

Bei den **allergischen Hautreaktionen auf Futterbestandteile** (allgemein „**Futterallergie**" oder Nahrungsmittelallergie genannt) werden Antikörper gegen einzelne Bestandteile des Futters, vor allem gegen bestimmte Eiweißarten, gebildet (Abb. 6.22). Diese Allergie wurde an anderer Stelle (s. Kapitel 2) bereits ausführlich beschrieben.

Bei der **atopischen Dermatitis** (früher auch als „**Inhalationsallergie**" bezeichnet) bildet der Körper nach Erstkontakt mit bestimmten Allergenen, wie z.B. Pollen oder Hausstaubmilben, spezifische, gegen diese gerichtete Abwehrstoffe (Immunglobuline) vorwiegend vom Typ E (IgE). Bei erneutem Allergenkontakt vernetzen diese Moleküle, die sich auf der Oberfläche von Mastzellen befinden, und führen zur Degranulation dieser Zellen. Diese Reaktion wird als Sofortreaktion bezeichnet. Bei ihr und bei der verzögert auftretenden Spätreaktion werden einerseits bereits vorher gebildete proinflammatorische Mediatoren freigesetzt, andererseits noch neue produziert. Sie führen in der Haut zu verschiedenen Reaktionen, deren wichtigste Juckreiz, aber auch Gefäßerweiterung, Ödembildung und Entzündung sind. Die i.d.R. betroffenen Stellen sind Pfoten und Gesicht, vor allem Lefzen, Augenumgebung, Ohrmuscheln, äußerer Gehörgang und Zwischenzehenbereich. Der Bauch und die Beugeseiten der Ellbogen, Achsel- und Innenschenkelbereich sind häufig mit betroffen (Abb. 6.23 und 6.24). Es gibt auch Hunde mit atopischer Dermatitis, die einen *generalisierten Juckreiz*, d.h. ohne erkennbares spezielles Verteilungsmuster, zeigen.

Bei der atopischen Dermatitis spielen Rasse- und Altersprädisposition eine wichtige Rolle: In Deutschland sind nach unseren Untersuchungen in erster Linie Boxer, Westhighland White Terrier, Bullterrier und Chow-Chow zu

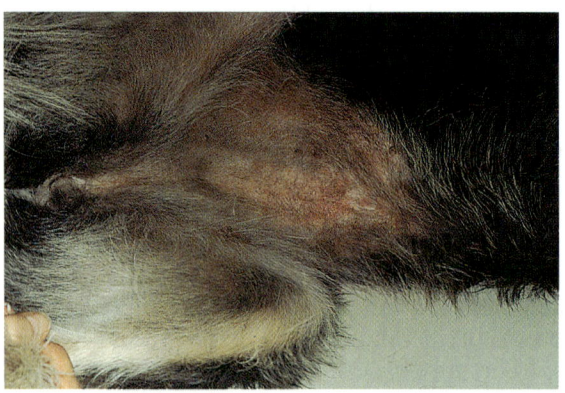

Abb. 6.22: Allergie auf Rindfleisch bei einer 2jährigen Mischlingshündin. Erythem und beginnende bakterielle Sekundärinfektion zwei Tage nach Gabe von gekochtem Rindfleisch

Abb. 6.23: Atopische Dermatitis bei einem Boston-Terrier. Erythem und Alopezie im Gesicht

Abb. 6.24: Atopische Dermatitis bei einem Boston-Terrier. Erythem und Alopezie an den Pfoten (gleicher Hund)

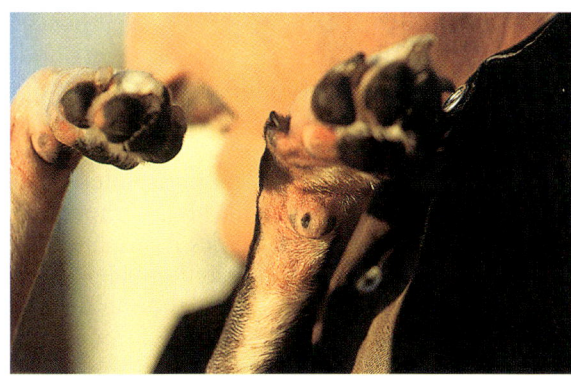

nennen. Bei etwa 75% der Hunde beginnen die Symptome im Alter zwischen ein und drei Jahren. Oft sind die Tiere bei der Erstvorstellung beim Tierarzt aber älter, da sie bereits länger erkrankt sind. Bei ihnen sind sekundäre Veränderungen wie bakterielle Infektionen, (meist trockene) Seborrhoe, Alopezie, Hyperpigmentierung, Lichenifikation und – bei helleren Tieren – eine rötlichbraune Verfärbung der Haare durch ständiges Lecken, deutlich (s. auch Kapitel 2). Infolge der chronischen Entzündung wird der Wasserverlust durch die Epidermis gesteigert, wodurch die Haut trockener und der Juckreiz damit noch stärker wird. Auch das Eindringen von Bakterien durch die derart veränderte Haut wird begünstigt (s. Kapitel 2). Eine Shampoobehandlung mit antiseborrhoischen und/oder antibakteriellen Wirkstoffen, im Regelfall kombiniert mit der Anwendung von Emollientien oder Feuchtigkeitsspendern, erfüllt hier gleich mehrere Zwecke: Durch das Shampoonieren werden gleichzeitig rein „mechanisch" Allergene von der Hautoberfläche entfernt, und die spezifischen Wirkstoffe des Shampoos können in die Haut gebracht werden. Die Anwendung von Emollientien oder Feuchtigkeitsspendern trägt zusätzlich zur Rehydrierung der Haut bei. In letzter Zeit geht man übrigens zunehmend davon aus, daß bei der atopischen Dermatitis die Allergene nicht oder nur zu einem geringen Teil eingeatmet, sondern vielmehr direkt über die Haut aufgenommen werden. Leichte Formen der atopischen Dermatitis lassen sich gerade darum in manchen Fällen allein über die Shampoobehandlung, wenn möglich zusammen mit der Vermeidung bzw. Reduktion des auslösenden Allergens, kontrollieren. In der überwiegenden Zahl der Fälle ist die Shampoobehandlung jedoch als eine unterstützende und/oder vorbeugende Maßnahme zu verstehen. Die ursächliche Behandlung besteht entweder in einer Vermeidung des oder der auslösenden Allergene, die aber nur in den seltensten Fällen möglich ist, und sonst in der gezielten Desensibilisierung gegen das (die) auslösende(n) Allergen(e).

Die Verwendung von juckreizmindernden Shampoos, meist solchen mit Hafermehl (Allercalm®), trägt bei Hunden mit diesen Allergien zusätzlich dazu bei, den Juckreiz zu verringern und die Verwendung von Medikamenten wie Antihistaminika und Corticosteroiden zu reduzieren. Dies mindert nicht nur mögliche Nebenwirkungen, sondern auch die gerade bei großen Hunderassen nicht selten beträchtlichen Medikamentenkosten.

Die **Kontaktallergie** tritt beim Hund deutlich seltener auf. Hier sind vor allem Körperstellen, die relativ schwach behaart und somit weniger geschützt sind, betroffen: Unterseite der Pfoten (*nicht* die Ballen), Hodenhaut, Unterseite von Hals, Bauch, Brust, Schwanz, Kinn, Perinealbereich und Innenseite der Ohrmuscheln. Zu den häufigsten Kontaktallergenen gehören Detergentien, Bodenbeläge, Zement, Gräser und andere Pflanzen (s. Kapitel 4). Auch bei dieser Allergieform sollte man als Therapie eine Vermeidung oder wenigstens eine mechanische Entfernung des Allergens von der Hautoberfläche anstreben. Zusätzlich ist die Wiederherstellung der sog. „Barrierefunktion" der Haut wichtig. Je nach Grad und Ausdehnung der Symptome kann die Behandlung des Hundes mit entsprechenden Shampoos (hypoallergenen oder juckreizmindernden) wie bei der atopischen Dermatitis bis zur lokalen Anwendung juckreizhemmender oder antibiotischer Zubereitungen reichen. Eine systemische medikamentöse Behandlung, z.B. mit Corticosteroiden ist nur in Ausnahmefällen erforderlich.

Die **Flohallergie** schließlich stellt die häufigste Allergieform bei Hunden und Katzen dar. Sie richtet sich gegen Inhaltsstoffe im Flohspeichel und kann als Allergie vom Soforttyp (Typ I, IgE-vermittelt) nach 15 bis 30 Minuten und/oder als Allergie vom verzögerten Typ (Typ IV, zellvermittelt) erst nach 24 bis 48 Stunden auftreten. Der Juckreiz ist bei der Flohallergie besonders stark und betrifft in erster Linie Rückenende, Schwanzansatz und die Hinterseite der Oberschenkel, gelegentlich auch den Nabelbereich. Die Veränderungen können auch generalisieren und dann fast die ganze Hautoberfläche betreffen. Sekundär können Seborrhoe, Alopezie, bakterielle Infektionen, Hyperpigmentierung und Lichenifikation hinzukommen (s. Kapitel 4). Diese Folgeerscheinungen können zwar mit entsprechenden antiseborrhoischen, antibakteriellen oder juckreizmindernden Shampoos gebessert werden, doch besteht gerade bei dieser Allergieform die wichtigste Therapie in der Vermeidung des Allergens, d.h. also der Flöhe, die sich als sehr schwierig erweisen kann. Ein konsequentes Flohbekämpfungsprogramm, das *alle* Tiere desselben Haushaltes umfaßt und eine zusätzliche konsequente Umgebungsbehandlung mit einschließt, ist angezeigt (s. Kapitel 4). Eine Desensibilisierung mit Flohallergenen wäre zwar vom Prinzip her möglich, jedoch gibt es bisher noch keine wirksamen Produkte für den praktischen Einsatz.

6.3   Handelsformen

Topisch wirksame Dermatika lassen sich stark vereinfacht in Mittel zur Ganzkörperbehandlung (wirkstoffhaltige Shampoos, Bäder, Feuchtigkeitsspender und Emollientien) und zur lokalen Anwendung (Shampoos, Salben, Cremes, Lotionen, Gels, Puder etc.) einteilen. In der letztgenannten Gruppe ist die Zahl der veterinärmedizinischen bzw. aus der Humanmedizin übernommenen Produkte schier unüberschaubar geworden. An dieser Stelle soll der Schwerpunkt auf grundsätzlichen Fragen und auf praktischen Hinweisen liegen. Die für die Behandlung von Hunden relevanten Wirkstoffe wurden bereits im vorherigen Kapitel ausführlich abgehandelt. Tabelle 6.1 liefert Beispiele und erhebt keinen Anspruch auf Vollständigkeit.

Tabelle 6.1: Gebräuchliche wirkstoffhaltige Shampoos, Feuchtigkeitsspender und Emollientien für den Hund

Handelsname und Hersteller (Beispiel)	Hauptsächliche(r) Wirkstoff(e)	Indikationen	Anmerkungen
Etiderm, Lactaderm (Virbac, Chassot)	Ethyllactat Benzoylperoxid	Alle Pyodermien, canine Akne, Haut- und Fellgeruch	Auch zur Langzeit-therapie geeignet
Peroxyderm (Chassot)		Pyodermien, **ölige** Seborrhoe, zur Follikelspülung vor einer äußerlichen Demodikose-behandlung	Rel. stark austrock-nend, darf nicht bei großflächigen offe-nen Hautverände-rungen angewen-det werden, kann irritierend und aller-gisierend wirken, evtl. bleichend
Selvet (Albrecht)	Selen(IV)-sulfid	Ölige Seborrhoe, Epidermale Dyspla-sie des Westhigh-land White Terriers	Stark austrocknend, Irritationen v.a. an Schleimhäuten und Scrotum, darf nicht bei offenen Ver-letzungen ange-wendet werden, evtl. photosensibili-sierend, färbend, in Einzelfällen Haar-ausfall möglich
Hexocil (Pharmacia & Upjohn)	Hexetidin	Pyodermien	Kann irritierend/ allergisierend wirken
Sebolytic (Virbac)	Schwefel, Salicyl-säure, Teer	Ölige und trockene Seborrhöen mit star-ker Schuppenbil-dung, unter-stützend bei vielen Ektoparasitosen und Malassezien	Selten Irritation, allergische Reaktio-nen und Photo-sensibilisierung möglich, unange-nehmer Geruch, evtl. nachbehan-deln mit Feuchtig-keitsspendern/ Emollientien
Sebocalm (Virbac)	Lipoproteine und Milchsäure	Trockene Sebor-rhoen, Allergien, hormonbedingte Störungen, bei trockener Haut durch Kortison-behandlung	Evtl. mit Feuchtig-keitsspendern/ Emollientien nach-behandeln

Handelsname und Hersteller (Beispiel)	Hauptsächliche(r) Wirkstoff(e)	Indikationen	Anmerkungen
Allercalm (Virbac)	Kolloidales Hafermehl	v.a. Allergien, generell alle mit Juckreiz verlaufender Hauterkrankungen	Mit kühlem oder höchstens lauwarmem Wasser anwenden und besonders gründlich ausspülen, wirkt leider nur 1–3 Tage
Sebumol (Albrecht)	Diazinon, Rosmarinöl, Salicylsäure	Reinigung, „unterstützend bei verschiedenen Hauterkrankungen	
Dermilen (Chassot)	? (nicht deklariert) – v.a. Tenside und Conditioner	Reinigung	
Humilac (Feuchtigkeitsspender) (Virbac)	Propylenglykol, Harnstoff, Glyzerin, Milchsäure	Trockene Seborrhoen, Hyperkeratose, Allergien, hormonell bedingte Dermatosen, bei Langzeitkortikoidtherapie	Kann als Spülung nach dem Shampoonieren sowie als Spray unabhängig davon angewendet werden
Balneum Hermal bzw. Balneum Hermal Plus (Emolliens) (Hermal bzw. CP-Pharma)	Sojaöl bzw. Sojabohnenöl	wie Humilac	Stark fettend, muß ausreichend verdünnt werden, evtl. okklusiv (Humanpräparat)

6. 3.1 Shampoos

Shampoos (s. auch Kapitel 5) stellen die gebräuchlichsten Mittel zur äußerlichen Anwendung dar. Ihre Grundlage sind entweder Seifen (meist auf der Basis pflanzlicher Fettsäuren), Detergentien oder eine Mischung aus beiden. Außerdem können sie noch verschiedene chemische Bestandteile zur Verringerung der Oberflächenspannung enthalten, so daß der Schmutz besser an die wäßrige Phase des Shampoos gebunden und abgespült werden kann. Gleichzeitig können so auch fettige oder ölige Substanzen besser aus Haarkleid und Haut entfernt werden. Die bekanntesten unter den oberflächenaktiven Substanzen stellen die anionischen Derivate der Alkohole von Lauryl- oder Myristyl-Fettsäuren dar.

Gebräuchliche weitere Inhaltsstoffe sind: Suspensionsmittel, Schaumverstärker, Puffersubstanzen, Eindickungsmittel, Lösungsmittel, Konservierungsstoffe, Antioxidantien, Spül- und Färbemittel sowie Duftstoffe. Sie verändern beispielsweise die Farbe, die Viskosität oder den Geruch des Shampoos und beeinflussen damit letzten Endes auch seine Akzeptanz für den Besitzer und den Hund (s. später). Bei den sog. **hypoallergenen Shampoos** wird die Anzahl solcher Stoffe generell so gering wie möglich gehalten. Trotz dieser langen Liste möglicher Zusätze ist die Häufigkeit der echten allergischen Reaktionen auf ein Shampoo vergleichsweise gering, nicht zuletzt, weil alle neuen Inhaltsstoffe eines Shampoos routinemäßig in ausgedehnten Untersuchungen im Labor auf ihr allergisierendes Potential geprüft werden.

Dennoch können individuell Irritationen vorkommen, besonders wenn das Shampoo auf offene Hautstellen oder auf Schleimhäute gelangt, wenn es in kurzer Zeit vermehrt resorbiert wird, die Kontakt- oder Einwirkzeit bei zu hoher Konzentration zu lang war oder wenn das Shampoo nicht gründlich und vollständig ausgespült wurde. Irritationen bzw. Reizungen auf ein Shampoo oder auf einzelne Inhaltsstoffe machen sich normalerweise als Rötungen und/oder Juckreiz innerhalb weniger Stunden nach der Anwendung bemerkbar. Echte allergische Reaktionen treten bei Sensibilisierung im Regelfall erst ein bis zwei Tage nach der Behandlung auf, die Symptome sind die gleichen wie bei Irritationen.

Die wichtigsten aktiven **Inhaltsstoffe von wirkstoffhaltigen Shampoos** sind:

- Vorwiegend *antibakteriell* wirksam
  - Ethyllactat
  - Benzoylperoxid
  - Chlorhexidin
  - Hexachlorophen
  - Jod
  - Triclosan
  - Hexitidin

- Vorwiegend *antiseborrhoisch* (gegen Schuppen) wirksam
  - Schwefel
  - Holz- und Steinkohlenteer
  - Salicylsäure
  - Selendisulfid
  - Milchsäure
  - Harnstoff
  - Benzoylperoxid (bei extrem öliger Seborrhoe)

- *Antiparasitär* wirksam
  - Pyrethrin
  - Pyrethroide
  - Piperonylbutoxid
  - chlorierte Kohlenwasserstoffe
  - Carbamate
  - Organophosphate
  - Formamidin

- *Antimykotisch* (gegen Pilze inkl. Hefepilze) wirksam
  - Chlorhexidingluconat
  - Enilconazol und andere Conazole

- *Antipruriginös* (gegen Juckreiz) wirksam
  - kolloidales Hafermehl
  - Antihistaminika, z.B. Diphenhydramin

Die meisten der genannten **antibakteriell wirkenden Substanzen** wirken bakterizid, d.h., sie töten Bakterien ab. Das zusätzlich auch entfettend wirkende Benzoylperoxid wird gern bei Pyodermien mit gleichzeitiger öliger Seborrhoe eingesetzt, kann jedoch vor allem bei längerer Anwendung einige unerwünschte Nebenwirkungen entfalten (s. Tabelle 6.1 sowie Kapitel 5).

Antiseborrhoische Shampoos enthalten als aktive Inhaltsstoffe Substanzen mit keratolytischer oder keratoplastischer Wirkung oder – in den meisten Fällen – eine Kombination aus beiden. Keratolytisch wirkende Substanzen wirken direkt auf die Korneozyten und führen zu einem Aufblähen mit nachfolgendem Abstoßen der einzelnen Zelle. Keratoplastisch wirkende Inhaltsstoffe hingegen wirken direkt auf die Zellkinetik und damit die Keratinisierung, normalerweise über eine Verminderung der Zellteilungsrate in der Basalzellschicht der Epidermis.

Schwefel wirkt keratolytisch und keratoplastisch, zusätzlich noch leicht antimykotisch, antibakteriell, antiparasitär und antipruriginös. Seine Wirkung hängt auch mit von der Partikelgröße ab, in der der Schwefel im Shampoo enthalten ist. Grundsätzlich gilt, daß die Kontaktfläche zwischen Schwefel und Haut um so größer ist, je kleiner die einzeln Schwefelpartikel sind. Am kleinsten und damit am besten wirksam sind Shampoos mit kolloidalem Schwefel. Leider wirkt Schwefel auch austrocknend und hat einen eher unangenehmen Geruch. Da er mit Salicylsäure synergistisch eine keratolytische Wirkung zeigt, sind Shampoos mit beiden Substanzen in Kombination mit Teer gebräuchlich (s. Tabelle 6.1).

Salicylsäure wirkt keratolytisch, keratoplastisch, leicht antipruriginös und leicht antibakteriell.

Teer entfaltet eine keratoplastische, antipruriginöse, entfettende und vasokonstriktive Wirkung. Auch er kommt normalerweise in Shampoos nur in Kombination mit anderen Wirkstoffen vor und wird in relativ niedrigen Konzentrationen eingesetzt.

Selendisulfid gehört trotz seiner sehr guten keratolytischen, keratoplastischen und stark entfettenden Wirkungen zu den weniger häufig verwendeten Inhaltsstoffen von Shampoos. Wegen seiner teilweise färbenden und vor allem im Bereich von Schleimhäuten und Hodenhaut irritierend wirkenden Eigenschaften werden Selendisulfid-Shampoos daher normalerweise nur zu Beginn einer Behandlung einer starken (primären) öligen Seborrhoe, z.B. beim Cocker Spaniel, oder der Epidermalen Dysplasie des Westhighland White Terriers eingesetzt.

Bei trockener Seborrhoe sind antiseborrhoisch wirkende Shampoos durch die Anwendung eines Feuchtigkeitsspenders, in Ausnahmefällen auch eines Emolliens, ergänzt. Zur Pflege der Haut können auch hypoallergene Shampoos eingesetzt werden.

Je nach Schweregrad einer öligen Seborrhoe wird ein Teer-Schwefel-Salicylsäure-Shampoo, auch im Wechsel mit Benzoylperoxid- oder – gerade zu Beginn – sogar Selendisulfid-Shampoo eingesetzt. Nach Besserung der Symptome, also wenn die Haut nicht mehr so fettig ist, sollten die Anwendungsintervalle der austrocknend wirkenden Shampoos verlängert werden (normalerweise von zweimal wöchentlich auf einmal wöchentlich oder evtl. seltener) bzw. diese ganz abgesetzt werden.

Auf die übrigen genannten aktiven Inhaltsstoffe wurde im vorhergehenden Kapitel ausführlich eingegangen.

6.3.2 Bäder

In Amerika werden Tiere öfter als bei uns einer „echten" Badebehandlung unterzogen, wenn möglich in einem Whirlpool. Auch dabei kommen häufig Shampoos oder „echte" Badezusätze zum Einsatz, die z.T. auch in Europa verwendet werden. Gebräuchlich sind auch bei uns Taktic (Ectodex®) gegen bestimmte Milbenarten und Povidon-Jod-Lösung (Betaisodona®), das antibakteriell wirksam ist und beispielsweise bei tiefen Pyodermien wie der sog. „Schäferhund-Pyodermie" seine Anwendung findet. Vorsicht ist dabei bei sehr großflächigen Hautveränderungen geboten, da Povidon-Jod hier zu Irritationen führen kann (s. auch Kapitel 5).

6.3.3 Emollientien und Feuchtigkeitsspender

Bei Patienten mit trockener, gereizter Haut ist nach einer Reinigungs-, Pflege- oder medizinischen Shampoobehandlung die Anwendung von Substanzen, die das Stratum corneum rehydrieren und damit einen Wasserverlust in die Umgebung verhindern sollen, vorteilhaft. Dieser Effekt kann durch unterschiedliche Wirkprinzipien – Emollientien und Feuchtigkeitsspender – erreicht werden, wobei letztere beim Hund gebräuchlicher sind.

Emollientien sind Substanzen, die die Zwischenräume zwischen den Keratinozyten der obersten Hautschichten regelrecht mit feinen Öltröpfchen „füllen" und somit als sicht- und fühlbaren Effekt die Haut glatter und geschmeidiger machen. Sie dienen auch zur Verbesserung der Barrierefunktion der Haut und als Vehikel für Medikamente. Durch ihre Anwendung *nach* dem Baden bzw. Shampoonieren kann das vorher aufgenommene Wasser länger festgehalten werden und wird nicht so schnell durch Verdunstung wieder an die Umgebung abgegeben, so daß die Barrierefunktion der Haut deutlich verbessert werden kann bzw. erhalten bleibt. Zu den Emollientien auf Lipidbasis zählen: Kokosnuß-, Paraffin-, Soja-, Sesam- und Erdnußöl sowie Vitamin E und Lanolin. Präparate mit diesen Inhaltsstoffen müssen streng nach Anweisung des Herstellers angewendet und ausreichend mit Wasser verdünnt werden, da es sonst zum Verkleben der Haare kommt (s. auch Tabelle 6.1).

Feuchtigkeitsspender (**Humektantien**) sind ölfreie Substanzen, die Komponenten des sog. „natürlichen Feuchtigkeitsfaktors" (natural moisturizing factor, NMF) enthalten und ebenfalls die Haut rehydrieren sollen. Ihre Wirkung auf das Stratum corneum wird über das Heranführen von Wasser durch die Epidermis, beispielsweise nach vorheriger Shampoobehandlung, und *nicht* aus der Umgebung erreicht. Häufig angewandte Feuchtigkeitsspender sind Propylenglycol, Harnstoff, Glycerol und Milchsäure. Sie werden in der vom Hersteller angegebenen Verdünnung entweder nach dem Baden bzw. Shampoonieren auf Haut und Haarkleid aufgebracht und nicht mehr ausgespült oder im Bedarfsfall auch „zwischendurch" auf die Haut aufgetragen oder -gesprüht.

6.3.4 Andere Zubereitungen zur örtlichen Anwendung

6.3.4.1 Zubereitungsformen

Salben, Cremes, Gele, Lotionen usw. werden beim Menschen gern zur örtlichen Behandlung der nicht oder wenig behaarten Haut eingesetzt. Nicht wenige Tierbesitzer wenden diese Medikamente zur eigenen Behandlung auch bei ihren Haustieren an. Dies kann jedoch zu Unverträglichkeitsreaktionen wie Reizungen, Allergien oder im Extremfall sogar toxischen, lebensbedrohlichen Reaktionen führen. Werden solche örtlichen Medikamente beim Hund verwendet, muß der zu behandelnde Hautbereich geschoren werden, falls er nicht ohnehin nur schwach behaart ist.

Die hauptsächlichen Anwendungsgebiete solcher topischer Therapeutika sind örtlich begrenzte entzündliche Veränderungen (auch fokale Veränderungen bei der seborrhoischen Dermatitis), seborrhoische Veränderungen des Suprakaudalorgans (s. Kapitel 1), begrenzte entzündliche Hyperkeratosen, wie z.B. sternaler Kallus oder andere Liegeschwielen (s. Kapitel 4), canine Akne und lokalisierter Juckreiz. Am gebräuchlichsten sind Antibiotika-Corticosteroid-Kombinationen in Salben- oder Cremeform sowie Benzoylperoxid-Gel. Bei der Anwendung ist zu bedenken, daß auch in diesen Zubereitungen die aktiven Inhaltsstoffe unterschiedlich stark durch die Haut resorbiert werden, was zu systemischen Auswirkungen führen kann. Dies gilt vor allem für corticosteroidhaltige Zubereitungen, die teilweise erhebliche systemische und/oder örtliche Nebenwirkungen entfalten können (s. Kapitel 5). Da die Wirkstoffe gleichermaßen gut auch von der menschlichen Haut aufgenommen werden können, müssen gerade bei längerdauernder Anwendung solcher Substanzen entsprechende Vorsichtsmaßnahmen ergriffen werden. Zumindest beim Auftragen corticosteroid- oder benzoylperoxidhaltiger Präparate sollte der Anwender unbedingt Handschuhe tragen. Auch bei antibiotikahaltigen Mitteln ist dies empfehlenswert.

6.3.4.2 Gebräuchliche Wirkstoffe

Im wesentlichen sind vier Substanzgruppen von Bedeutung.

1. Substanzen mit vorwiegend **antiseborrhoischer Wirkung** zur Behandlung örtlich begrenzter Schuppenbildung: Tretinoin, Milchsäure, Salicylsäure.

2. Substanzen mit vorwiegend **antibakterieller Wirkung** zur Behandlung lokalisierter bakterieller Infektionen: Benzoylperoxid-Gel bis 5%ig, Mupirocin.

Benzoylperoxid-Gel wird zur Behandlung lokalisierter Pyodermien, wie z.B. caniner Akne oder Kallus-Pyodermie, schon lange eingesetzt. Eine weitere Alternative zur Behandlung dieser Erkrankungen stellt das örtlich wirksame Antibiotikum **Mupirocin** dar. Es ist auf der Grundlage von Propylenglycol im Handel und wirkt sehr gut gegen grampositive Kokken (also auch *Staphylococcus intermedius*), ist bakterizid, wird nicht systemisch resorbiert und ist nicht mit anderen gebräuchlichen Antibiotika chemisch verwandt. Da es gut auch in tiefe, granulomatöse Entzündungsherde wie beispielsweise Abszesse zwischen den Zehen eindringt, ist es sehr gut zur Behandlung häufig rezidivierender und mitunter schwierig zu behandelnder Infektionen geeignet.

Oft kann ein Rezidiv bereits im frühen Stadium gestoppt werden, wenn Mupirocin schon bei den ersten Anzeichen zweimal täglich appliziert wird. Seine Einsatzgebiete sind also vor allem die genannten interdigitalen Abszesse, die besonders bei Kurzhaarrassen weit verbreitet sind, sowie die unter Benzoylperoxid genannten Indikationen. Leider ist Mupirocin in Deutschland derzeit nur noch als Nasensalbe für Menschen zu einem entsprechend hohen Preis erhältlich.

3. Substanzen mit vorwiegend **antimykotischer Wirkung:** Miconazol-, Clotrimazol-, Ketoconazol-Creme.

Besonders geeignet sind diese Substanzen nicht nur zur Behandlung von „echten" Hautpilzerkrankungen, sondern auch von den zunehmend häufiger diagnostizierten Dermatitiden durch den Hefepilz *Malassezia pachydermatis*, die meist von starkem Juckreiz begleitet sind. Sie treten vorwiegend im Bereich von Pfoten und Lefzen auf und sind eine häufige Komplikation der atopischen Dermatitis und der Epidermalen Dysplasie des West Highland White Terriers (s.o.).

4. Substanzen mit vorwiegend **antipruriginöser Wirkung:** Glukokortikoide, aber auch kortikoidfreie Zusätze wie Campfer und Menthol, Antihistaminika, Lokalanästhetika.

Zunehmende Bedeutung bei der örtlichen Therapie juckender Hauterkrankungen gewinnen die corticosteroidfreien Substanzen. Leider sind beim Hund Antihistaminika zur topischen Behandlung relativ wenig wirksam. Zur Behandlung von lokalisierten juckenden Hautveränderungen, beispielsweise bei allergischen Erkrankungen und bei akuter pyotraumatischer Dermatitis („hot spot"), sind die steroidfreien Präparate (z.B. Derma-Cool®) sehr gut geeignet. Corticosteroid*haltige* Präparate sollten nur bei eindeutiger Indikation angewendet und die möglichen Nebenwirkungen mit bedacht werden (s. auch Abb. 6.14 und Kapitel 5). Bei der Behandlung örtlich begrenzter juckender Hautbezirke stellen topische Corticosteroide in vielen Fällen eine gute Alternative zu systemisch verabreichten Präparaten dar.

6.4   Durchführung der Shampoobehandlung

Für das Shampoonieren von Hunden gelten einige **Grundsätze:**

Schon durch die Schaumbildung und das anschließende Ausspülen des Shampoos werden bereits Haut und Fell von Schuppen, Krusten, Entzündungsprodukten, Allergenen, Krankheitserregern und Medikamentenresten befreit. Gleichzeitig können spezifische Wirkstoffe in medizinischen Shampoos während der Behandlung in die Haut gelangen, wo sie je nach Stoffgruppe ihre Wirkung schnell oder langsam entfalten. Außerdem wird durch die Anwendung von kühlem bis höchstens lauwarmem Wasser Juckreiz bereits vermindert. Der hydrierende, d.h. feuchtigkeitsspendende Effekt von Wasser allein wird oft unterschätzt. Er wird allerdings nur bei einer Einwirkzeit von 10–15 Minuten erreicht – ist sie kürzer, und wird diese Behandlung zu häufig wiederholt, kann die Haut auf die Dauer austrocknen. Eine längere Einwirkzeit dagegen bringt keine Wirkungssteigerung, kann aber zur Mazeration (Aufweichen) der Haut und so zu einem Verlust der Barrierefunktion führen. Daher sollte die vom Tierarzt festgelegte bzw. die vom Hersteller empfohlene Einwirkzeit eingehalten werden. Zur Optimierung der Wirkung medizinischer Shampoozusätze liegt sie i.d.R. zwischen 5 und 15 Minuten. Da diese Zeitdauer gefühlsmäßig meist unterschätzt wird, empfiehlt es sich, Wecker oder eine andere Uhr zu verwenden. Die Länge der Einwirkzeit richtet sich nicht nur nach der Art der Wirkstoffe und deren Konzentrationen, sondern beispielsweise auch nach den verwendeten Vehikeln, dem Zustand der Haut, der Rasse des Hundes und dessen Hautdicke und Art des Haarkleids, der Hauterkrankung und der Chronizität usw. Die am häufigsten verwendeten antiseborrhoischen Shampoos entfalten ihre Wirkung noch viel zu wenig, wenn sie bereits direkt nach dem Einschäumen wieder ausgespült werden. Die Einwirkzeit (auch Kontaktzeit genannt) wird ab dem Augenblick, in dem der Hund vollkommen einshampooniert ist, gemessen.

Vor dem Shampoonieren sollte der Tierhalter einen für diesen Zweck geeignete Örtlichkeit sorgfältig auswählen. Dies kann die Dusche oder Badewanne, bei Schutz vor Zugluft und entsprechendem Wetter auch ein Platz außerhalb des Hauses sein. Zu achten ist auch darauf, daß eine rutschfeste Unterlage zur Verfügung steht, daß der Hund nicht zu stark abgelenkt werden kann und warmes Wasser in genügender Menge zur Verfügung steht. Man sollte weiterhin für zweckmäßige (Schutz-)Kleidung und ggf. Handschuhe sorgen. Langhaarige Hunde sollten gekämmt und gebürstet, verfilzte Stellen vorsichtig entwirrt bzw. mit der Schere herausgeschnitten werden. Wartet man damit nämlich bis nach dem Shampoonieren, können Filzmatten sich verfestigen und damit wesentlich schwieriger zu entfernen sein. Bei örtlichen Hautveränderungen, wie beispielsweise bei der pyotraumatischen Dermatitis („hot spot"), sollten die Haare dort vorsichtig geschoren werden. Die Gehörgänge des Tieres sollten sicherheitshalber mit Wattebäuschen geschützt werden. Hierbei können gleichzeitig die äußeren Gehörgänge kontrolliert und – falls erforderlich – gesäubert sowie evtl. vorhandene Haare im

Gehörgang vorsichtig ausgezupft werden. Auch die Analbeutel sollten bei dieser Gelegenheit überprüft und falls verdickt am zweckmäßigsten noch vor Beginn des Shampoonierens entleert werden, damit eventuelle Verunreinigungen in der Umgebung des Afters bei der anschließenden Behandlung gleich mit entfernt werden können.

Beim Shampoonieren sollte zunächst das ganze Fell mit i.d.R. handwarmem Wasser benetzt werden. Besonders vorsichtig sollte man im Bereich von Gesicht, Augen und Ohren sein und den Wasserstrahl nicht direkt auf diese Bereiche richten. Auch empfiehlt es sich, bei Abwehrbewegungen den Strahl zunächst sehr schwach einzustellen und erst allmählich den Wasserdruck zu steigern. Ist das Tier besonders ängstlich oder „kopfscheu", kann es zunächst auch mit einem Waschlappen oder mit einem Schwamm mit Wasser benetzt werden, bis es sich an das Waschen gewöhnt hat. Gerade im Bereich von Gesicht und Ohren hat sich die Anwendung eines Waschlappens oder Schwamms auch bei der weiteren Shampoobehandlung gut bewährt. Nachdem das ganze Tier naß ist, wird das Shampoo als erstes auf Nacken und Rücken aufgebracht und in das Haarkleid einmassiert, falls erforderlich, wird nochmals Wasser zugegeben und das Shampoo nach der ersten Wäsche mit viel klarem Wasser wieder sorgfältig ausgespült.

Beim zweiten, anschließenden Shampoonieren verbleibt das Shampoo für die vorher festgelegte Einwirkzeit auf dem Hund. Erst dann wird es erneut mit reichlich Wasser solange ausgespült, bis das Wasser klar bleibt. Besonders sorgfältig sollte man zum Schluß die Pfoten, speziell die Zwischenzehenbereiche, abspülen, da hier Shampooreste zurückbleiben können, besonders, wenn der Hund in der Badewanne oder der Dusche stehend shampooniert wird. Solche Reste können Reizungen, allergische Reaktionen und sogar Mazerationen hervorrufen (s.o.). Vor allem bei Hunden mit dichtem und langem Fell sollten vor dem Beenden des Shampoonierens die Haare an mehreren Körperstellen gescheitelt und die Haut in diesem Bereich auf etwaige Shampooreste überprüft werden.

Falls nun beim Entfernen der Wattebäusche aus den Ohren festgestellt wird, daß trotz aller Vorsichtsmaßnahmen doch Wasser oder Shampoo in die Gehörgänge eingedrungen ist, sollten sie sorgfältig gesäubert und getrocknet werden, damit Entzündungen kein Vorschub geleistet wird.

Nach dem Shampoonieren sollte dem Hund das Schütteln ermöglicht werden. Kurzhaarige Hunde frottiert man einfach mit einem Handtuch fast trocken und hüllt sie dann, falls sie es tolerieren, in ein großes (Bade-)Tuch, das am Bauch und am Hals festgesteckt wird. Langhaarige Tiere können mit dem Handtuch vorgetrocknet und dann vorsichtig gefönt werden, wenn der Fön nicht zu heiß und nicht aus zu geringer Entfernung benutzt wird. Sie werden nochmals gründlich mit einem nicht zu feinen Kamm gekämmt, solange das Fell noch feucht ist. Es kann mehrere Stunden dauern, bis das Fell vollständig nachgetrocknet ist. In dieser Zeit sollte der Hund in einem warmen und zugluftfreien Raum bleiben oder bei entsprechend günstiger Witterung im Freien bewegt werden.

6.5 „Besitzer-Compliance" – die Mitarbeit des Tierhalters

6.5.1 Motivation des Tierhalters

Eine gute und vertrauensvolle Zusammenarbeit zwischen Tierhalter und Tierarzt ist die Grundlage jeder erfolgreichen medizinischen Behandlung. Dieser Grundsatz gilt natürlich auch und gerade bei einer äußerlichen Behandlung von Hauterkrankungen, insbesondere mit medizinischen Shampoos, die nicht selten über einen längeren Zeitraum bis hin zur gesamten Dauer eines Hundelebens angewendet werden müssen und dem Tierhalter viel Zeit und Energie abverlangen. Erfreulicherweise sind die meisten Besitzer gerne bereit, auf diese Weise aktiv an der Wiederherstellung der Gesundheit ihres Tieres oder – bei Erkrankungen, die nicht heilbar sind – an der Kontrolle der Symptome mitzuarbeiten und damit ihrem Hund ein gesundes oder zumindest einigermaßen „normales" Leben zu ermöglichen. Die Erfahrung zeigt, daß dies dem Tierhalter erheblich leichter fällt, wenn der Tierarzt ihn von Anfang an in seine Diagnostik und Therapie voll einbezieht. Dies kann sicherlich für beide Teile zeitaufwendig sein, ist aber lohnend, denn der Therapieerfolg hängt zu einem großen Teil von der Einstellung und Mitarbeit des Besitzers ab. Eine umfassende Besprechung aller diagnostischen und evtl. auch therapeutischen Schritte ist im „normalen" Ablauf der Sprechstunde ohne vorherige Terminplanung in der Regel nicht möglich. Je nach Praxisstruktur des Tierarztes empfiehlt es sich, entweder in diesen Fällen einen zweiten Termin auch zur weiteren Abklärung der diagnostischen Schritte zu vereinbaren oder – in Praxen mit fester Terminvergabe – bei einem „Hautpatienten" grundsätzlich entsprechend viel Zeit einzuplanen. Allein die Erhebung eines guten Vorberichts, der bei Hauterkrankungen für die Diagnosestellung wichtiger ist als bei allen anderen Erkrankungen, nimmt im Regelfall bereits 20 Minuten in Anspruch.

Nach der Aufnahme des Vorberichts – unter Berücksichtigung eventueller Rassen-, Alters- und Geschlechtsprädispositionen – erfolgt nach der klinischen Allgemeinuntersuchung die eigentliche gründliche Untersuchung von Haarkleid und Haut selbst.

Normalerweise erklärt der Tierarzt anschließend dem Besitzer, welche Befunde vorliegen und welche Differentialdiagnosen für die Erkrankung in Frage kommen. Nur in wenigen Fällen ist es möglich, bereits zu diesem Zeitpunkt eine abschließende Diagnose zu stellen. Normalerweise kommen vier bis acht Differentialdiagnosen in Betracht. Auf dieser Grundlage und unter Einbeziehung der persönlichen Möglichkeiten und Wünsche des Tierhalters kann ein „diagnostischer Plan" erstellt und besprochen werden. Dabei finden die Art der weiterführenden Untersuchungen (z.B. Laboruntersuchungen) und deren Reihenfolge, finanzielle Aspekte, evtl. Gesundheitsgefährdung für den Patienten etc. Beachtung. Dieses Vorgehen erleichtert dem Tierhalter das Verständnis für die Maßnahmen des Tierarztes und erlaubt diesem, die Einstellung und die Kooperationsmöglichkeiten des Tierhalters einzuschätzen und das weitere Vorgehen darauf abzustimmen.

Da die Diagnostik von Hauterkrankungen in den meisten Fällen im Ausschlußverfahren und im Hinblick auf die Wahrscheinlichkeit von Differentialdiagnosen erfolgt, kann sie mitunter sehr zeitraubend sein, besonders wenn es sich um relativ unspezifische Hautreaktionen wie Schuppenbildung oder Juckreiz aufgrund der unterschiedlichsten Ursachen handelt. Ist der Patient vom Tierhalter selbst oder tierärztlich vorbehandelt, liegen länger bestehende Hautprobleme mit bereits chronischen Veränderungen oder sekundäre Erkrankungen wie Pyodermie oder Malassezien-Dermatitis vor, kann die Suche nach der primären, ursächlichen Erkrankung erheblich erschwert sein.

In vielen Fällen ist es notwendig, zunächst einmal die sekundären Hautveränderungen wie Schuppenbildung oder bakteriell bedingte Entzündungen zu therapieren, damit die primären Symptome danach klarer erkannt werden können. So ist beispielsweise bei einem Patienten mit Follikulitis (Haarbalgentzündung) zu klären, ob der Juckreiz durch die Bakterien oder eine andere Ursache, beispielsweise eine atopische Dermatitis, verursacht wird. Wurde der Patient vor dem Untersuchungszeitpunkt bereits mit Medikamenten behandelt, die die Durchführung spezieller Untersuchungen nicht erlauben – hat er beispielsweise gerade eine Injektion eines Depot-Corticosteroidpräparates gegen Juckreiz erhalten, das die Durchführung eines intrakutanen Allergietests unmöglich macht –, kann eine „Wartezeit" bis zu einigen Monaten erforderlich sein. Damit in dieser Zeit die Beschwerden des Hundes gelindert werden, können medizinische Shampoos beispielsweise mit Wirkung gegen Seborrhoe, bakterielle Sekundärinfektionen oder Juckreiz zur Behandlung dieser Symptome erfolgreich eingesetzt werden („symptomatische Therapie"). Als Tierhalter ist man dabei ganz in die Therapie einbezogen und kann einigermaßen beruhigt die Zeit überbrücken, bis die weitere diagnostische Abklärung möglich wird.

Die äußerliche Behandlung, vor allem mit Shampoos, dient nicht nur der Therapie klinischer Symptome zur Erleichterung der diagnostischen Abklärung, sie stellt bei den meisten Hauterkrankungen natürlich einen sehr wichtigen Bestandteil des gesamten Therapiekonzepts dar. Genau wie für die Diagnostik ein diagnostischer ist für die Therapie die Erstellung eines Therapieplans sehr hilfreich. Dazu sind ein oder mehrere ausführliche Besprechungen zwischen Tierarzt und Tierbesitzer erforderlich: Besprochen werden in erster Linie die Art der Erkrankung, die Ursachen (falls zu ermitteln), die die Erkrankung begünstigenden Faktoren – und damit möglicherweise auch vorbeugende Maßnahmen, die Behandlungsmöglichkeiten samt Kosten und Nebenwirkungen, die Prognose, die Neigung zu Rezidiven und gegebenenfalls auch eine Empfehlung zu Zuchtausschluß bzw. -einschränkung.

Gleichzeitig sollten die kurz- und langfristigen Behandlungsziele definiert und zeitliche Anhaltspunkte für die Besserung bestimmter Symptome gegeben werden: Beispielsweise kann für einen Hund mit atopischer Dermatitis und sekundärer Pyodermie als kurzfristiges Behandlungsziel, d.h. innerhalb von 3–4 Wochen, die Beseitigung der bakteriellen Sekundärinfektion und des damit verbundenen Juckreizes durch geeignete antibakterielle Shampoos und hautwirksame Antibiotika sein. Das langfristige Behandlungsziel, nämlich Besserung oder evtl. sogar Heilung der Allergie selbst und Minderung der Neigung zu bakteriellen Sekundärinfektionen, kann frühestens nach einigen Monaten erwartet werden. Eine solche Beratung bewahrt in den meisten Fällen vor falscher Erwartungshaltung und Enttäuschung des Tierhalters.

Gerade auf dem Gebiet der Veterinär-Dermatologie werden fortwährend neue Erkenntnisse in bezug auf die Ätiologie von Erkrankungen und Behandlungsmöglichkeiten gewonnen. Der Tierhalter eines Patienten mit chronisch verlaufender Hauterkrankung sollte deshalb in regelmäßigen Abständen Rücksprache mit „seinem" Tierarzt nehmen, um einerseits eine Beurteilung des Krankheitsverlaufs zu ermöglichen, andererseits selbst über mögliche neue Erkenntnisse bezüglich der Hauterkrankung seines Hundes informiert werden zu können.

Dies ist sicherlich nicht immer leicht, setzt es doch beim Tierhalter ein gewisses Maß an Selbstdisziplin und Kooperationsbereitschaft und bei „seinem" Tierarzt fundierte Kenntnisse in Dermatologie, verbunden mit ständiger Fort- bzw. berufsbegleitender Weiterbildung, voraus. Dermatologie ist in der „normalen" Praxis nur eines von vielen Spezialgebieten. Da kein Tierarzt Spezialist in allen Bereichen und für alle Tierarten sein kann, wird eine „normale" Praxis sich nicht scheuen, den Patienten nötigenfalls in eine auf Dermatologie spezialisierte Praxis bzw. Klinik zu überweisen. Tierhalter kennen natürlich die Überweisungspraxis an Spezialisten von sich selbst – kein Mensch sucht wegen einer Hauterkrankung beispielsweise einen Kardiologen auf, und so fassen sie eine Überweisung an einen Spezialisten meist sehr positiv auf oder fragen selbst danach.

6.5.2 Praktische Schwierigkeiten

● **Aus der Sicht des Tierhalters**

Bereits bei der Aufnahme des Vorberichts, spätestens aber bei der Besprechung weiterer diagnostischer Schritte, erhält der Tierarzt Einblick in die für die Behandlung des Patienten unbedingt erforderliche Kooperationsfähigkeit bzw. -möglichkeiten des Tierhalters. Aus dessen Sicht kann sich die Durchführung einer medizinischen Shampootherapie und damit das Erreichen des erhofften Ergebnisses u.U. schwierig darstellen. Ein erfahrener Tierarzt beschränkt sich nicht nur auf die Verordnung eines Shampoos, sondern schätzt eventuelle Hindernisse ein und hilft mit, sie zu beseitigen. Gerade eine Shampoobehandlung muß praxisbezogen sein!

Folgende potentielle Schwierigkeiten gilt es im einen oder anderen Fall zu überwinden:

1. die Unfähigkeit des Besitzers zur Durchführung der Behandlung (Alter, Zeitmangel, widersetzlicher Patient, keine Hilfe etc.),
2. adverse Reaktionen des Tierhalters selbst auf medizinische Wirkstoffe, z.B. Teerverbindungen, Selendisulfid, Benzoylperoxid,
3. Mangel an geeigneten Räumlichkeiten bzw. Einrichtungen.

In diesen Fällen kann evtl. die Shampoobehandlung durch andere Personen bzw. in einem Hundesalon/beim „Hundefriseur" übernommen und so

Abhilfe geschaffen werden. Manchmal scheitert eine konsequente topische Therapie natürlich auch an der Bequemlichkeit oder mangelnden Einsicht des Tierhalters. Hierfür gibt es meist keine schnellwirkende Therapie!

● **Mangelnde „Kooperationsbereitschaft" des Hundes**

Die Bereitschaft oder das Vermögen des Hundes, sich eine Behandlung von Haut oder Ohren gefallen zu lassen, ist leider nicht immer selbstverständlich. Oft ist ein hohes Maß an Geduld und Einfühlungsvermögen von Besitzer und Tierarzt erforderlich, vor allem, wenn der Hund zum ersten Mal in seinem Leben gebadet oder shampooniert werden soll und nicht von klein auf beispielsweise durch regelmäßige Fellpflege und -reinigung daran gewöhnt ist. Selbst Tiere, die ansonsten zu allen Jahreszeiten freiwillig in Seen, Bäche oder Pfützen hineingehen, sind bisweilen nur unter großem „Protest" in Badewanne oder Dusche zu bringen.

Leidet der Patient unter einer Hauterkrankung, bei der ihm eine örtliche Behandlung tatsächlich wehtut (zu erwarten beispielsweise bei der sog. „Schäferhundpyodermie" oder anderen tiefen bakteriellen Infektionen), muß er vor der ersten Behandlung evtl. sogar betäubt werden. So können Krusten, verklebte Haare, Eiter und Blut gründlich und schmerzlos entfernt werden. Zudem bleibt dem Hund diese Behandlung nicht als eine unangenehme, schmerzhafte Prozedur in Erinnerung, der er sich beim nächsten Mal natürlich aus Leibeskräften widersetzen wird. Bei Hunden, die Angst vor dem Duschstrahl haben, hilft es in vielen Fällen, zunächst nur einen angefeuchteten Waschlappen und die Waschlösung bzw. das Shampoo zu verwenden. Als nächstes werden die behandelten Hautbezirke allmählich erweitert. Hat der Hund seine Scheu erst einmal verloren und kann am ganzen Körper mit dem Waschlappen oder Schwamm behandelt werden – und ist selbstverständlich ausgiebig dafür gelobt worden! –, kann jetzt ein schwacher Duschstrahl an einer kleinen Stelle, möglichst am Rücken, versucht werden. Toleriert der Hund auch dies, werden zunehmend mehr Hautbezirke in die Behandlung einbezogen.

Manche Hunde ängstigen sich weniger vor der Prozedur des Shampoonierens selber als vielmehr vor den Räumlichkeiten wie Bad oder Dusche. Oft ist glatter, rutschiger Boden die Ursache hierfür, so daß man schon mit handelsüblichen Gummi- oder Plastikmatten für den Boden der Bade- oder Duschwanne Abhilfe schaffen kann. Manche Tiere verlieren gerade bei den ersten Behandlungen die Scheu, wenn die Bezugsperson selbst mit in Wanne oder Dusche steigt.

Helfen all diese Maßnahmen nicht weiter und soll oder muß der Hund aber shampooniert werden, besteht die Möglichkeit, das Tier vor derartigen Behandlungen mit Tranquillizern ruhigzustellen oder zu betäuben. Diese Maßnahmen sollten allerdings nur als letzter Ausweg angesehen werden und keinesfalls ohne Absprache mit dem Tierarzt erfolgen.

● **Eigenschaften der verwendeten Produkte**

Die Voraussetzungen für eine erfolgreiche topische Behandlung sind also, daß der Besitzer eine positive Grundeinstellung zur wirkstoffhaltigen Shampoobehandlung hat, seinen Hund entsprechend behandeln kann und will und der Hund selbst ein kooperatives Verhalten an den Tag legt. Wie aber soll nun das Shampoo beschaffen sein?

Viele Besitzer haben ganz bestimmte Vorstellungen von den Eigenschaften eines „guten" Shampoos, die größtenteils von den Produkten für den eigenen Gebrauch abgeleitet sind: Das Shampoo soll leicht anzuwenden sein, gut schäumen und ansprechend aussehen und riechen. Es soll auch gut und schnell wirksam sein, weder den Hund noch die Umgebung färben oder bleichen, für Mensch und Tier unschädlich und nicht zu teuer sein. Auf eine gute Umweltverträglichkeit wird vom Besitzer zunehmend Wert gelegt, vor allem dann, wenn es sich um Produkte zur Parasitenbekämpfung handelt und falls in denen beispielsweise chlorierte Kohlenwasserstoffe, Organophosphate oder Hexachlorcyclohexan enthalten sein sollten (s. Kapitel 5).

Auch in nicht antiparasitären medizinischen Shampoos sind manchmal Wirkstoffe enthalten, die gerade im Hinblick auf Geruch und Aussehen von diesen Idealvorstellungen abweichen. Beispielsweise sind bei schuppenbildenden Hauterkrankungen, einer sehr häufigen Indikation für die Behandlung mit medizinischen Shampoos, Produkte mit Teer in einer Konzentration von 2–5% besonders wirksam. Wegen des eher unangenehmen Geruchs und des eher wenig ansprechenden Aussehens solcher Shampoos lassen sich manche Hundehalter jedoch nicht leicht davon überzeugen, daß eine konsequente Shampoobehandlung meist mehrmals wöchentlich über Monate hinweg durchgeführt werden muß. Auch hier hilft es, wenn ein erfahrener Tierarzt vor Behandlungsbeginn auf solche Eigenschaften bestimmter Shampoos hinweist und durch Gegenüberstellung der Vor- und Nachteile den Hundebesitzer im Interesse seines Tieres berät. In den meisten Fällen kann ein Kombinationspräparat von Teer, Schwefel und Salicylsäure verwendet werden, das weniger unangenehm riecht und aussieht als die Reinsubstanz. Weitere mögliche unerwünschte Eigenschaften von bestimmten Wirkstoffen in Shampoos sind Färben oder Bleichen des Haarkleids und/oder der Umgebung, beispielsweise von Teppichen oder Sofa. Einer dieser Stoffe ist Benzoylperoxid, wo diese Eigenschaft allerdings aufgrund der in Hundeshampoos gebräuchlichen niedrigen Konzentration fast nur bei unsachgemäßer Anwendung vorkommt. Es empfiehlt sich, die Behandlung mit benzoylperoxidhaltigen Mitteln im Badezimmer vorzunehmen und die Tür geschlossen zu halten, bis es wieder gründlich ausgespült ist, eine Maßnahme, die natürlich für jede Shampoobehandlung beim Hund zu empfehlen ist.

Einige Wirkstoffe, vor allem solche mit antiseptischer Wirkung, haben stark färbende Eigenschaften. Beispielsweise führen Akridinfarbstoffe wie Rivanol® beim Hund und in der Umgebung zu einer dauerhaften Gelbfärbung, Jodverbindungen wie Betaisodona® zu einer weniger dauerhaften bräunlichen Färbung. Selendisulfid und Teer können in höheren Konzentrationen gräuliche Verfärbungen verursachen. Die Schäden in der Umgebung lassen sich bei sachgerechter Anwendung leicht vermeiden. Als Anwender von Produkten mit diesen Inhaltsstoffen sollte man natürlich über derartige Eigenschaften informiert sein. Was geschähe beispielsweise, wenn der Hund kurz vor einer Ausstellung mit Akridinfarbstoffen behandelt würde?!

Auch potentielle Nebenwirkungen, die bei der Anwendung bestimmter Substanzen auftreten können, sollten vor Therapiebeginn bekannt sein: Verordnet der Tierarzt bei Demodikose die örtliche Anwendung von Amitraz (Ectodex®), sollte der Anwender unbedingt wissen, daß dieses Antiparasitikum nur mit Handschuhen in einem gut gelüfteten Raum angewendet werden darf. Durch diese Maßnahme wird das Risiko möglichst gering gehalten, daß bei einem besonders empfindlichen Hund und Menschen am Tage der Behandlung und noch einen Tag danach Müdigkeit auftritt und daß beim Menschen Asthmaanfälle, Kopfschmerzen und ein Anstieg des Blutzuckerspiegels (wichtig für Diabetiker!) als mögliche Nebenwirkungen auftreten können. Irritationen der Haut und allergische Reaktionen können in seltenen Fällen auch beim Menschen beim Einsatz von Präparaten, die Benzoylperoxid, Teer besonders in höheren Konzentrationen und Selendisulfid enthalten, auftreten.

Für manche Tierhalter sind die Kosten der Shampoobehandlung ein Diskussionspunkt, da der Preis gerade medizinischer Shampoos auf den ersten Blick hoch erscheint. Vor allem bei großen Hunden mit langem Fell, bei denen auch die verbrauchte Menge des Shampoos eine Rolle spielt, sollte zunächst geklärt werden, ob das Shampoo wirklich sachgemäß angewendet wird. Manchmal sind Haarkleid und Haut des Hundes nicht gleichmäßig durchnäßt, so daß verhältnismäßig viel Shampoo ohne genügend Wasser verbraucht wurde. Tatsächlich kommt es auf lange Sicht bei der Behandlung von Hauterkrankungen zu einer beachtlichen Kostenersparnis durch regelmäßigen und korrekten Einsatz eines medizinischen Shampoos, da die Anwendungshäufigkeit anderer, systemisch wirkender Medikamente wie beispielsweise Antibiotika oder Corticosteroide somit reduziert werden kann.

6.5.3 Langzeitbehandlung

Gerade zur Langzeitbehandlung von chronischen Hauterkrankungen bzw. „-problemen" eignen sich äußerlich anwendbare Therapeutika besonders gut. Auch hier kommen sie sowohl zur Unterstützung anderer, meist oraler Therapiemethoden als auch als alleinige Behandlung zur Anwendung. Langzeitbehandlungen sind naturgemäß bei solchen Hauterkrankungen erforderlich, die zwar gebessert („kontrolliert"), nicht aber geheilt werden können. Dazu gehören hauptsächlich primäre Seborrhoen sowie die Epidermale Dysplasie des West Highland White Terriers und andere rassetypische primäre Keratinisierungsstörungen. Zu Beginn der Behandlung wird zunächst häufiger, d.h. im Abstand von 2–3 Tagen, shampooniert, bis die klinischen Symptome, wie z.B. Schuppenbildung, Rötung oder Juckreiz, unter Kontrolle sind. Nun können die Behandlungsintervalle zunehmend verlängert werden. Oft reicht die Behandlung im Abstand von 1–2 Wochen aus, andere Patienten müssen zeitlebens in kurzen Abständen shampooniert werden.

6.5.4 Fehlerquellen

Wie bei jeder Therapie kann es auch bei der Anwendung von äußerlich wirkenden Dermatika einschließlich Shampoos zu unbefriedigenden Ergebnissen oder Rückschlägen kommen, vor allem bei den seborrhoischen Erkrankungen, die nicht geheilt, sondern nach derzeitigem Wissensstand nur unter Kontrolle gebracht werden können. Daneben gibt es einige vermeidbare Fehler, die zu Unzufriedenheit mit dem verordneten Medikament bzw. Shampoo und evtl. sogar zum Abbruch der Therapie führen können.

● **Auswahl des Shampoos bzw. Indikationsstellung**

Die Entscheidung für ein bestimmtes Shampoo zur optimalen Behandlung einer spezifischen Erkrankung hängt von vielen Faktoren ab und kann sich auch beim selben Patienten im Verlauf einer längeren Behandlung ändern. Ein Beispiel hierfür ist die Anwendung von Selendisulfid-Shampoo bei einem Hund mit einer stark öligen Seborrhoe. Sobald die Symptome gebessert sind, darf man den Zeitpunkt nicht verpassen, an dem die Behandlungsintervalle verlängert, das Shampoo durch ein Langzeitshampoo ersetzt oder sogar ganz abgesetzt werden sollte, da sonst Probleme aufgrund einer zu trockenen Haut zu erwarten sind: Nach Verschwinden der öligen Seborrhoe können (erneut) Juckreiz und bakterielle Sekundärinfektionen auftreten. Auch Irritationen der Haut sind dann eher möglich.

● **Erwartungshaltung des Tierhalters**

Es kann nicht häufig genug betont werden, daß eine vertrauensvolle, wenn möglich enge Zusammenarbeit zwischen Tierarzt und Tierhalter für den Therapieerfolg besonders wichtig ist. Geht der Hundehalter von der falschen Erwartung aus, daß bei Sarcoptes-Räude das gegen eine sekundäre Pyodermie verordnete Ethyllactat-Shampoo zur Heilung führen soll und der Juckreiz bessert sich kaum oder nur vorübergehend, ist die Enttäuschung über das vermeintlich „unwirksame" Shampoo und den Tierarzt vorprogrammiert. In diesem Fall war der Tierhalter nicht vor Behandlungsbeginn darüber informiert worden, daß die Behandlung der Sarcoptes-Räude als Primärerkrankung mit spezifischen Mitteln erfolgen muß.

Ein anderes Beispiel soll zeigen, wie wichtig es ist, gemeinsam vor Beginn der Behandlung das Behandlungsziel, den Zeitraum, in dem mit diesem zu rechnen ist, und die Prognose zu besprechen: So ist bei einem an Demodikose erkrankten und sekundär an einer tiefen Pyodermie mit Fistelbildung leidenden Patienten (Abb. 6.11 und 6.12) auch bei noch so guter und intensiver Behandlung in der Regel erst nach 2–4 Monaten mit der Abheilung der bakteriellen Infektion zu rechnen. Ein Nachwachsen der Haare wird normalerweise noch einige Wochen länger auf sich warten lassen oder bleibt ganz aus, wenn die Veränderungen zu gravierend waren. Wurde der Tierbesitzer vor Behandlungsbeginn nicht hinreichend informiert, besteht die Gefahr, daß er nach ein oder zwei Wochen relativ arbeitsaufwendiger und auch kostenintensiver Behandlung enttäuscht aufgibt, weil für ihn noch kein Behandlungserfolg sichtbar wird. Gerade in solchen Fällen, deren Behandlung arbeits- und kostenintensiv sowie langwierig ist, müssen Tierarzt und Tierbesitzer besonders gut kooperieren.

● Technik der Anwendung

Verwendet man zum Shampoonieren zu wenig Shampoo oder zu wenig Wasser oder läßt man das Shampoo nicht genügend lange einwirken, ist ebenfalls mit einem Ausbleiben des erwünschten Behandlungserfolgs zu rechnen. Wird das Shampoo dagegen nicht intensiv genug ausgespült, können sich bei bestimmten Shampoos Probleme einstellen. Beispielsweise können sich bei bakteriellen Hautinfektionen die Bakterien bei einer durch zu lange Einwirkzeit entstandenen Schädigung der Haut zusätzlich vermehren, und statt der erwarteten Besserung verschlimmert sich das Krankheitsbild. Wenn Shampooreste auf der Haut verbleiben, kann es bei herkömmlichen Shampoos im Extremfall auch zu toxischen Erscheinungen kommen.

6.6 Kontrolle der Behandlung

Eine Überprüfung des Behandlungserfolgs geschieht:

1. durch den behandelnden Tierarzt, der aufgrund von klinischen Symptomen wie Juckreiz, Schuppen- oder Pustelbildung Rückschlüsse auf den Krankheitsverlauf und wichtige Kriterien wie zusätzliche Erkrankungen, Anpassen der Behandlung und Prognose ziehen kann;

2. durch den Hundehalter selbst, der z.B. das Wohlbefinden des Patienten besser beurteilen kann und für den kosmetische Aspekte besonders wichtig sein können.

Tierarzt und Tierhalter dürfen in der Anwendung eines medizinischen Shampoos allerdings kein Allheilmittel sehen, das in kürzester Zeit wirkt und alle Probleme für immer löst. Gerade bei den schuppenbildenden Hauterkrankungen dauert es mindestens zwei bis vier Wochen, ehe die Veränderungen einigermaßen unter Kontrolle sind und die Behandlungsintervalle allmählich verringert werden können. Ähnliches gilt für die Shampoobehandlung von bakteriellen Infektionen. Wenn irgend möglich, sollten die Patienten spätestens nach zwei bis vier Wochen wieder beim Tierarzt vorgestellt werden, damit dieser den Behandlungserfolg kontrollieren und eine eventuelle Verlängerung der Behandlungsintervalle oder auch eine grundsätzliche Änderung der Therapie einleiten kann: Falls die Shampoobehandlung allein nicht den gewünschten Erfolg zeigt, bei Pyodermien beispielsweise doch eine zusätzliche Antibiotikatherapie erforderlich wird, falls die Therapie zu Irritationen, Allergien oder gar einer Verschlimmerung der Symptome führt oder zwar die gewünschte Wirkung erzielt wird, aber unerwünschte Nebenwirkungen wie Austrocknen der Haut auftreten und eine zusätzliche Behandlung mit Feuchtigkeitsspendern oder Emollientien notwendig wird.

Ist die Erkrankung unter Kontrolle gebracht und haben Tierarzt und Besitzer den individuellen Behandlungsplan (einschließlich der Shampookombinationen und Behandlungsintervalle) erarbeitet, können natürlich auch die Kontrollen durch den Tierarzt seltener werden. Die meisten Tierbesitzer entwickeln im Laufe der Zeit ein gutes Gespür dafür, wann die Symptome wie

Juckreiz, Schuppenbildung etc. wieder stärker auftreten und eine Shampoo-behandlung bzw. eine Verkürzung der Behandlungsintervalle erforderlich wird.

Treten plötzlich Verschlimmerungen der Beschwerden oder Rückfälle auf, dann sollte auf jeden Fall der Tierarzt aufgesucht werden, damit die Ursache festgestellt und behandelt werden kann. Sie kann in der Natur der eigentlichen Erkrankung liegen, wie beispielsweise verstärktes Auftreten von bakteriellen Infektionen in der warmen Jahreszeit, Juckreiz bei saisonalen Allergien auf bestimmte Pollen während der Zeit des Pollenflugs etc., oder völlig unabhängig von der Grunderkrankung auftreten. Daher sollte auch bei Tieren mit scheinbar sicherer Diagnose grundsätzlich bei einer Verstärkung oder einem Wiederkehren der Symptome auch an andere mögliche Ursachen als die schon bekannten gedacht werden. So passiert es immer wieder, daß Patienten mit atopischer Dermatitis, deren Symptome sich unter einer Desensibilisierung bereits deutlich gebessert hatten, bei jedem plötzlich auftretenden, starken Juckreiz ohne weitere Untersuchungen mit juckreizmindernden Präparaten, i.d.R. Corticosteroiden, behandelt werden. Tatsächlich ist das Problem aber nicht auf ein Versagen der Therapie oder die Entstehung einer zusätzlichen Allergie zurückzuführen, sondern auf einen banalen Flohbefall, der bei einer gründlichen dermatologischen Untersuchung unschwer zu diagnostizieren gewesen wäre. Um Fehlinterpretationen und -behandlungen möglichst zu vermeiden, sollte der Besitzer also nicht nur möglichst umfassend über das klinische Bild und den wahrscheinlichen Verlauf „seiner" Erkrankung, sondern auch über häufige Komplikationen informiert sein: Bei manchen Erkrankungen wie Allergien, vor allem der atopischen Dermatitis, bei hormonellen Störungen wie Hypothyreose oder Hyperadrenokortizismus oder auch bei „Farbmutantenalopezie" ist mit bakteriellen Sekundärinfektionen häufig zu rechnen, und diese Tatsache sowie die Symptome sollte auch der Tierbesitzer kennen, um dann richtig reagieren zu können. Auch treten manche Allergien bei demselben Patienten mitunter gleichzeitig auf, wie Flohallergie *und* atopische Dermatitis oder Flohallergie *und* allergische Hautreaktionen auf Futterbestandteile. Der Tierbesitzer sollte in einem regelmäßigen, zumindest telefonischen Kontakt mit dem behandelnden Tierarzt stehen. Alle Veränderungen oder neu auftretenden Symptome (dies gilt natürlich auch für Allgemeinstörungen oder andere Krankheiten) sollten mitgeteilt werden, damit ggf. bereits Therapieänderungen eingeleitet oder ein außerplanmäßiger Untersuchungstermin vereinbart werden können. Ansonsten sollte der Therapieverlauf in regelmäßigen Abständen alle 3–6 Monate kurz berichtet und die Weiterbehandlung dann abgestimmt werden. Bei einem solchen systematischen Vorgehen in Diagnose und Therapie von Hauterkrankungen, auf das die Hundebesitzer notfalls auch drängen sollten, dürften Fälle, in denen ansonsten gesunde Tiere beispielsweise wegen einer nicht erkannten Sarcoptes-Räude eingeschläfert werden, bald der Vergangenheit angehören.

Literatur

Am Ende der vorhergehenden Kapitel wurden bereits zahlreiche Hinweise auf teilweise sehr spezielle Veröffentlichungen gegeben. Es folgt eine kleine Auswahl wichtiger Buchpublikationen.

Freudiger, U., Grünbaum, E.-G., und Schimke, E. (1993): Klinik der Hundekrankheiten. 2. Aufl. Gustav Fischer Verlag, Jena-Stuttgart.

Grant, D.I. (1991): Hauterkrankungen bei Hund und Katze. Ferdinand Enke Verlag, Stuttgart.

Griffin, C.E., Kwochka, K.W., and MacDonald, J.M. (eds.) (1993): Current Veterinary Dermatology. The Science and art of therapy. Mosby Year Book, St. Louis.

Koch, H.J. (1988): Die Seborrhoe des Hundes. Drupa-Verlag, Lübeck.

Koch, H.J. (1990): Bakterielle Hauterkrankungen des Hundes. Drupa-Verlag, Lübeck.

Koch, H.J., und Peters, St. (1996): Allergische Reaktionen der Haut. 1: Atopische Dermatitis, Allergische Kontaktdermatitis und Allergische Hautreaktionen auf Futterbestandteile. Drupa-Verlag. Bad Schwartau.

Locke, P.H. (ed.) (1993): BSAVA Manual of Smal Animal Dermatology. Looker Printers Ltd. Upton, Poole

Willemse, T, (1991): Klinische Dermatologie von Hund und Katze. Schattauer Verlag, Stuttgart.

(Tier-)medizinische Fachbegriffe

adult	erwachsen
ätiologisch	ursächlich
Alopezie	Haarlosigkeit an normalerweise behaarten Körperstellen
Antimykotika	pilzwirksame Mittel
antiphlogistisch	entzündungshemmend
Atrophie	Rückbildung oder Schwund vormals normaler Gewebe/ Organe
benigne	gutartig (Tumor)
Cheilosis	kleine schmerzhafte Einrisse der Lippenschleimhaut
Cholinesterase	Enzym, das Cholinester von verschiedenen Fettsäuren spaltet und in vielen Geweben vorkommt, wichtig vor allem für die Erregungsübertragung zwischen Nerven-zellen untereinander bzw. auf ihre Erfolgsorgane, z.B. Muskeln und Drüsenzellen
Depigmentierung	Pigmentverlust
Dermatophytose, Dermatomykose	Hautpilzerkrankung
Desmosomen	knopfartige Verbindungsglieder zwischen Epithelzellen
Desquamation	kontinuierliche Abschilferung verhornter Hautzellen
Dorsum	Rücken
enteral	aus dem Darm
Entzündungsmediatoren	Substanzen, die infolge einer Entzündung entweder frei-gesetzt oder neu gebildet werden und Folgereaktionen auslösen, z.B. Ödembildung oder Juckreiz
Epitheliotropes Lymphom (Mycosis fungoides)	T-Zell-Lymphosarkom der Haut, also primär von der Haut ausgehender bösartiger Tumor
Erosion	begrenzter oberflächlicher Haut- oder Schleimhautdefekt (bis zum Stratum basale)
Erythem	entzündlich bedingte Hautrötung
Exposition	Aussetzung eines anfälligen Organismus gegenüber krankmachenden Umwelteinflüssen
Fissur	Riß, Spalte, die bis tief ins Korium reicht
Follikulitis	Haarbalgentzündung, meist bakteriell bedingt
Futtermittelidiosynkrasie	Futtermittelunverträglichkeit ohne echte allergische Grundlage
gastrointestinal	den Magen-Darm-Trakt betreffend
generalisiert	am ganzen Körper
Genodermatose	erblich bedingte Hauterkrankung

Granulom	herdförmige, knötchenförmige Ansammlung von Zellen bei entzündlichen Prozessen, um Fremdkörper usw.
hämorrhagisch	blutig
hydrophil	wasseranziehend
hydrophob	wasserabstoßend
Hyperästhesie	vermehrte Empfindlichkeit gegenüber Berührungsreizen
Hyperkeratose	übermäßige Verhornung der Haut
Hyperkortizismus	zu hoher Cortisonspiegel (kann spontan, d.h. durch körpereigene Überproduktion, oder iatrogen durch Corticoidgabe entstehen)
Hyperadrenokortizismus	zu hoher Cortisonspiegel, durch körpereigene Überproduktion bedingt (wird mitunter umgangssprachlich fälschlich auch für die iatrogene Form verwendet)
Hyperpigmentierung	zu starke Pigmentierung als Folge einer vermehrten Melanineinlagerung in Epidermis und/oder Dermis (führt zur Dunkelfärbung der Haut)
Hyperplasie	Vergrößerung eines Organs durch Zunahme der Zellzahl
Hyperproliferation	beschleunigte Zellerneuerung mit einer Überproduktion von Zellen
Hypertrophie	Vergrößerung eines Organs durch Vergrößerung der Einzelzellen ohne Zunahme der Zellzahl
Hypopigmentierung	Verringerung des Pigmentgehalts durch verminderte Pigmenteinlagerung oder Pigmentverlust
Hypothyreose	Schilddrüsenunterfunktion
Hypotrichose	Ausdünnung des Haarkleids
iatrogen	durch Eingreifen von außen bedingt (meist medikamentös)
Immunsuppression	Unterdrückung des Immunsystems (durch Erkrankungen oder iatrogen)
Inappetenz	Appetitmangel
Inkubationszeit	Zeitspanne zwischen der Infektion und dem Auftreten erster Krankheitsanzeichen
Integument	Haut und deren Sonderbildungen und Haare
interdigital	zwischen den Zehen
Keratinisierung	Vorgang der Zellerneuerung und Hornbildung in der Epidermis
keratolytisch	direkte Wirkung auf die Korneozyten, die zum Abstoßen der einzelnen Zellen führt
keratoplastisch	Wirkung auf die Basalzellen (Verminderung der Zellteilungsrate) und die Keratinisierung
Komedonen	Mitesser: erweiterte, mit verhornten Zellen und Talg gefüllte Haarfollikel, die zur Hautoberfläche hin offen oder geschlossen sein können
kongenital	erblich bedingt, bei Geburt bereits sichtbar
Korneozyten	die Zellen des Stratum corneum (Hornschicht)
Leukoderma	Weißfärbung der Haut
Leukotrichie	Weißfärbung von Haaren

Lichenifikation	Vergröberung des Hautreliefs mit Hyperplasie und Hyperkeratose der Epidermis
lokalisiert	örtlich begrenzt
maligne	bösartig (Tumor)
Mazeration	wörtlich „mürbe werden" der Haut
Metaboliten	Stoffwechselprodukte
Migration	Einwanderung
Miosis	Engstellung der Pupille
Mycosis fungoides	s. Epitheliotropes Lymphom
Nekrose	Tod von Zellen oder Geweben
Neoplasie	Neubildung, z.B. Tumor
nephrotoxisch	toxisch für die Nieren
Ödem	vermehrte Flüssigkeitsansammlung im Gewebe, führt zu Schwellung
okklusiv	verschließend
oral	„durch den Mund gegeben", eingenommen
Otitis externa	Entzündung des äußeren Ohres
Papel	kleine, feste, meist gerötete Erhebung der Haut, die mit den Haarbälgen in Zusammenhang stehen kann (kleiner als 1 cm)
parenteral	den Darmbereich umgehend, d.h. normalerweise in Form von Injektionen
Pathogenese	Entstehung und Entwicklung einer Krankheit
Phagozytose	Aufnahme korpuskulären Materials durch bestimmte Zellen
Plexus	Geflecht (von Nerven, Blutgefäßen usw.)
postinflammatorisch	im Anschluß an eine Entzündung
Prädisposition	Krankheitsbereitschaft
präkanzerös	die Entstehung eines bösartigen Tumors begünstigende oder vorbereitende Veränderung
Prognose	Einschätzung des voraussichtlichen Krankheitsverlaufs
proinflammatorisch	die Entzündung fördernd
Proliferation	Wucherung mit Zellneubildung
proximal	zum Körper hin gelegen (Lagebezeichnung an den Gließmaßen)
Pruritus	Juckreiz
Pusteln	kleine mit Eiter gefüllte Bläschen in der Epidermis, führen nach ihrem Platzen zu Krusten
Pyodermie	eitrige Entzündung der Haut
respiratorisch	den Atmungstrakt betreffend
Rezidiv	Rückfall
S-haltige Aminosäuren	schwefelhaltige Aminosäuren, z.B. Cystin
Sebum	Talg, Produkt der Talgdrüsen
Selbsttraumatisierung	selbst zugefügte Verletzungen, meist durch Kratzen, Beißen, Lecken etc.

Somatotropin	Wachstumshormon
symptomatische Therapie	Behandlung von auftretenden Symptomen, i.d.R. ohne Behandlung der Ursache
systemisch	ein ganzes funktionelles System des Organismus betreffend
tardiert	erblich bedingt, sich aber bei Geburt noch nicht sichtbar auswirkend
teratogen	Fähigkeit, Mißbildungen zu erzeugen
Thermoregulation	Temperaturregulation des Organismus
Thyreotoxikose	Überproduktion von Schilddrüsenhormonen, aber auch als Ergebnis einer übermäßigen Aufnahme von schilddrüsenaktiven Substanzen möglich
topisch	örtlich
Ulcus (Plural: Ulcera)	Geschwür, d.h. Folge einer tiefgreifenden, meist kraterförmigen Gewebszerstörung mit Freilegung des Koriums, heilt nur unter Narbenbildung ab
Vasodilatation	Gefäßerweiterung
Vasokonstriktion	Gefäßverengung
Vitalfunktionen	zum Überleben notwendige Körperfunktionen
Vulva	Scham
Zystitis	Blasenentzündung

Sachregister

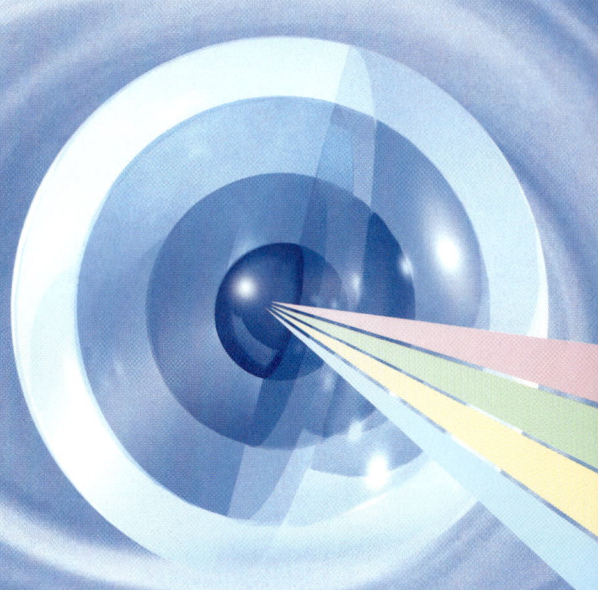

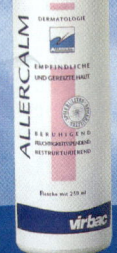